四国の
登山口
323

全国登山口調査会 編

高知新聞総合印刷

はじめに

　「登山口の駐車場は台数に限りがあって休日には朝早くから
満車になる…なんてことはないのかな？」「アクセス道路は未
舗装の林道のようだが、車高の低い自分の車でも支障なく通行
できるだろうか？」「登山口にトイレはあるらしい。でも汚い
トイレだったら使いたくないが、どんなトイレなんだろうか？」
登山計画を練るときに、そんな不安を感じたことはありません
か。登山ガイドブックでもインターネットでも、これらの疑問
にすべて答えてくれるものはありません。そこで実際に四国4
県の登山口に足を運んで現地の状況を調査し、簡単に登山口情
報を得られるよう1冊の本にまとめました。

　本書は登山ガイドブックの一種ですが、実は肝心の登山コー
ス情報はほとんど入っていません。登山道に一歩足を踏み入れ
る手前の登山口情報に特化したガイドブックです。でもその分、
四国4県の登山口を可能な限り調べ上げ、登山者なら誰しも知
りたい情報を満載しています。登山口ばかりではなく、有名な
滝や湿原、自然探勝路などの入口も取り上げましたので、その
数は323か所（P252～254 未掲載登山口一覧含む）になり
ました。お手元の登山ガイドブックと併せてご利用いただけれ
ば、今度の週末計画に早速役立つことは間違いありません。

本書の使い方

1）登山口の掲載順

　本書では、基本的に山名のあいうえお順になっていますが、赤石山系、石鎚山系、鬼が城山系、四国カルスト、剣山地、讃岐山脈、南嶺のように複数の山から構成される場合は、山系としての登山口名のあいうえお順で並べてあります。つまり「○○山系・○○登山口」のような表記というわけです。これらの山系では、山と山を結んで歩くことも多いため、山系としての登山口で並べておく方がわかりやすくて便利と考えたためです。ただ、山系に属する山であっても縦走するよりもその山単独で登ることの方が多いと思われる場合は、「○○山系・○○山　○○登山口」と掲載していることもあります。

　山系単位で掲載しているのは、下図の通りです。

四国地方の主要山系

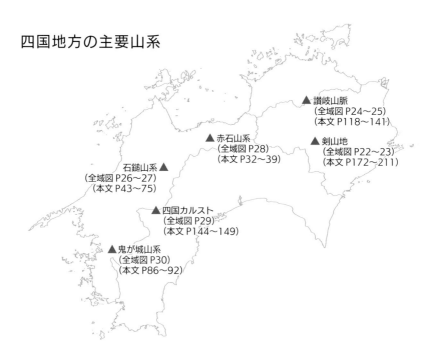

讃岐山脈
（全域図 P24〜25）
（本文 P118〜141）

▲ 赤石山系
（全域図 P28）
（本文 P32〜39）

▲ 剣山地
（全域図 P22〜23）
（本文 P172〜211）

石鎚山系 ▲
（全域図 P26〜27）
（本文 P43〜75）

▲ 四国カルスト
（全域図 P29）
（本文 P144〜149）

▲ 鬼が城山系
（全域図 P30）
（本文 P86〜92）

※南嶺は、掲載登山口が少ないため全域図は省略しました。

２）登山口の調べ方

　前述した山系の登山口でも、山ごとの登山口でも、辞書を使うような感覚で、本文から山系名、もしくは山名のあいうえお順で探してください。山系の登山口では、山系全域図から目的の登山口を見つけることも可能です。山ごとの登山口では、P14 〜 21 の各全県図から、まず目的の山の掲載ページを確認し、その中から該当登山口を探すこともできます。具体例として「高縄山・院内登山口」と「三嶺・名頃登山口」を調べる場合で説明しておきましょう。「高縄山・院内登山口」を調べたいときは、本文の「た」の中から高縄山のページを開き、あいうえお順で並んでいる高縄山の複数の登山口から「院内登山口」を見つけてください。ほかに P18 〜 19 愛媛県全県図から高縄山の掲載ページを確認し、その中から「院内登山口」を探す方法もあります。次に「三嶺・名頃登山口」を調べたい場合ですが、「三嶺」は剣山地の山ですから、剣山地の全域図、もしくは本文の「つ」の中から剣山地のページを開き、その中から「名頃登山口」を探してください。ほかにトレナビ（P13 参照）の地図から探すことも可能です。

３）情報要素

●山系名、山名、登山口名

　山名やコース名、登山口名のような山の地名というのは、基本的に通称であり、異なる名称が複数存在することも割とあります。従って本書では、国土地理院地形図や『日本山名事典』（三省堂）、あるいは地元行政が使用する表記なども参考にしながら、登山者の間に広く定着していると思われる表記をなるべく採用するように努めましたが、特に登山口名は、この限りではありません。というのも呼び方が複数あり、しかも現地に表示すらない「○○登山口」という名称よりも、地元以外から訪問することが多い登山者にとっては、地図に表示されている付近の寺社や公共施設名などの方が、むしろわかりやすいと思われます。そこでそのような施設名を便宜上、登山口名として採用したり、カッコで併記したりしてケースバイケースで対応を変えています。固有名に慣れている人には違和感があるかもしれませんが、本書ではあくまでほかの登山口と区別するための記号みたいなものとして登山口名を決めています。従って、本書で採用した登山口名こそが正しいと宣言しているわけでもなければ、固有名を否定しているわけでもありません。

●地籍と標高

　どちらも山頂のものではなく、登山口の地籍と標高です。地籍は、別の市町村との境が 100 ｍ以内にある場合は（　）付きで入れておきました。例えば、「徳島県美馬市・（神山町）」とある場合は、登山口自体は徳島県美馬市にありますが、神山町との境が近くにあることになります。つまり登山口が美馬市の神山町寄りに位置していることがわかります。市町村境が 30 ｍ以内であれば、「徳島県美馬市・神山町」としました。標高は、地理院地図の等高線から読み取ったものではなく、国土地理院が提供する標高タイルの数値です。地理院地図サイトでは、画面中心点の標高が左下に表示されますが、この数値と同じです。標高タイルは、タイル状に分割された地図画像の 1 ピクセルに 1 標高値が割り当てられ、1 タイル内に 256 × 256 個の標高値が収納されていますが、同じ緯度経度でも測量方法や精度が異なるため、標高点等の数値とは必ずしも一致しません。

●登山口概要

　例えば「○○岳の北東側」というように山と登山口の大雑把な位置関係を示しました。方位は北、北東、東、南東、南、南西、西、北西の８方向だけにしましたので、北東側といっても、実際には北北東〜東北東の誤差を含んでいます。山頂と登山口の位置関係とともに「△△コースを経由する□□山の起点」といった説明をしておきましたが、具体的な地図上の位置は、QRコード（P8とP9参照）をスマホで読み取り、地図表示してご確認ください。　　　　　　　　　　　　　　　※QRコードは㈱デンソーウェーブの登録商標です。

●緯度経度

　登山口の緯度経度です。本書の緯度経度は、世界測地系の60進数［dd° mm' ss.s"］形式で表示してあります。

●マップコード

　ジオコードのひとつで、マップコードに対応したカーナビであれば、その６〜12桁の数値を入力することで、簡単に目指す登山口を目的地設定できます。マップコードを利用してカーナビにナビ設定する方法はP10参照。

※「マップコード」および「MAPCODE」は㈱デンソーの登録商標です。

●アクセス

　最寄りの市街地やIC（インターチェンジ）からのアクセス（必要に応じて複数ルートを併記）ですが、今後、高速道路網が整備されていく中で、最寄りのICが変わる可能性もあります。所要時間は、主に Google Map による経路検索によるものですが、一部に実走調査の折に計測した数値も混じっています。どちらも実際の時間とは差が生じることもありますので、参考情報とお考えください。また国道と県道以外の道路は、現地に標識がなければ市町村道、舗装林道、舗装農道、その他の道路の区別は困難です。従って便宜上、仮に市町村道や舗装道路にした場合もあります（P12「道路の名称」参照）。冬期閉鎖される主な道路は、開通期間を示しておきましたが、記載がないからといって冬期も通行できるとは限りません。高速道路や国道、県道の詳しい規制情報は、国土交通省四国地方整備局の道路情報提供システムのサイトをご参照ください。また未舗装道路では、路面評価も掲載しました。実際に走ってみた取材者の感想で、４段階評価になっています。

　　　　★★★★＝揺れも少なく快適な道。
　　　　★★★＝ ある程度の凹凸があって揺れるが、普通車でも支障なく走れる道。
　　　　★★＝ 四輪駆動車なら支障はないが、普通車の走行は注意を要する。
　　　　★＝ ひどい悪路。四輪駆動車でも注意を要する。

　「注意を要する」とは、主に車体底部が路面の石に接触する危険を感じた場合ですが、それ以外の要素（道幅や落石など）も含めて評価しています。また取材者は四輪駆動車で実走調査をしましたが、路面状態は雪解けや豪雨などで悪化することもありますので、どんな路面評価でも慎重な運転をお願いします。★★★〜★★とあるのは、両者の区間が混在しているという意味です。

●駐車場

　有料の場合はその旨記載し、料金を示しました。記載がなければ無料です。実際に現地で見て気になった施設の駐車場については、登山者の利用が可能であることを確認してありますが、「利用の際にひとこと声をかける」といった条件付きの場所もあります。駐車

場の大きさは、簡単な計測機器で測って○×○ｍ（正確な数値ではありません）と記載しましたが、その形状は長方形とは限らず半円形や三角形ということもあります。区画がない駐車場における駐車可能台数は、車の置き方によっても違ってきますので、あくまで概算です（一部、公表されている駐車可能台数に従ったものもあります）。また駐車スペースは、安全面も含めて厳密な確認まで行っているわけではありません。その前提で各自の責任のもとで駐車するかどうかご判断ください。ただし、林道ゲート前に駐車したり、車両通行の邪魔になる駐車は NG です。行政の判断で駐車禁止になることもありますのでご注意ください。

●駐車場混雑情報

　地元の役所・役場、観光協会などから得た情報をもとに、判明した範囲で特定の時期に駐車場が混雑する、満車になるなどの情報を記載しました。

●トイレ

　水洗、簡易水洗、非水洗（汲み取り式）、バイオ式の区別。さらに水道と TP（トイレットペーパー）の有無、トイレの評価をまとめました。トイレットペーパーは、取材時になければ「なし」としましたが、普段は常備されているのに、たまたま切れていた場合もあるかもしれません。評価はトイレに入ってみたときに取材者が感じた印象で、これもあくまで取材時の状態をもとにしていますので、普段とは違う可能性もあります。評価は次の３段階です。

　　☆☆☆＝ 掃除も行き届き、新しくきれいな印象。快適に利用できるトイレ。

　　☆☆＝ 登山口のトイレとしては普通。快適でもなければ不快でもない。

　　☆＝ 管理されておらず不快。できれば使いたくないトイレ。

　☆☆☆〜☆☆とあるのは、両者の中間という意味です。簡易トイレは、その旨記載し、☆☆＝簡易トイレとして普通に使える。☆＝管理が悪く使いたくない、の２段階評価としました。取材時に閉鎖されるなどして確認できなかったトイレもあります。

●携帯電話

　ドコモのスマホを現地で実際にかけて通話ができるかどうか調査した結果です。携帯電話の通話状況は、天候など、さまざまな要因に影響されるので、通話可とあっても通話を保証するものではありません。またドコモでは通話可でも、他社では通話不可（あるいはその逆）ということもよくあります。あくまで参考情報とお考えください。ただ登山口は、山麓に近い分、山頂や稜線上と比べると、通話状況にムラは少ないようです。通話できない場合は、駐車場の反対側などに移動してみると通話できることがあります。交通不便な下山口でタクシーを呼ぶなど、万一通話ができなかったときに問題が生じるようなことには判断材料として利用しないでください。

●公衆電話

　カード・コイン式、コイン式、ISDN の区別も含めて、公衆電話があれば記載しましたが、今回、ISDN 公衆電話は一件もありませんでした。

●ドリンク自販機

　山行用のドリンクを登山口で調達する人はいないと思いますが、追加で購入したい場合、下山後に購入したい場合を考えて調べておきました。特にペットボトルは登山にもそのまま持参できるので、（PB も）としました。今回、確認した自動販売機では、すべて 500ml ペットボトル飲料が販売されていました。

●水場・水道設備

　トイレの手洗い場とは別に水道や水場があれば記載しました。

●登山届入れ

　登山口に登山届入れがあれば記載しました。登山届入れといっても登山者名簿など、その形態はいろいろですが、特に区別はしていません。ポスト形式の登山届入れの場合は、登山届は自宅で作成しておく方が確実、かつ時間の節約にもなるのでお勧めです。念のため控えを留守番する家族にも渡しておきましょう。

●その他

　案内板やバス停（バス会社）、熊出没注意看板、車上荒らし注意看板など、上記以外のものがあれば、ここにまとめました。施設の入館料は記載がなければ無料です。

●取材メモ

　花や紅葉の見ごろなど、お役立ち情報やプチ情報、あるいは取材時に入手した情報、気づいた点などをまとめました。開花時期は、過去の書籍やネットの情報などを元にして〇月上旬〜〇月中旬のように示しましたが、情報源や年によっても幅があるのが普通ですから、あくまで参考情報とお考えください。地元の観光課や観光協会が開花状況を把握していることもありますので、お問い合わせください。取り上げた花は、該当登山コースでは見られない場合もあります。

● QR コード

　登山口のGoogle Map URLと地理院地図URLのQRコードです。スマホで読み込めば、その登山口が地図表示されます。Google Map の場合は、さらに表示された地点までのナビも可能です。ナビ設定の具体的な方法は次項「ナビ設定の方法」をご覧ください。また地理院地図は、山頂と登山口の位置関係が把握しやすく、調べたい登山口かどうか確認したいときに便利です。

●問合先

　各市町村役場の観光担当課、観光協会等の連絡先ですが、いくら地元に詳しい関係機関であっても、山や登山口に関するあらゆる情報に精通しているわけではありません。登山者からの問い合わせ内容は多岐にわたり、すべて対応できるようにしておくのも無理な話です。中には一般的な観光情報しか答えられないところや、登山口までのアクセス方法については答えられるが、登山道の状況まではわからない…ということもよくあります。市町村役場だからといって登山口や登山道の管理者であるとは限りません。県立自然公園で管理者は県だったり、民有林のために管理する公的機関が存在しなかったり、事情は市町村ごと登山口ごとに異なります。本書に問合先として記載するにあたって、すべての登山口について各市町村役場や観光協会が管理者に該当するかどうかや、各機関の情報把握状況を事前に確認するのも不可能です。そのため電話してみると、そこでは回答できないことや、別の部署や支所へ聞くようにいわれる可能性もあります。またかけ直したとしても、知りたい情報が必ず得られるとは限りません。職員によっても把握している情報に個人差があるのは当然です。昨今は、こうした事情に思慮が働かない登山初心者からの非常識な問い合わせや、過度な要求も増えているようです。このようなことは厳に慎みたいものです。

●登山口 MAP

　施設や道路・遊歩道の配置がわかりやすい MAP も必要に応じて掲載しました。

4）ナビ設定の方法

　本書掲載のQRコードやマップコードを利用すれば、目的の登山口までナビが可能です。ほとんど迷うこともなく高い精度で登山口に到着できますので、ぜひご利用ください。
　石鎚山系・土小屋駐車場をナビ設定する例で説明します。

［スマホのGoogle Mapでナビ設定する方法］

❶本書 P67 〜 68 の「石鎚山系・土小屋」記事内にある Google Map の QR コードをスマホで読み込みます。スマホのカメラアプリを起動して、QR コードに向けてください。Android 搭載の標準的なカメラアプリでは、「MENU →撮影モード→ QR コード」を選択しても構いませんが、カメラモードのままでも QR コードを画面内に入れるだけで認識して読み取ってくれます。iphone のカメラアプリでも同様です（iOS11 以降）。また QR コードリーダーアプリでも入手可能です。

❷読み取った Google Map の URL をタップします。

❸ Google Map の土小屋駐車場が表示されました。続いて下にある「経路」をタップするとルートが検索されます。「経路」を省略して、「ナビ開始」をタップすることもできます。

❹現在地からの土小屋駐車場までの経路と予想所要時間、距離が出ました。車、電車、徒歩で行く場合の選択も可能です。車でスタートするときに「ナビ開始」をタップすると音声ガイドが始まります。スピーカーアイコンの選択で「ミュート」や「アラートのみオン」の選択もできます。ただ、経路は最短距離で検索されるため、快適な 4 車線道路があるにも関わらず、並行する狭い道が選ばれることも実際にあります。ナビまかせにするのではなく、時々地図を確認して、必要であれば経路を修正しましょう。また山間の林道や農道等が経路検索の対象外で、最後までナビできないことも稀にあります。本書では、取材時に最後までナビできなかった登山口は記事で触れておきました。

※ Google Map のナビ設定の仕様が変更になる可能性もあります。

車でスマホのナビを初めて試される方は、シガーソケットで使える USB カーチャージャー（USB ポート付きの車であれば不要）や USB ケーブル、スマホを運転席に固定できるスマホスタンドを用意しておきましょう。遠出になる場合は、ナビに使うとスマホのバッテリー消耗が早いため、出発時の充電だけでは心細いです。スタンドがあれば、スマホを固定できるので見やすくなります。

[マップコードを入力してカーナビにナビ設定する方法]

❶「石鎚山系・土小屋」記事に掲載されているマップコードをメモ書きするか、本書を車に持ち込んでナビ設定します。カーナビの「メニュー→目的地設定→目的地の検索方法」を経て「マップコード」を選びます。機種によっては、設定方法や仕様が異なっていたり、マップコード未対応のこともありますので、詳しくはカーナビの説明
書をご覧ください。ほかに緯度経度で目的地設定ができるカーナビもあります。入力のしやすさはマップコードの方が優れていますが、マップコード未対応の場合は、緯度経度に対応していないか調べてみてください。対応していれば、本書掲載の緯度経度を入力することでもナビ設定が可能です。

❷マップコード入力画面で、テンキーを使って数字を入力します。スペースは無視して OK。＊ もそのまま入力して、最後に「SET」を押すと、石鎚山系・土小屋駐車場が地図表示されます。表示された位置が正しいか、念のため確認してください。入力ミスがあった場合、時間ロスにつながりますので、注意しましょう。またカーナビ
によっては、高精度マップコード（＊以下の数値）に対応していない機種もあります。対応していても目的地の位置にわずかなズレが生じたり（ほとんどは支障ないレベルです）、山間の林道や農道等が、経路検索の対象外ということもあります。

❸「ナビ開始」ボタンを押すと、現在地から石鎚山系・土小屋駐車場までのルートが表示されます。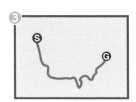

※「マップコード」および「MAPCODE」は㈱デンソーの登録商標です。

❶「石鎚山系・土小屋」記事内にある Google Map の QR コードを スマホで読み込んで、Google Map が出たら、緯度経度の下に並 ぶボタンをスクロールして、その中の「共有」ボタンをタップし てください。

❷表示されたアプリからNaviConを選びます。NaviConをインスト ールしていない方は、Google Play 等で検索して入手してください。

❸ NaviCon を立ち上げると、先ほどの Google Map と同じ場所が 表示されました。続いて右下にある「ナビ送信ボタン」（車のアイ コン）をタップします。

❹「カーナビ連携」の中から「カーナビへ送信」を選びます。 NaviCon を使えば、Bluetooth 等で、位置情報の送信や送信予約 ができます。また目的地を友達にメールや SNS で伝えることも可 能です。カーナビの対応や送信方法などはカーナビの説明書、も しくは NaviCon の公式サイトをご覧ください。

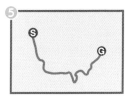

❺スマホから送られてきた位置情報をカーナビ側でナビ設 定すれば OK です。

※ QR コードは㈱デンソーウェーブの登録商標です。

※「NaviCon」は㈱デンソーの登録商標です。

5）ご注意いただきたいこと

●登山道入口と登山口の違い

本書では、登山道が始まる始点を「登山道入口」とし、登山道入口も含め、周辺にある駐車場やトイレなどの諸施設がある一帯を「登山口」として使い分けています。

●登山口の選定

『四国の山歩き』、『四国　花の山へ行こう』、『花もよう　四国の山を歩こう』（以上、四国地方新聞社合同企画）のほか、各市町村の行政サイトや観光協会サイト、その他の資料からも広く拾い上げました。ただ、登山口は膨大な数があるため、取捨選択せざるを得ませんでした。掲載候補としていたものの、災害や工事による通行止、その他の理由により取材や掲載ができなかった登山口は、本文未掲載です。その理由については、P252〜254の「未掲載登山口」をご覧ください。

●山系の範囲

本書で採用した山系の範囲は、一般的な認識よりも広めになっています。山系や独立峰といった用語に厳密な定義はなく、人によっても認識が異なります。そこで本書では、あくまで地形的な視点から「水系に分断されていない稜線でつながっている山々をひとつの山系とみなす」という広義の解釈によって山系の範囲を決めましたが、一部例外もあります。異なる認識をお持ちの場合があっても、それを否定する意図はありません。

●道路の名称

現地に道路や林道の標識がない場合、主要なものはなるべく調べておきました。ただ、すべてを確認するのは困難です。「舗装道路」「未舗装道路」とせざるを得なかった例もあります。

●林道走行に対する注意

未舗装林道の走行には、舗装道路にはないさまざまなリスクがあります。従って林道の情報提供はしますが、当日の天候や路面状況などを総合的に考慮して、通行するか否か各自ご判断の上、通行する場合は、自己責任のもとで通行してください。これは自然の中を歩く登山道の歩行についても同じことがいえます。万一、何らかの問題が生じても本書は一切責任をもちません。

●地元住民に対する配慮を

本書で紹介する駐車場の中には、別の目的がある駐車場を管理する方々のご好意によって登山者の駐車を認めていただいている場合があります。当然、本来の目的があるわけですから邪魔にならないように駐車には十分配慮してください。グループで何台もの車でやってきて駐車場を占拠したり、早朝や夜間のアイドリングはNGです。一部のマナー欠如によって「登山者の駐車禁止」ともなれば、多くの登山者の不便につながることを考えましょう。

●ペット連れ込み禁止看板について

ペット（犬）連れ込み禁止看板が設置された登山口や遊歩道入口もありましたが、「その他」の欄で記載しませんでした。記載することによって逆にそれ以外の山は連れ込んでも構わないと認識されるのは好ましくないと判断したのが理由です。ワクチンは特定の病気が発症しないように犬を守ることはできますが、野生動物への感染を完全に防ぐことは

できません。加えて病原体の感受性は動物によって異なるため、犬では問題なくても野生動物では死に至る可能性もあります。そのため野生動物の感染症の専門家からは、健康管理されていても犬が潜在的に保有する病原体により野生動物の大量死や希少野生動物が絶滅に至るほどの重大な結果におよぶ可能性や、逆に野生動物から犬に危険な病原体が感染する可能性も指摘されています。最も懸念されるジステンパーウイルスは、人間には感染しないので人間が野生動物のリスクを高める可能性はゼロですが、犬の場合はワクチンを接種していても潜在的に保有している場合があり、しかも飛沫接触感染するので糞を処理したとしても感染の危険性が消えるわけではありません。またペット連れ込み禁止看板がない山であっても、地元行政が調査検討した上で問題ないとして設置していないのではなく、実は行政もジステンパーウイルスのリスクを理解していないことも多く、ほとんどの山は未調査・未検討のグレーゾーンということでしかないのです。野生動物と犬の双方にとってリスクがある行為を続けることは、自然愛好家を名乗る資格もなければ、愛犬家を名乗る資格もありません。本当に自然を大切にしたいと思っているのであれば禁止看板がなくても自粛をお願いします。

●本書の調査期間

　2021年10～11月です。一部、それ以前に撮影した写真も使用しています。時間が経つにつれ現地状況は変わりますし、自然災害による登山道や林道の通行止、ロープウェイ等の営業時間や運賃の変更等もあり得ます。地元役場・役所や各関係先にご確認の上、お出かけください。

登山口ナビ設定サイト・トレナビのご案内

本書未掲載の登山起点約650ヶ所も簡単にナビ設定できる！
周辺の立ち寄り湯や道の駅、トイレ情報も充実

　行きたい登山口が本書に載っていないときは、トレナビにアクセスしてみてください。四国4県で計1,000件以上の登山起点（2022年6月時点。本書掲載の登山起点も含む）が掲載され、地理院地図をベースにした地図からアイコンや情報ページを経由してスマホやカーナビに簡単にナビ設定ができます。また本書掲載の登山起点と未掲載の登山起点がアイコンで区別され、前者には本書の掲載ページ数も載っています。さらに立ち寄り湯（4県で約210件）や道の駅（同約90件）、トイレ（同約370件）も徹底的にピックアップしています。週末の山行にきっと役立ちます！

トレナビサイト

　※登山起点＝登山口にある駐車場や駐車スペース、登山道入口のこと。

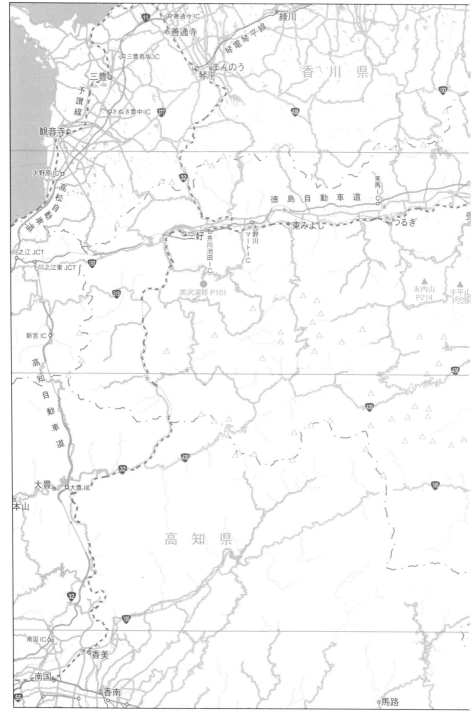

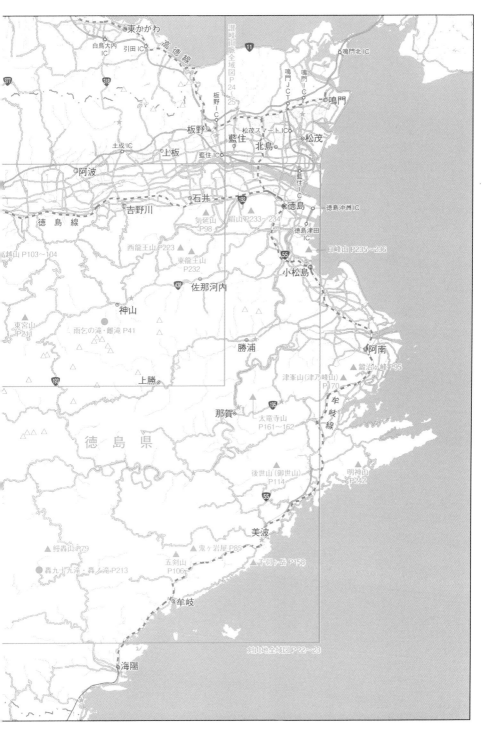

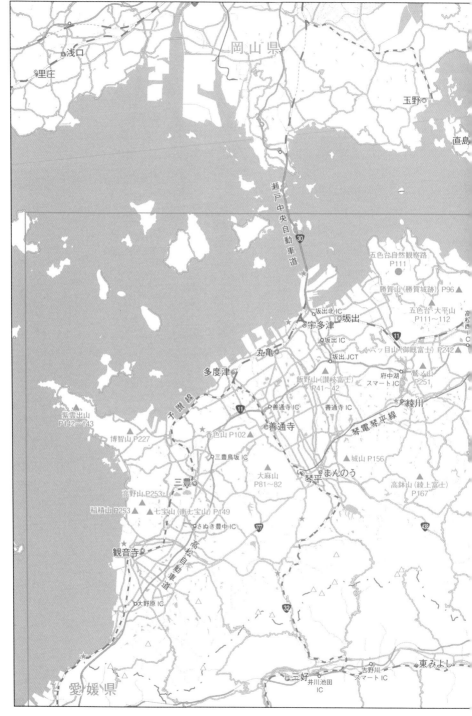

岡山県

浅口

里庄

玉野

直島

瀬戸中央自動車道

30

五色台自然観察路 P111

勝賀山(勝賀城跡) P96 ▲

五色台 大平山 P111〜112

坂出北IC

坂出

宇多津

坂出IC

高松西IC

坂出JCT

一六ツ目山(御厩富士) P242 ▲

丸亀

府中湖 スマートIC

鷲ヶ山 P251

多度津

飯野山(讃岐富士) P41〜42

綾川

予讃線

11

紫雲出山 P142〜143

善通寺IC

善通寺IC

琴電琴平線

博智山 P227

香色山 P102

善通寺

城山 P156

三豊鳥坂IC

大麻山 P81〜82

琴平

まんのう

三豊

高鉢山(綾上富士) P167

高野山 P253

稲積山 P253 ▲

七宝山(南七宝山) P149

さぬき豊中IC

377

439

観音寺

高松自動車道

大野原IC

32

吉野川 スマートIC

東みよし

三好

井川池田 IC

愛媛県

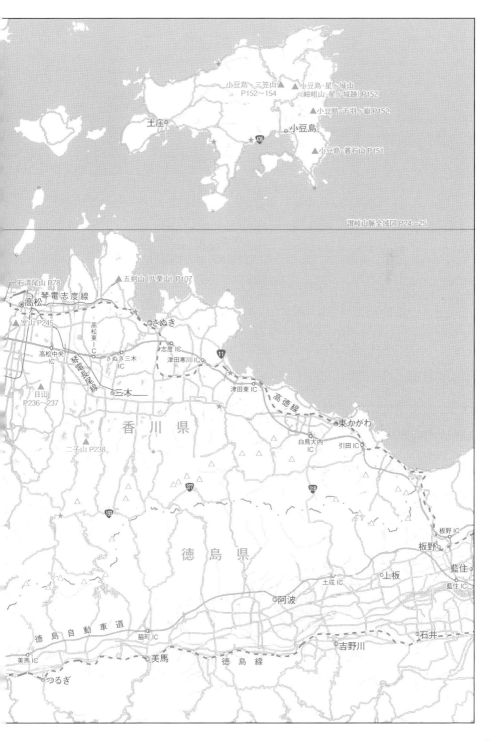

小豆島・三笠山
P152〜154

小豆島・星ヶ城山
(鯨咀山:星ヶ城跡) P152

小豆島・千羽ヶ嶽 P152

土庄

小豆島

小豆島・碁石山 P151

讃岐山脈全域図 P24〜25

石清尾山 P78

五剣山 (八栗山) P107

高松

琴電志度線

室山 P245

さぬき

高松東IC

志度IC

高松中央IC

さぬき三木IC

津田寒川IC

日山
P236〜237

琴電長尾線

三木

津田東IC

高徳線

香 川 県

東かがわ

二子山 P238

白鳥大内IC

引田IC

板野IC

板野

藍住

徳 島 県

上板

藍住IC

土成IC

阿波

徳 島 自 動 車 道

脇町IC

土成IC

吉野川

石井

美馬IC

美馬

徳 島 線

つるぎ

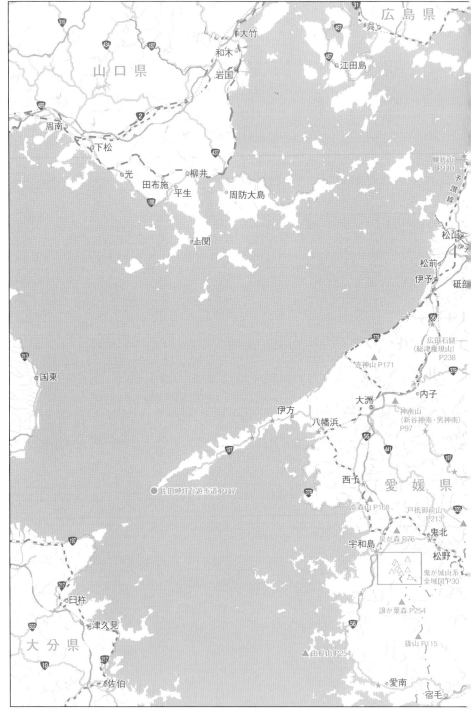

愛媛県全県図

★＝道の駅

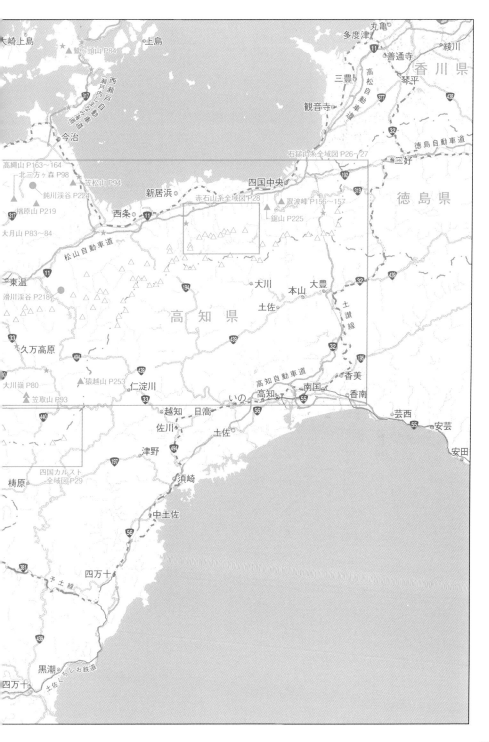

大崎上島　鷲ヶ頭山 P84　上島

西瀬戸（瀬戸内しまなみ海道）自動車道

今治

高縄山 P163～164
北三方ヶ森 P98　笠松山 P94　新居浜　四国中央
鈍川渓谷 P224　西条　石鎚山系全域図 P26～27
皿ヶ嶺 P219　赤石山系全域図 P28　翠波峰 P156～157
大月山 P83～84　松山自動車道　鋸山 P225　三好

徳島県

東温　滑川渓谷 P218　大川　本山　大豊

高知県　土佐　土讃線

久万高原

大川嶺 P80　猿越山 P253　仁淀川　香美
笠取山 P93　越知　日高　いの　高知　南国　香南
佐川　土佐　高知自動車道　芸西　安芸
四国カルスト
全域図 P29　津野　安田
梼原

須崎

中土佐

四万十　予土線

黒潮　土佐くろしお鉄道
四万十

香川県　丸亀　多度津　善通寺　綾川　琴平

三豊　高松自動車道　観音寺　徳島自動車道

19

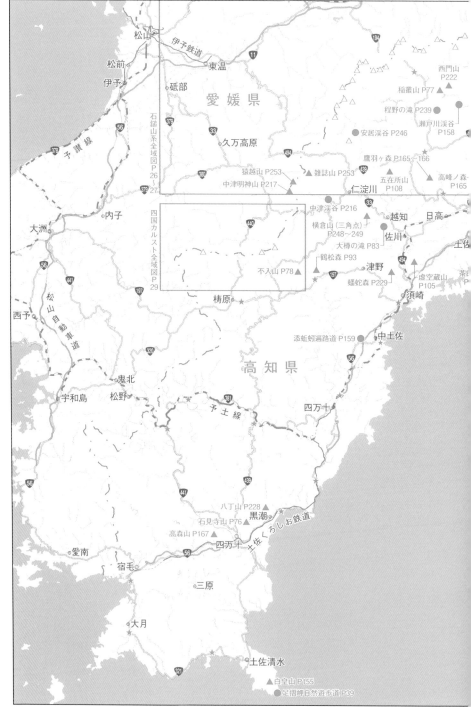

高知県全県図

★＝道の駅

西門山 P222
稲叢山 P77
程野の滝 P239
瀬戸川渓谷 P158
安居渓谷 P246
鷹羽ヶ森 P165～166
五在所山 P108
高峰ノ森 P165
猿越山 P253
雑誌山 P253
中津明神山 P217
仁淀川
中津渓谷 P216
越知
日高
土佐
横倉山（三角点）P248～249
佐川
大樽の滝 P83
鶴松森 P93
津野
虚空蔵山 P105
蟠蛇森 P229
須崎
茶
P
不入山 P78
梼原
添蚯蚓遍路道 P159
中土佐
高知県
予土線
四万十
八丁山 P228
黒潮
石見寺山 P76
高森山 P167
四万十
土佐くろしお鉄道
愛南
宿毛
三原
大月
土佐清水
白皇山 P155
足摺岬自然遊歩道 P39

松山
松前
伊予
砥部
久万高原
愛媛県
予讃線
石鎚山系全域図P26～27
四国カルスト全域図P29
内子
大洲
松山自動車道
西予
鬼北
松野
宇和島

20

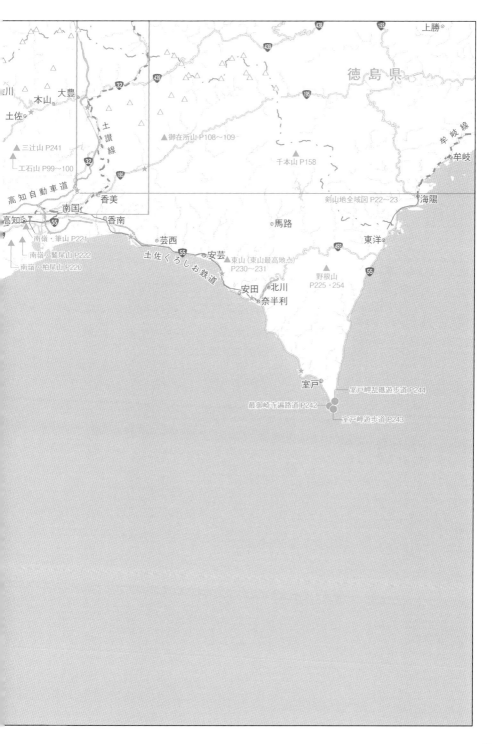

徳島県

上勝

牟岐線

牟岐

▲御在所山 P108〜109

千本山 P158

▲三辻山 P241
工石山 P99〜100

土讃線

高知自動車道

香美

剣山地全域図 P22〜23

海陽

南国

香南

馬路

東洋

高知

芸西

▲南嶺・筆山 P221

南嶺・鷲尾山 P222

南嶺・柏尾山 P220

土佐くろしお鉄道

安芸

東山（東山最高地点）
P230〜231

野根山
P225・254

安田

北川

奈半利

室戸

室戸岬乱礁遊歩道 P244

最御崎寺遍路道 P242

室戸岬遊歩道 P243

剣山地全域図　★＝道の駅

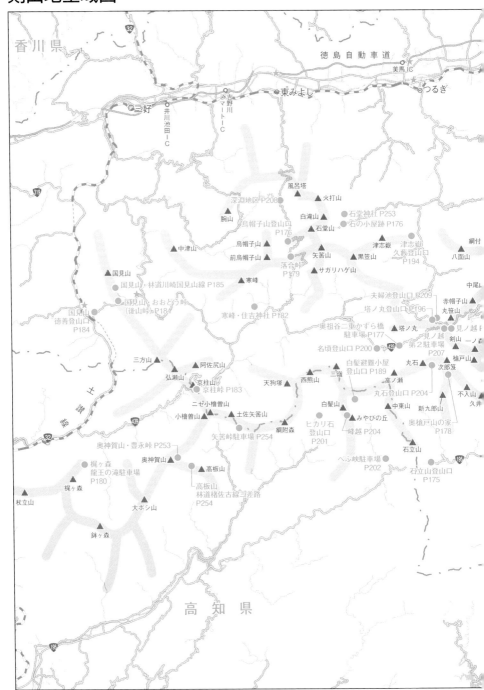

香川県

徳島自動車道

美馬IC

東みよし　　つるぎ

三好

井川池田IC

吉野川ハイマトIC

風呂塔

深淵地区 P208

腕山

烏帽子山登山口 P176

中津山

烏帽子山

前烏帽子山

火打山

白滝山

石堂山

石堂神社 P253

石の小屋跡 P176

矢筈山

津志嶽

黒笠山

津志嶽
久藪登山口
P194

綱付

八面山

落合峠
P179

サガリハゲ山

中尾

国見山

国見山・林道川崎国見山線 P185

寒峰

寒峰・住吉神社 P182

夫婦池登山口 P209

赤帽子山

丸笹山

国見山・おおどう峠
（後山峠・P184）

国見山

徳善登山口
P184

三方山

阿佐尻山

弘瀬山

京柱山

京柱峠 P183

ニゼ小檜曽山

小檜曽山

土佐矢筈山

矢筈峠駐車場 P254

綱附森

奥祖谷二重かずら橋
駐車場 P177

名頃登山口 P200

天狗塚

西熊山

三嶺

白髪避難小屋
登山口 P189

白髪山

高ノ瀬

みやびの丘

ヒカリ石
登山口
P201

峰越 P204

丸石登山口 P204

中東山

へふ峡駐車場 P202

塔ノ丸登山口 P196

塔ノ丸

見ノ越

剣山

一ノ森

第2駐車場
P207

槍戸山

丸石

次郎笈

奥槍戸山の家
P178

新九郎山

不入山

久井

石立山

石立山登山口
P175

奥神賀山・豊永峠 P253

梶ヶ森
龍王の滝駐車場 P180

奥神賀山

高板山

梶ヶ森

杖立山

大ボシ山

高板山
林道椿佐古線三差路
P254

鉢ヶ森

高知県

22

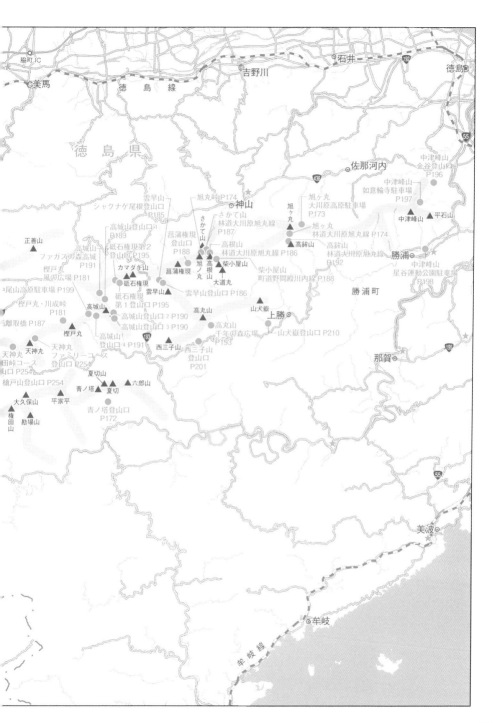

脇町IC

美馬

徳島線

吉野川

石井

徳島

55

徳島県

佐那河内

439

中津峰山
金谷登山口
P.196

中津峰山
如意輪寺駐車場
P.197

中津峰山

平石山

神山

雲早山
シャクナゲ尾根登山口
P.185

旭丸峠 P.174

さかて山

旭ヶ丸
大川原高原駐車場
P.173

旭ヶ丸
林道大川原旭丸線 P.174

勝浦

高城山登山口

砥石権現第2
登山口 P.195

菖蒲権現
登山口
P.188

高根山
林道大川原旭丸線 P.186

高鉾山
林道大川原旭丸線
P.192

勝浦町

正善山

さかて山
林道大川原旭丸線
P.187

高鉾山

星谷運動公園駐車場
P.198

ファガスの森高城
P.191

砥石権現第1
登山口 P.195

菖蒲権現

高根山

柴小屋山

カマダキ山

砥石権現

雲早山

雲早山登山口 P.186

柴小屋山
町道野間殿川内線 P.188

旭ノ丸

大道丸

砥石権現
第1登山口 P.199

山犬嶽

上勝

尾山高原駐車場 P.199

樫戸丸・川成峠
P.181

高城山

高城山登山口 2 P.190

高丸山

高丸山
千年の森広場
P.193

山犬嶽登山口 P.210

那賀

195

離取橋 P.187

樫戸丸

高城山登山口 3 P.190

高城山
4 P.191

西三子山

西三子山
登山口
P.201

55

193

天神丸
田峠コース
口 P.254

天神丸
ファミリーコース
登山口 P.254

夏切山

青ノ塔

六郎山

槍戸山登山口 P.254

大久保山

平家平

夏切

美波

権田
山

勘場山

青ノ塔
青ノ塔登山口
P.172

牟岐

牟岐線

23

讃岐山脈全域図　★＝道の駅

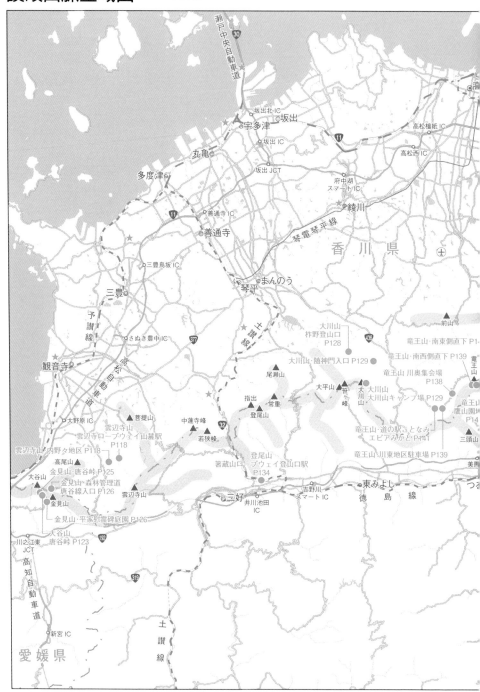

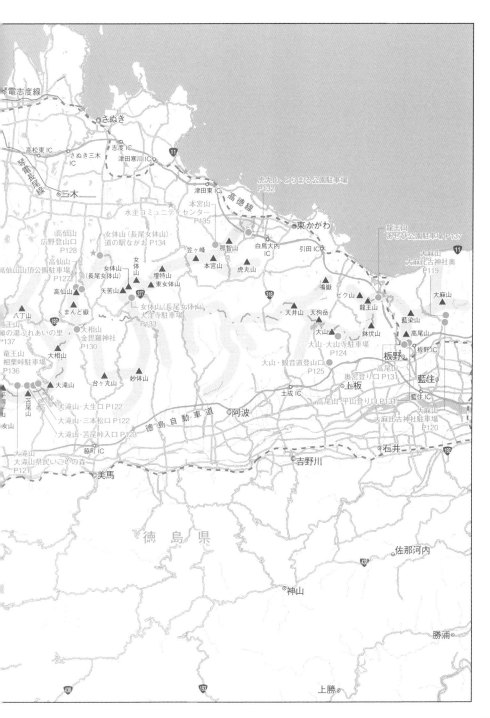

石鎚山系全域図　★=道の駅

今治湯ノ浦IC

新居浜

今治小松自動車道

東予丹原IC

西条

いよ西条IC

愛媛県

いよ小松IC

いよ小松JCT

松山自動車道

317

11

笹ヶ峰南尾根登山口 P57
下津池コース登山口 P252
伊予富士登山口 P47
東黒森登山口 P71
神鳴池付近 P53
吉野川源流碑入口 P75
東之川登山口 P72
西之川登山口 P70
二ノ岳
高森
石鎚登山ロープウェイ
山麓下谷駅 P46
三ヶ森
瓶ヶ森駐車場 P52
子持権現山登山口 P56
伊吹山
自念子ノ頭
自念子ノ頭登山口 P62
シラサ峠付近 P64
白猪谷バンガロー奥 P63
名野川登山口 P70
大瀞登山口 P49
安居渓谷登山口 P253
手箱山
筒上山
丸笹山
椿山
椿山・椿山林道 P68
金山橋 P51
雨ヶ森・樫山登山口 P45
雨ヶ森
雨ヶ森・岩柄登山口 P45

黒森山
肩掛山
笹ヶ峰
寒風山
東黒森
伊予富士
長沢

台ヶ森
瓶ヶ森
西黒森

東温川内IC

石墨山
唐岬の滝入口 P45
高瀑渓谷 P252
保井野登山口 P73
西ノ冠岳
石鎚山
二ノ森
面河山
五代ヶ森
面河渓駐車場 P49
長尾尾根展望所駐車場 P69

よさこい峠 P74
土小屋 P67
岩黒山

青滝山
青滝山・黒森峠 P43
堂ヶ森
大ノ森

皿ヶ嶺
上林森林公園 P57
皿ヶ嶺
水の元登山口 P59
善神山
梅ヶ谷山
うなめご
石墨山
引地山
陣ヶ森
皿ヶ嶺
皿ヶ嶺・上林峠入口 P58

33

皿ヶ嶺
六部堂越コース登山口 P60
★久万高原

380

494

439

仁淀川

33

26

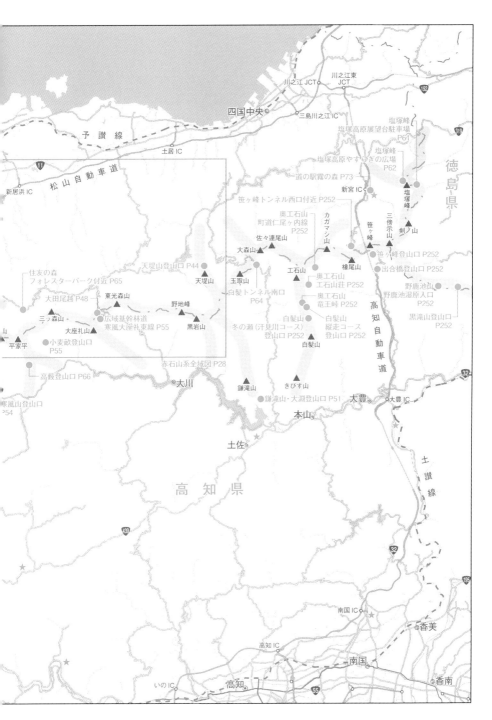

川之江 JCT
川之江東 JCT
190

四国中央

三島川之江 IC

塩塚峰
塩塚高原展望台駐車場 P61

319

予讃線

道の駅霧の森 P73

塩塚高原やすらぎの広場 P62

徳島県

土居 IC

新宮 IC

塩塚峰

11

松山自動車道

笹ヶ峰トンネル西口付近 P252

剣ノ山

新居浜 IC

奥工石山
町道仁尾ヶ内線 P252

カガマシ山

笹ヶ峰

三傍示山

佐々連尾山

住友の森
フォレスターパーク付近 P65

大森山

笹ヶ峰登山口 P252

天堤山登山口 P44

橿尾山

大田尾越 P48

天堤山

工石山

出合橋登山口 P252

玉取山

奥工石山
工石山荘 P252

野鹿池山

東光森山

白髪トンネル南口
P64

野鹿池湿原入口

三ッ森山

広域基幹林道
寒風大座礼東線 P55

野地峰

奥工石山
竜王峠 P252

黒滝山登山口
P252

大座礼山

黒岩峰

白髪山

白髪山
縦走コース
登山口 P252

高知自動車道

小麦畝登山口
P55

平家平

冬の瀞（汗見川コース）
登山口 P252

白髪山

32

赤石山系全域図 P28

高薮登山口 P66

大川

鎌滝山

きびす山

大豊

大豊 IC

寒風山登山口
P54

鎌滝山・大淵登山口 P51

本山

土佐

土讃線

高知県

439

32

195

南国 IC

香美

高知 IC

香南

いの IC

高知

南国

香南

55

赤石山系全域図 ★＝道の駅

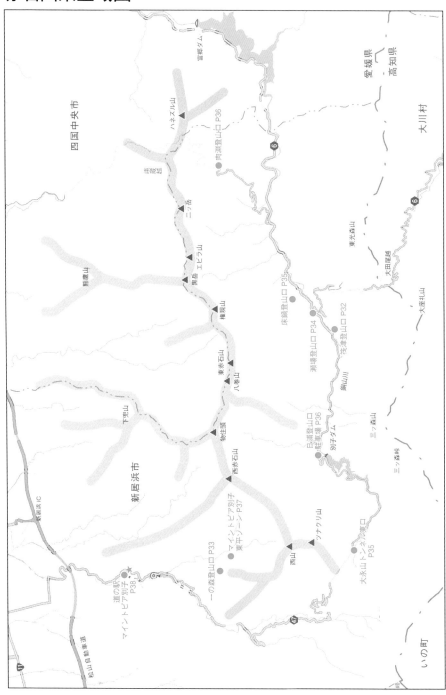

四国カルスト全域図

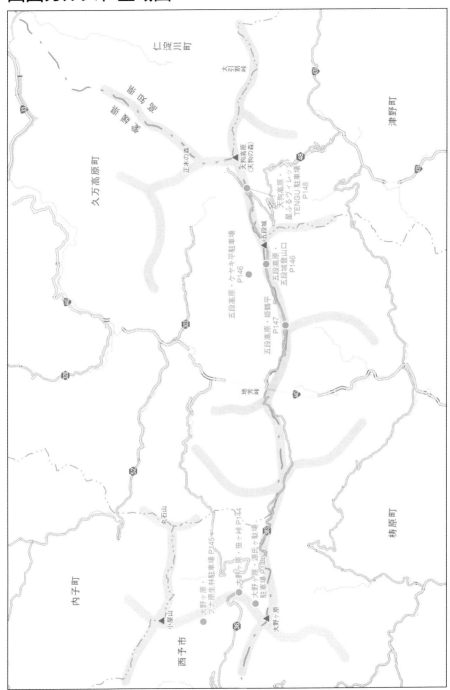

仁淀川町

津野町

久万高原町

檮原町

内子町

西予市

堂ヶ森・鞍瀬渓谷

大引割峠

正木の森

天狗高原
(天狗の森)

天狗高原
星ふるヴィレッジ
TENGU 駐車場
P148

五段城

五段高原
五段城登山口
P146

五段高原・ケヤキ平駐車場
P146

五段高原・姫鶴平
P147

地芳峠

丸石山

小屋山

大野ヶ原・
ブナ原生林駐車場 P145

大野ヶ原・笹ヶ峠 P144

大野ヶ原・源氏ヶ駄場
駐車場 P144

大野ヶ原

鬼が城山系全域図

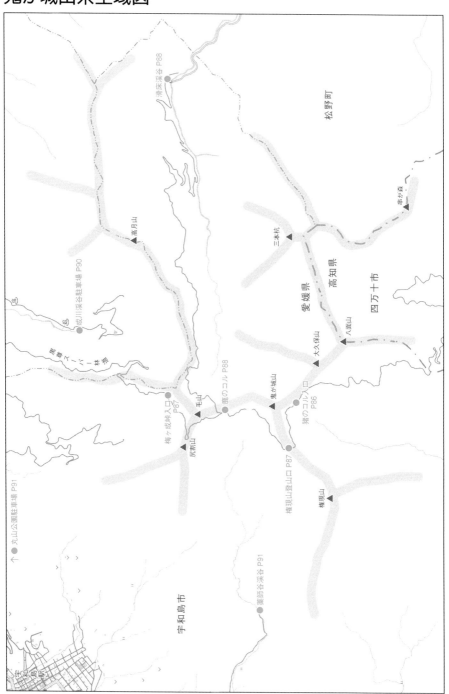

松野町

滑床渓谷 P88

串が森

三本杭

成川渓谷駐車場 P90

高月山

黒尊スーパー林道

高知県

愛媛県

四万十市

八面山

大久保山

梅ヶ成峠入口 P87

毛山

鬼のコル P88

鬼が城山

猪のコル入口 P86

尻割山

丸山公園駐車場 P91

権現山登山口 P87

権現山

宇和島市

薬師谷渓谷 P91

宇和島駅

四国の
登山口
323

登山口情報は
ここから
始まります。

藍染山→ P131 讃岐山脈・高尾山　奥宮登り口と平山登り口

青滝山→ P43 石鎚山系・青滝山　黒森峠
　　　→ P73 石鎚山系・保井野登山口

青ノ塔→ P172 剣山地・青ノ塔登山口

筏津／筏津登山口駐車場

赤石山系・筏津登山口 MAP001

あかいしさんけい・いかだづとざんぐち

愛媛県新居浜市　標高 664m(駐車場)

筏津／駐車場奥の広場

登山口概要／東赤石山 (日本二百名山・花の百名山・四国百山)
の南側、県道 47 号沿い。東赤石山などの起点。
緯度経度／[33°50′52.7″][133°23′06.8″](駐車場)
[33°50′58.7″][133°23′08.5″](登山道入口)
マップコード／172 346 316*20 (駐車場)
172 346 497*40 (登山道入口)
アクセス／松山道新居浜 IC から県道 47 号経由で 30km、約 47
分で登山道入口。さらに筏津橋を渡って 200m、約 1 分で筏津
登山口駐車場。
駐車場／約 15 台・38 × 18m・舗装・区画なし。その奥にも広
場がある。登山道入口には「私有地につき駐車禁止」という看板
が立っており、そこの看板に登山者用として指定されている駐車
場に行ってみると入れなかった。代わりに上記駐車場と広場は登
山者の利用可とのことだ。※バス停前の駐車帯も利用不可。
駐車場混雑情報／混雑することはない。多くて 10 台くらい。
トイレ／筏津バス停の待合所にある。非水洗。水道なし。TP あり。
評価☆☆～☆
携帯電話 (ドコモ)／通話可。
登山届入れ／登山道入口にある。
その他／筏津バス停 (別子山地域
バス)、登山者の心得看板、山林
内の動植物の採取をかたく禁ずる
看板、道中御定め書き看板、別子
山の観光案内板、山岳遭難事故の
防止看板。

筏津／バス待合所

Google Map
駐車場

地理院地図
駐車場

Google Map
登山道入口

地理院地図
登山道入口

筏津／バス待合所内のトイレ

取材メモ／駐車場奥の広場には、
旧・別子銅山「筏津坑」が口を開
けている。昭和 16(1941) 年から同 48(1973) 年まで銅を産出
した坑口で、坑内の見学が可能。当時、坑道内で使われていた
削岩機や鉱石運搬用蓄電車も広場に展示されている。また東赤石
山はカンラン岩 (蛇紋岩) の山で、岩の表面が酸化して赤錆色を
していることから「赤石」の名が生まれたという。この特殊な環
境要因がコメツガ等の針葉樹と稜線上の豊かな植物相を育み、四
国では東赤石山にしか見られない植物もある。なお東赤石山のアケ
ボノツツジは 5 月上旬～中旬、キバナノコマノツメは 6 月上旬～

筏津／登山届入れや案内板など

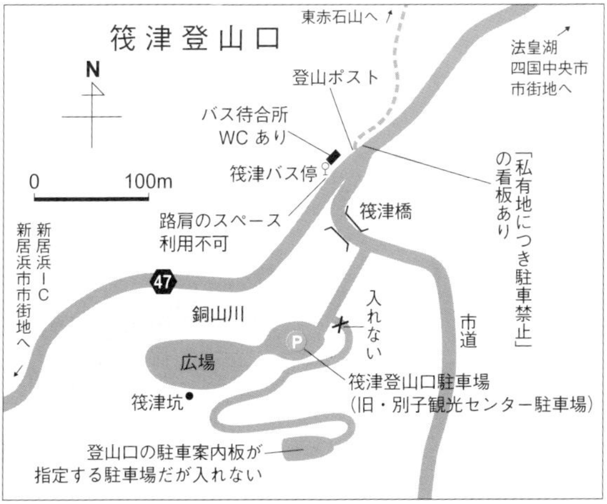

筏津登山口
N
0
100m
東赤石山へ
法皇湖
四国中央市
市街地へ
登山ポスト
バス待合所
WC あり
筏津バス停
「私有地につき駐車禁止」の看板あり
筏津橋
路肩のスペース
利用不可
新居浜IC
新居浜市市街地へ
47
銅山川
入れない
市道
広場
筏津坑
筏津登山口駐車場
（旧・別子観光センター駐車場）
登山口の駐車案内板が
指定する駐車場だが入れない

MAP001

中旬、ユキワリソウは6月上旬～下旬、コウスユキソウは6月下旬～7月下旬が見ごろ。

問合先／新居浜市別子山支所☎ 0897-64-2011、新居浜市観光物産課☎ 0897-65-1261、新居浜市観光物産協会☎ 0897-32-4028

赤石山系・一の森登山口

MAP003

あかいしさんけい・いちのもりとざんぐち

愛媛県新居浜市　標高 782.6m（駐車場）

登山口概要／一の森の南側、市道沿い。一の森の起点。

緯度経度／ [33° 52′ 41.1″][133° 18′ 40.6″]（駐車場）

マップコード／ 172 427 889*74（駐車場）

アクセス／松山道新居浜 IC から県道 47 号、市道経由で 15km、約 26 分。県道から「東洋のマチュピチュ東平」の看板を目印に左折。ここから 4.7km、約 14 分。市道は、すれ違い困難な箇所も多い狭い道。市道の開通期間は、3月1日～12月中旬。

駐車場／登山道入口の向かいに駐車場がある。5台・18 × 5m・砂・区画なし。

トイレ／市道をさらに 600m 奥に進むと東平駐車場（P37 参照）にある。水洗。水道・TP あり。評価☆☆☆

携帯電話（ドコモ）／通話可。

その他／一の森解説板。

取材メモ／登山道入口から一の森山頂まで 300m。取材時は、草に覆われていたせいか、登山道は、はっきりしなかった。

Google Map
駐車場

地理院地図
駐車場

問合先／新居浜市観光物産課☎ 0897-65-1261、新居浜市観光物産協会☎ 0897-32-4028

駐車禁止
私有地につき駐車禁止、
下記の場所に駐車して
下さい。

筏津／駐車場指定の駐車禁止看板

筏津／登山道入口

一の森／登山口に続く市道

一の森／登山道入口向かい駐車場

一の森／登山道入口

赤石山系・瀬場登山口

MAP002

あかいしさんけい・せばとざんぐち

愛媛県新居浜市　標高657m(登山口路肩)

登山口概要／東赤石山(日本二百名山・花の百名山・四国百山)の南東側、県道6号沿い。東赤石山などの起点。

緯度経度／[33°51′11.8″][133°23′26.4″](登山口路肩)

マップコード／172 347 875*42(登山口路肩)

アクセス／松山道新居浜ICから県道47、6号経由で30km、約48分。

駐車場／路肩に寄せれば駐車可。約2台・舗装・区画なし。また県道の350m南西側路肩に駐車スペースがある。約12台・78×10m・舗装・区画なし。

トイレ／瀬場公衆便所がある。水洗。水道(再生水)・TPあり。評価☆☆

Google Map
登山口路肩

地理院地図
登山口路肩

携帯電話(ドコモ)／通話可。

登山届入れ／登山道入口にある。

その他／瀬場バス停(別子山地域バス)、登山者の心得看板、貸し出し杖、赤石山系県自然環境保全地域案内板、ベンチ。

取材メモ／東赤石山はカンラン岩(蛇紋岩)の山で、岩の表面が酸化して赤錆色をしていることから「赤石」の名が生まれたという。この特殊な環境要因がコメツガ等の針葉樹と稜線上の豊かな植物相を育み、四国では東赤石山にしか見られない植物もある。なお東赤石山のアケボノツツジは5月上旬〜中旬、キバナノコマノツメは6月上旬〜中旬、ユキワリソウは6月上旬〜下旬、コウスユキソウは6月下旬〜7月下旬が見ごろ。

問合先／新居浜市別子山支所☎0897-64-2011、新居浜市観光物産課☎0897-65-1261、新居浜市観光物産協会☎0897-32-4028

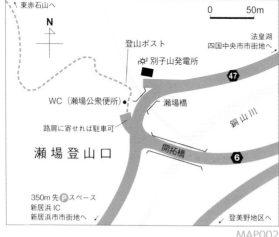

東赤石山へ

N

0　　　50m

登山ポスト

別子山発電所

法皇湖
四国中央市市街地へ

47

WC(瀬場公衆便所)

瀬場橋

銅山川

路肩に寄せれば駐車可

瀬場登山口

開拓橋

6

350m先Ⓟスペース
新居浜IC
新居浜市市街地へ

登美野地区へ

MAP002

瀬場／路肩に寄せれば駐車可

瀬場／瀬場公衆便所

瀬場／同便所内部

瀬場／赤石山系案内板

瀬場／登山道入口

赤石山系・大永山トンネル東口

あかいしさんけい・だいえいさんとんねるひがしぐち

愛媛県新居浜市　標高 971.8m(駐車スペース)

登山口概要／西山の南側、県道 47 号沿い。大坂屋敷越を経由する赤石山系のツナクリ山や西山などの起点。石鎚山系のちち山や笹ヶ峰などの起点。

緯度経度／ [33°50′34.3″][133°19′04.7″](駐車スペース)
マップコード／ 172 308 674*88 (駐車スペース)
アクセス／松山道新居浜 IC から県道 47 号経由で20km、約 31 分。
駐車場／大永山トンネル東口に複数の駐車スペースがある。最も林道入口に近い駐車スペース＝ 3 〜 4 台・22 × 5m・舗装・区画なし。30m 東側にある駐車スペース＝ 6 台・32 × 5m・舗装・区画なし。さらにその東側にも複数の駐車スペースが点々とある。
携帯電話（ドコモ）／通話可。
公衆電話／林道入口に最も近い駐車スペースにカード・コイン式公衆電話ボックスがある。

Google Map
駐車スペース

地理院地図
駐車スペース

取材メモ／大永山トンネル東口向かって左手からのびている林道に入ると、すぐ先に登山道入口がある。「笹ヶ峰・ちち山」の道標が立っている。銅山峰 (銅山越周辺の総称) のツガザクラは、国の天然記念物で 5 月上旬〜下旬が見ごろ。笹ヶ峰のコメツツジは 7 月上旬〜下旬が見ごろ。
問合先／新居浜市別子山支所 ☎ 0897-64-2011、新居浜市観光物産課 ☎ 0897-65-1261、新居浜市観光物産協会 ☎ 0897-32-4028

大永山／駐車スペース

大永山／林道入口

赤石山系・床鍋登山口

あかいしさんけい・とこなべとざんぐち

愛媛県新居浜市　標高 684m(手前の駐車スペース)

登山口概要／東赤石山 (日本二百名山・花の百名山・四国百山) の南東側、市道沿い。東赤石山や権現山などの起点。
緯度経度／ [33°51′30.7″][133°23′41.7″](手前の駐車スペース)
マップコード／ 172 377 561*28 (手前の駐車スペース)
アクセス／松山道新居浜 IC から県道 47、6 号、市道経由で31km、約 53 分。県道から (「東赤石山　床鍋」の小さな標識あり。写真参照)300m、約 1 分。
駐車場／登山道入口の前後に駐車スペースがある。手前の駐車スペース (市道路肩に寄せる)＝ 3 台・26 × 3m・舗装・区画なし。奥の駐車スペース＝ 2 台・舗装・区画なし。
携帯電話（ドコモ）／通話可。
その他／登山者の心得看板、山林内の動植物の採取をかたく禁ずる看板、赤石山系県自然環境保全地域案内板。

Google Map
手前の駐車スペース

地理院地図
手前の駐車スペース

取材メモ／東赤石山はカンラン岩 (蛇紋岩) の山で、岩の表面が酸化して赤錆色をしていることから「赤石」の名が生まれたという。この特殊な環境要因がコメツガ等

床鍋／県道から市道へ

床鍋／手前の駐車スペース

床鍋／登山道入口

あ
か
さ
た
な
は
ま
や
ら
わ

の針葉樹と稜線上の豊かな植物相を育み、四国では東赤石山にし
か見られない植物もある。なお東赤石山のアケボノツツジは5月
上旬〜中旬、キバナノコマノツメは6月上旬〜中旬、ユキワリソウは
6月上旬〜下旬、コウスユキソウは6月下旬〜7月下旬が見ごろ。
問合先／新居浜市別子山支所☎ 0897-64-2011、新居浜市観
光物産課☎ 0897-65-1261、新居浜市観光物産協会☎ 0897-
32-4028

赤石山系・肉淵登山口

あかいしさんけい・にくぶちとざんぐち

愛媛県新居浜市　標高897m(登山道入口)

登山口概要／二ツ岳(四国百名山・四国百山)の南東側、県道
131号の実質上の終点。峨蔵越(がぞうごえ)を経由する二ツ岳
などの起点。
緯度経度／[33°52′41.1″][133°26′08.6″](登山道入口)
マップコード／172 442 887*74(登山道入口)
アクセス／松山道新居浜ICから県道47、6、131号経由で
38km、約1時間4分。
駐車場／登山道入口に駐車スペースがある。1〜2台・舗装・
区画なし。また150m手前のカーブミラーに1台分など、複数
の駐車スペースがある。
携帯電話(ドコモ)／通話可。
登山届入れ／登山道入口にある。
その他／林道峨蔵線(現地標識で
は、蔵は山へんに蔵)終点看板。

Google Map
登山道入口

地理院地図
登山道入口

問合先／新居浜市別子山支所☎
0897-64-2011、新居浜市観光物産課☎ 0897-65-1261、新
居浜市観光物産協会☎ 0897-32-4028

赤石山系・日浦登山口駐車場

あかいしさんけい・ひうらとざんぐちちゅうしゃじょう

愛媛県新居浜市　標高829.3m

登山口概要／西赤石山(四国百名山・四国百山)の南側、県道
47号沿い。銅山越(どうざんごえ)を経由する西赤石山や西山
などの起点。旧別子銅山跡の入口。
緯度経度／[33°51′06.9″][133°20′48.6″]
マップコード／172 341 777*77
アクセス／松山道新居浜ICから県道47号経由で25km、約39
分。「旧別子銅山跡入口」の標識が目印。
駐車場／8台・26×20m・舗装・区画あり。
駐車場混雑情報／春と秋の紅葉シーズンは、休日だけでなく平日
でも満車になり、県道路肩に車が並ぶほどに混雑する。
トイレ／駐車場に隣接。センサーライト付き。水洗。水道・TPあり。
評価☆☆
携帯電話(ドコモ)／通話可。
水場・水道設備／トイレ横に流水
がある。
登山届入れ／登山道入口横にある
が、機能してなさそう。

Google Map
駐車場

地理院地図
駐車場

肉淵／登山口に続く県道131号

肉淵／登山道入口と駐車スペース

肉淵／登山道入口

日浦／日浦登山口駐車場

日浦／同駐車場のトイレ

あ か さ た な は ま や ら わ

その他／ベンチ、案内板、貸し出し杖、ツガザクラなどの高山植物無断採取は法律で禁止されています看板、旧別子登山口解説板、旧別子を登山される皆様へ看板、旧別子銅山案内図、赤石山系県自然環境保全地域案内板。

取材メモ／西赤石山のアケボノツツジは5月上旬～中旬、ツガザクラは5月下旬が見ごろ。銅山峰（銅山越周辺の総称）のツガザクラは、国の天然記念物で5月上旬～下旬が見ごろ。

問合先／新居浜市別子山支所☎0897-64-2011、新居浜市観光物産課☎0897-65-1261、新居浜市観光物産協会☎0897-32-4028

日浦／同トイレ内部

赤石山系・マイントピア別子東平ゾーン　MAP003

あかいしさんけい・まいんとぴあべっしとうなるぞーん

愛媛県新居浜市　標高740.5m（第2駐車場）

登山口概要／西赤石山（四国百名山・四国百山）の西側、市道終点付近。西赤石山や銅山越（どうざんごえ）を経由する西山などの起点。

緯度経度／［33°52′30.6″］［133°18′56.1″］（第2駐車場）

マップコード／172 428 545*35（第2駐車場）

アクセス／松山道新居浜ICから県道47号、市道経由で16km、約30分。県道から「東洋のマチュピチュ東平」の看板を目印に左折。ここから6km、約17分。市道は、すれ違い困難な箇所も多い狭い道。市道の開通期間は、3月1日～12月中旬。

駐車場／第2駐車場＝50～60台・90×36m・砂利＋草・ロープ区画あるが、部分的に不明瞭。第1駐車場＝66台・64×44m・舗装・区画あり。ほかに臨時駐車場もある。

駐車場混雑情報／GWとお盆休み、11月の紅葉シーズンは、混雑する可能性がある。

トイレ／第1駐車場にある。水洗。水道・TPあり。評価☆☆☆

携帯電話（ドコモ）／通話可。

ドリンク自販機／第1駐車場にある（PBも）。

その他／東平歴史資料館（月曜休・祝日の場合は翌日休・10～17時・☎0897-36-1300）、東平マイン工房（体験工房）、旧・

日浦／登山道入口

東平／東平の案内看板

東平／第1駐車場のトイレ

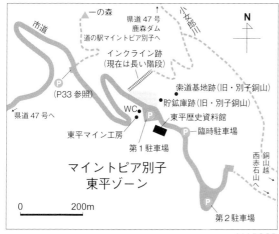

MAP003

東平／同トイレ内部

別子銅山関連諸施設。

取材メモ／第 2 駐車場から登山道入口までは徒歩約 1 分。なおマイントピア別子東平ゾーンは、旧・別子銅山東平地区の産業遺跡群を観光用に再整備したもの。その景観から「東洋のマチュピチュ」と形容される。なお西赤石山のアケボノツツジは 5 月上旬〜中旬、ツガザクラは 5 月下旬が見ごろ。銅山峰（銅山越周辺の総称）のツガザクラは、国の天然記念物で 5 月上旬〜下旬が見ごろ。

問合先／道の駅マイントピア別子
☎ 0897-43-1801、新居浜市観光物産課☎ 0897-65-1261、新居浜市観光物産協会☎ 0897-32-4028

Google Map
第 2 駐車場

地理院地図
第 2 駐車場

東平／第 2 駐車場

赤石山系・道の駅マイントピア別子　MAP004

あかいしさんけい・みちのえきまいんとぴあべっし

愛媛県新居浜市　標高 141.9m（駐車場）

登山口概要／西赤石山（四国百名山・四国百山）の北西側、県道 47 号沿い。西赤石山の起点。銅山越（どうざんごえ）を経由する西山などの起点。遠登志渓谷（おとしけいこく）遊歩道の起点。

緯度経度／[33° 54′ 11.2″][133° 18′ 35.5″]（駐車場）
[33° 53′ 31.9″][133° 18′ 37.1″]（遠登志渓谷遊歩道入口）

マップコード／ 172 517 884*16（駐車場）
172 487 616*66（遠登志渓谷遊歩道入口）

アクセス／松山道新居浜 IC から県道 47 号経由で 6km、約 9 分。
道の駅マイントピア別子／無休・9 〜 22 時（施設により異なる）・
☎ 0897-43-1801

駐車場／道の駅の駐車場＝ 386 台・80 × 65m など 4 面・舗装・区画あり。なお、登山者の駐車可否は不明だが、道の駅〜登山道入口間の県道沿いにも点々と駐車スペースがある。道の駅付近（MAP 参照）のほか、ループ橋下にもある。

駐車場混雑情報／ GW とお盆休み、11 月の紅葉シーズンは、平日でも満車になることがある。

トイレ／道の駅駐車場のトイレ＝水洗。水道・TP あり。評価☆☆

東平／登山道入口

道の駅／道の駅駐車場

道の駅／同駐車場付近のトイレ

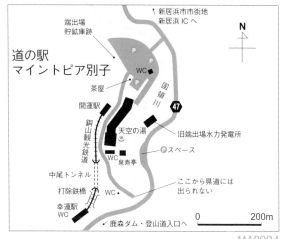
道の駅
マイントピア別子

端出場
貯鉱庫跡
↑ 新居浜市市街地
新居浜 IC へ
N
茶屋
開運駅
国領川
47
天空の湯
旧端出場水力発電所
銅山観光鉄道
Pスペース
WC
泉寿亭
中尾トンネル
ここから県道には
出られない
打除鉄橋
WC
幸運駅
WC
0　　　　　　200m
↓ 鹿森ダム・登山道入口へ

道の駅／同トイレ内部

MAP004

38

☆。ほか道の駅敷地内に 3 ヶ所ある。また登山道入口手前に遠登志公衆便所がある。センサーライト付き。水洗。水道 (飲用不可)・TP あり。評価☆☆☆

携帯電話 (ドコモ) ／道の駅＝通話可、遠登志渓谷遊歩道入口＝通話可、登山道入口＝通話可。

その他／道の駅＝レストラン・カフェ・売店・体験工房・銅山観光鉄道・天空の湯・別子翠波はな輪道案内板など。遊歩道入口＝スズメバチ注意看板、赤石山系県自然環境保全地域案内板、遠登志渓谷遊歩道案内図、仲持ち像。

Google Map
駐車場

地理院地図
駐車場

Google Map
遠登志渓谷
遊歩道入口

地理院地図
遠登志渓谷
遊歩道入口

取材メモ／登山起点は、鹿森 (しかもり) ダム沿いに 2 ヶ所あるが、国内に現存する最古級 (明治 38 年架設) の鋼製アーチ橋で登録有形文化財に指定されている遠登志橋を見学したい場合は手前の遠登志渓谷遊歩道入口からスタートする。なお西赤石山のアケボノツツジは 5 月上旬～中旬、ツガザクラは 5 月下旬が見ごろ。銅山峰 (銅山越周辺の総称) のツガザクラは、国の天然記念物で 5 月上旬～下旬が見ごろ。

問合先／道の駅マイントピア別子 ☎ 0897-43-1801、新居浜市観光物産課 ☎ 0897-65-1261、新居浜市観光物産協会 ☎ 0897-32-4028

赤帽子山→ P199 剣山地・中尾山高原駐車場
　　　　→ P209 剣山地・夫婦池登山口

旭ヶ丸→ P173 剣山地・旭ヶ丸　大川原高原駐車場
　　　→ P174 剣山地・旭ヶ丸　林道大川原旭丸線
　　　→ P192 剣山地・高鉾山　林道大川原旭丸線

旭ノ丸→ P174 剣山地・旭丸峠
　　　→ P187 剣山地・さかて山　林道大川原旭丸線
　　　→ P188 剣山地・菖蒲権現登山口

阿讃山脈→ P118 ～ 141 讃岐山脈

足摺岬自然遊歩道・足摺岬駐車場　MAP005

あしずりみさきしぜんゆうほどう　　あしずりみさきちゅうしゃじょう

高知県土佐清水市　標高 54.9m (足摺岬駐車場)

登山口概要／足摺岬の北西側、県道 27 号沿い。足摺岬自然遊歩道や白山洞門 (はくさんどうもん) 遊歩道、四国のみちの起点。足摺岬は、「足摺岬自然休養林」として森林浴の森 100 選に選定。

緯度経度／ [32°43′31.7″][133°01′09.2″](足摺岬駐車場)
[32°43′34.4″][133°00′35.2″](足摺岬市営駐車場)

マップコード／ 907 197 588*87 (足摺岬駐車場)
907 196 674*51 (足摺岬市営駐車場)

アクセス／高知道四万十町中央 IC から国道 56 号、県道 42 号、国道 321 号、県道 27 号経由で 87km、約 1 時間 47 分。

足摺岬交通規制／年末年始、GW、お盆休みの時期は、混雑が

道の駅／天空の湯などがある建物

道の駅／遠登志公衆便所

道の駅／遠登志渓谷遊歩道入口

道の駅／登山道入口

足摺岬／足摺岬駐車場

予想されるため足摺岬の駐在所から金剛福寺前の区間で交通規制が行われる。規制期間中は、足摺岬市営駐車場に駐車して徒歩または有料シャトルバスを利用する。東側の駐車場からはシャトルバスの運行はない。シャトルバスは5分間隔で運行。バス料金は中学生以上100円。市営駐車場から金剛福寺前まで徒歩約12分。規制内容は年によって変わる可能性もある。詳しくは土佐清水市行政サイトを参照のこと。交通規制の問い合わせは土佐清水市観光商工課観光係☎0880-82-1212へ。

駐車場／19台＋大型・76×5m・舗装・区画あり。
駐車場混雑情報／交通規制以外では秋の連休などに混雑することがある。
トイレ／駐車場の前後に2棟ある。どちらもセンサーライト付き。水洗。水道・TPあり。評価☆☆☆～☆☆
携帯電話（ドコモ）／通話可。
ドリンク自販機／大型駐車場と足摺岬展望台前にある（PBも）。
その他／中浜万次郎（ジョン万次郎）像、足摺岬とジョン万次郎解説板、四国最南端の碑、足摺岬観光案内所、土佐偉人銅像案内図、ベンチ、イノシシ注意看板、足摺岬周辺観光案内板、金剛福寺（四国八十八ヶ所霊場第三十八番札所）、入山者カウンター、四国のみち案内板、足摺岬遊歩道案内図、足摺岬展望台など。
取材メモ／足摺岬自然遊歩道には、ゆるぎ石、不増不減の手水鉢、亀石、汐の満干手水鉢、亀呼場、大師の爪書き石、地獄の穴など、弘法大師ゆかりの不思議なポイントが計21件あり、合わせて「足摺七不思議」と呼ぶ。また大正3年(1914)から船舶の航行を見守ってきた足摺岬灯台や、ふたつの展望台、海蝕洞（かいしょくどう）の白山洞門など、そのほかの見どころも多い。なお足摺岬のアシズリノジギクは11月中旬～12月初旬、ヤブツバキは12月中旬～2月中旬が見ごろ。アシズリノジギクは足摺岬の名前を冠したノジギクの変種だが、足摺半島の東側にはノジギクが多く、足摺岬と半島西側にはアシズリノジギクが多い。
問合先／土佐清水市観光商工課観光係☎0880-82-1212、土

Google Map
足摺岬駐車場

地理院地図
足摺岬駐車場

Google Map
足摺岬市営駐車場

地理院地図
足摺岬市営駐車場

足摺岬／トイレ・観光案内所

足摺岬／同トイレ内部

足摺岬／トイレ（西側）

足摺岬／同トイレ内部

足摺岬／足摺岬自然遊歩道入口

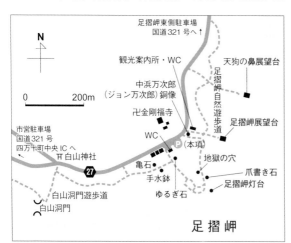
足摺岬

MAP005

40

佐清水市観光協会 ☎ 0880-82-3155

天行山→ P211 東宮山・川井峠駐車場

雨乞／国道に立つ案内看板

雨乞の滝駐車場
あまごいのたきちゅうしゃじょう

徳島県神山町　標高 271m（第 1 駐車場）

登山口概要／雨乞の滝（日本の滝百選）の北側、町道終点。う
ぐいす滝、不動滝、もみじ滝、観音滝、雨乞の滝の起点。四国
のみちの起点。
緯度経度／ [33°57′23″][134°20′08.9″]（第 1 駐車場）
マップコード／ 370 730 348*61（第 1 駐車場）
アクセス／徳島市市街地（徳島県庁前）から市道、国道 55、
192、438 号、町道経由で 30km、約 48 分。
駐車場／町道終点に第 1 駐車場、その 70m 手前に第 2 駐車場
がある。第 1 駐車場＝ 18 〜 20 台・24 × 14m・舗装・区画なし。
第 2 駐車場＝約 10 台・32 × 8m・舗装・区画なし。
トイレ／駐車場の奥にある。水洗。水道・TP あり。評価☆☆
携帯電話（ドコモ）／通話可。

Google Map
第 1 駐車場

地理院地図
第 1 駐車場

その他／雨乞の滝周辺案内図、四
国のみち案内板、ベンチ、マムシ・ス
リップ・落石注意看板、貸し出し杖。
取材メモ／雨乞の滝は雄滝と雌滝
からなり、雄滝の落差 27m。雌滝
の落差 45m。吉野川水系・鮎喰川（あくいがわ）に懸かる。第
1 駐車場から徒歩約 20 分。
問合先／神山町産業観光課商工観光係（神山町観光協会）☎
088-676-1118

雨乞／第 1 駐車場

天堤山→ P44 石鎚山系・天堤山登山口

雨ヶ森→ P45 石鎚山系・雨ヶ森　岩柄登山口
　　　→ P45 石鎚山系・雨ヶ森　樫山登山口

綾上富士→ P167 高鉢山登山口

安神山→ P84 大三島・鷲ヶ頭山　安神山わくわくパーク駐車場

雨乞／同駐車場奥のトイレ

飯野山（讃岐富士）・飯山町登山口駐車場
いいのやま（さぬきふじ）・はんざんちょうとざんぐちちゅうしゃじょう

香川県丸亀市　標高 18m

登山口概要／飯野山（讃岐富士）（四国百名山・四国百山）の南
東側、市道沿い。飯山（はんざん）ルートを経由する飯野山の起点。
緯度経度／ [34°16′06.7″][133°51′04.7″]
マップコード／ 77 657 734*24
アクセス／高松道善通寺 IC から国道 319 号、県道 18 号、市道
経由で 7km、約 14 分。または高松市市街地（香川県庁前）か

雨乞／同トイレ内部

雨乞／遊歩道入口

ら県道173、33、18号、市道経由で23km、約41分。
駐車場／14台·24×22m·舗装·区画あり。
駐車場混雑情報／取材した2021年10月12日は曇天の火曜日だったが、到着した午後3時の時点で10台分が埋まっていた。
トイレ／駐車場にある。水洗。水道·TPあり。評価☆☆☆
携帯電話（ドコモ）／通話可。
ドリンク自販機／駐車場にある（PBも）。
その他／飯ノ山登山道案内板、ここは瀬戸内一の自然遺産です注意看板。
取材メモ／別名·讃岐富士とも呼ばれる端正な姿が美しいが、意外なことに火山の噴出によるものではなく、断層や浸食などにより偶然この形になったという。

Google Map
駐車場

地理院地図
駐車場

問合先／丸亀市観光協会☎0877-22-0331、丸亀市産業観光課観光担当☎0877-24-8816

飯野山（讃岐富士）· 丸亀市野外活動センター付近 MAP006

いいのやま（さぬきふじ）·まるがめしやがいかつどうせんたーふきん

香川県丸亀市　標高88.8m（駐車スペース）

登山口概要／飯野山（讃岐富士）(四国百名山·四国百山)の西側、市道終点。飯野町ルートを経由する飯野山の起点。
緯度経度／[34°16′18.6″][133°50′23.4″]（駐車スペース）
マップコード／77 686 182*41（駐車スペース）
アクセス／高松道善通寺ICから国道319号、県道18号、市道経由で7km、約16分。または高松市市街地（香川県庁前）から県道173、33、18号、市道経由で24km、約44分。
駐車場／丸亀市野外活動センター下の市道沿いに駐車スペースがある。計約20台·26×7mなど5面·砂·区画なし。
駐車場混雑情報／登山者の利用は多いが、満車になることはないようだ。万一、満車の場合は次項の弥生の広場を利用する。
トイレ／丸亀市野外活動センターにある。
携帯電話（ドコモ）／通話可。
ドリンク自販機／丸亀市野外活動センターにある（PBも）。
その他／飯野山登山案内板。
取材メモ／別名·讃岐富士とも呼ばれる端正な姿が美しいが、意外なことに火山の噴出によるものではなく、断層や浸食などにより偶然この形になったという。

Google Map
駐車スペース

地理院地図
駐車スペース

問合先／丸亀市観光協会☎0877-22-0331、丸亀市産業観光課観光担当☎0877-24-8816

飯野山（讃岐富士）·弥生の広場 MAP006

いいのやま（さぬきふじ）·やよいのひろば

香川県丸亀市　標高51.4m

登山口概要／飯野山（讃岐富士）(四国百名山·四国百山)の西側、市道終点。飯野町ルートを経由する飯野山の起点。
緯度経度／[34°16′18.6″][133°50′20.1″]

飯山町／登山口の看板

飯山町／登山口駐車場

飯山町／同駐車場のトイレ

飯山町／同トイレ内部

センター／市道沿い駐車スペース

マップコード／77 685 209*31
アクセス／高松道善通寺 IC から国道 319 号、県道 18 号、市道
経由で 7km、約 15 分。または高松市市街地 (香川県庁前) から県道 173、33、18 号、市道経由で 24km、約 43 分。
駐車場／弥生の広場に駐車場があり、登山者の利用可だが、広場はイベントで使うこともあるので、端の方のスペースに置く(MAP参照)。約 20 台・52 × 12m・砂利＋草・ロープ区画あり。
携帯電話 (ドコモ)／通話可。
その他／携帯基地局、ベンチ。
取材メモ／通常は、丸亀市野外活動センター下の駐車スペース (前項) に車を置く方が登山道入口に近い。
問合先／丸亀市観光協会☎ 0877-22-0331、丸亀市産業観光課観光担当☎ 0877-24-8816

Google Map
弥生の広場

地理院地図
弥生の広場

センター／登山口の看板

広場／弥生の広場看板

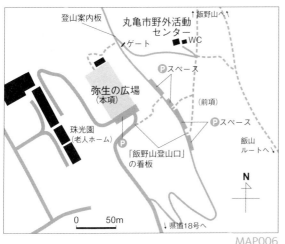
MAP006

広場／弥生の広場駐車場

広場／登山口に続く道入口

石墨山→（次項）石鎚山系・青滝山　黒森峠
　　→ P45 石鎚山系・石墨山　唐岬の滝入口

石立山→ P175 剣山地・石立山登山口
　　→ P202 剣山地・べふ峡駐車場

石鎚山→ P46 石鎚山系・石鎚登山口　プウェイ山麓下谷駅
　　→ P49 石鎚山系・面河渓駐車場
　　→ P67 石鎚山系・土小屋
　　→ P70 石鎚山系・西之川登山口

石鎚山系・青滝山　黒森峠

いしづちさんけい・あおたきさん　くろもりとうげ

愛媛県久万高原町・東温市　標高 983m(駐車スペース)

登山口概要／青滝山の西側、国道 494 号沿い。青滝山や石墨山の起点。

黒森峠／黒森峠

緯度経度／[33°45′12.8″][132°59′35″](駐車スペース)
マップコード／ 294 614 014*24 (駐車スペース)
アクセス／松山道川内 IC から国道 11、494 号経由で 21km、約 34 分。
駐車場／黒森峠の東側と西側にそれぞれ駐車スペースがある。東側駐車スペース＝ 7 ～ 8 台・32 × 10m・舗装・区画なし。西側の駐車スペース＝ 2 ～ 3 台・落ち葉＋細砂利＋草・区画なし。西側の駐車スペースに駐車する際は、林道割石線入口を塞ぐように停めないこと。
携帯電話 (ドコモ) ／峠のどちら側も通話不可。
取材メモ／青滝山登山道入口は、東側駐車スペース向かいにある石積擁壁の末端から続いているが、道標もなく少しわかりにくい。一方、石墨山登山道入口は、東側駐車スペースの峠側、石積擁壁の末端にある。なお石墨山のササユリは、7 月上旬～中旬が見ごろ。
問合先／久万高原町観光協会☎ 0892-21-1192、久万高原町ふるさと創生課☎ 0892-21-1111

Google Map
駐車スペース

地理院地図
駐車スペース

黒森峠／東側の駐車スペース

黒森峠／石墨山登山道入口

石鎚山系・天堤山登山口

いしづちさんけい・あまつつみやまとざんぐち

愛媛県四国中央市　標高 995.1m(駐車スペース)

登山口概要／天堤山の北側、林道芋野線終点付近。天堤山の起点。
緯度経度／[33°52′04.7″][133°29′38.2″](駐車スペース)
[33°52′05″][133°29′36.3″](登山道入口)
マップコード／ 172 419 677*31 (駐車スペース)
172 419 705*78 (登山道入口)
アクセス／松山道土居 IC から国道 11、319 号、県道 6、126 号、林道芋野線 (舗装) 経由で 30km、約 1 時間。県道 126 号から「愛媛県指定天然記念物　桂・イタヤカエデ」の案内看板を目印に (看板が指し示す方向とは逆に) 右折すると、すぐに丁字路があり、左の道が林道芋野線。同林道終点に林道猿田 3 号線との分岐があり、この手前左側路肩に車を置く。ここからはごく短いが無線中継所の管理道路となり、90m 先の行き止まりに水資源機構無線中継所がある。中継所の 20m ほど手前左側の登山道入口には、ピンクテープが結ばれている。県道 126 号から 5.9km、約 20 分。
駐車場／林道芋野線と林道猿田 3 号線の分岐に駐車スペースがある。4 ～ 5 台・落ち葉＋草・区画なし。また登山道入口の路肩に寄せても 2 ～ 3 台の駐車可だが、無線中継所の保守作業車も時々来ているので、支障にならない停め方をしたい。
携帯電話 (ドコモ) ／通話可。
その他／水資源機構無線中継所。
取材メモ／天堤山は、石鎚山系の中でも知る人ぞ知る穴場の山。登山道はあるが、踏み跡程度。
問合先／なし

Google Map
駐車スペース

地理院地図
駐車スペース

地理院地図
登山道入口

Google Map
登山道入口

天堤山／県道 126 号から右折する

天堤山／登山口に続く林道芋野線

天堤山／分岐の駐車スペース

石鎚山系・雨ヶ森　岩柄登山口

いしづちさんけい・あめがもり　いわがらとざんぐち

高知県仁淀川町　標高 505.5m(駐車スペース)

登山口概要／雨ヶ森 (四国百名山・四国百山) の南西側、町道終点付近。雨ヶ森の起点。
緯度経度／[33°38′56.3″][133°09′36.7″](駐車スペース)
マップコード／445 829 435*17 (駐車スペース)
アクセス／高知西バイパス天神 IC から県道 36 号、国道 194、439、494 号、町道経由で 45km、約 1 時間 7 分。岩柄地区に続く町道は、狭くて、すれ違い困難。岩柄地区の居住世帯は 2 ～ 3 軒なので、あまり心配しなくてよいが、取材時には対向車が 1 台来た。
駐車場／登山道入口の向かいに駐車スペースがある。約 5 台・28 × 5m・舗装・区画なし。すぐ奥の町道終点にも約 5 台分の駐車スペースがあり、どちらも登山者の利用可だが、週一回、町のゴミ回収車がやってくるのでゴミ置き場前の駐車は避ける。
駐車場混雑情報／混雑することはない。
携帯電話 (ドコモ)／通話可。
問合先／仁淀川町池川総合支所地域振興課☎ 0889-34-2114

Google Map
駐車スペース

地理院地図
駐車スペース

石鎚山系・雨ヶ森　樫山登山口　`MAP109`

いしづちさんけい・あめがもり　かしやまとざんぐち

高知県仁淀川町　標高 650.8m(林道路肩)

登山口概要／雨ヶ森 (四国百名山・四国百山) の北東側、広域基幹林道成川樫山線沿い。雨ヶ森の起点。
緯度経度／[33°40′20.8″][133°10′55.1″](林道路肩)
マップコード／822 007 244*32 (林道路肩)
アクセス／高知西バイパス天神 IC から県道 36 号、国道 194、439 号、県道 362 号、広域基幹林道成川樫山線 (舗装) 経由で 47km、約 1 時間 12 分。まずは安居渓谷を目指し、渓谷を抜けて迂回路の林道成川樫山線へ。一方通行なので、帰路は安居渓谷に下らずに林道成川樫山線を南下して県道 362 号に出る。
駐車場／登山道入口の 50m 先 (南東側) 路肩に寄せれば駐車可。約 3 台・舗装＋砂・区画なし。
トイレ／手前の安居渓谷入口駐車場にある (P246 参照)。センサーライトと温水洗浄便座付き。水洗。水道・TP あり。評価☆☆☆
携帯電話 (ドコモ)／通話可。
問合先／仁淀川町池川総合支所地域振興課☎ 0889-34-2114

Google Map
林道路肩

地理院地図
林道路肩

石鎚山系・石墨山　唐岬の滝入口

いしづちさんけい・いしずみさん　からかいのたきいりぐち

愛媛県東温市　標高 846.4m(駐車スペース)

登山口概要／石墨山 (四国百名山・四国百山) の北側、国道

岩柄／向かいの駐車スペース

岩柄／登山道入口

樫山／路肩に寄せれば駐車可

樫山／登山道入口

唐岬／駐車スペース

494号沿い。割石峠(わりいしとうげ)を経由する石墨山の起点。
緯度経度／[33°44′58.2″][132°58′54.1″](駐車スペース)
マップコード／294 583 483*87(駐車スペース)
アクセス／松山道川内ICから国道11、494号経由で18km、約29分。
駐車場／登山道入口付近に駐車スペースがある。計約10台・28×5mなど2面・土＋草・区画なし。
トイレ／駐車スペースにある。水洗。水道・TPあり。評価☆☆
携帯電話(ドコモ)／通話可。

唐岬／同スペースのトイレ

その他／石鎚山岳輪道案内板、唐岬の滝案内板、夏目漱石句碑。
取材メモ／唐岬の滝は、落差114mの7段瀑。徒歩15〜20分。駐車スペース南端から緩やかに下る道が滝遊歩道。一方、石墨山登山道は、駐車スペースから黒森峠方面に20mほど進んだ国道沿い右手にある。「石墨山3.5km」の道標が目印。なお石墨山のササユリは、7月上旬〜中旬が見ごろ。
問合先／東温市地域活力創出課観光物産係☎089-964-4414

石鎚山系・石墨山　黒森峠→ P43 石鎚山系・青滝山　黒森峠

唐岬／同トイレ内部

石鎚山系・石鎚登山ロープウェイ山麓下谷駅　MAP007

いしづちさんけい・いしづちとざんろーぷうぇいさんろくしもたにえき

愛媛県西条市　標高432m(山麓下谷駅)

登山口概要／石鎚山(日本百名山・花の百名山・新花の百名山・四国百名山・四国百山・愛媛県の最高峰)の北東側、県道12号沿い。石鎚登山ロープウェイ山頂成就駅を経由する石鎚山などの起点。石鎚山の主要登山口のひとつ。
緯度経度／[33°48′10.7″][133°08′54.1″](山麓下谷駅)
マップコード／822 453 843*38(山麓下谷駅)
アクセス／松山道いよ小松ICから国道11号、県道142、12号経由で22km、約30分。

唐岬／石墨山登山道入口

駐車場／石鎚登山ロープウェイ山麓下谷駅付近に民間有料駐車場が複数ある。1回400円〜1日700円(宿泊の場合、追加料金が必要。おおむね駅に近い駐車場が高い)。駐車時に係員に先払いするが、無人で料金箱に入れる駐車場もある。係員が不在の場合は下山後の支払いでも可。24時間出入り可。計約500台・砂利・区画あり。
駐車場混雑情報／GW、お盆休み、紅葉シーズンは、天気次第で混雑するが、満車になって停められないことはない。
トイレ／石鎚登山ロープウェイ山麓下谷駅の向かいにある。水洗。水道・TPあり。評価☆☆。また山頂成就駅内や石鎚神社成就社(いずれも水洗)、二ノ鎖元(バイオ式。協力金100円またはクーポン券)、石鎚山山頂(非水洗)にもある。
携帯電話(ドコモ)／通話可(有料駐車場付近)。
ドリンク自販機／ロープウェイ前バス停付近にある(PBも)。
登山届入れ／石鎚神社成就社奥の登山道入口にあたる神門前にある。
その他／有料駐車場周辺＝ロープウェイ前バス停(せとうちバス)。山麓下谷駅＝売店、郵便ポスト、石鎚山登山安全祈念碑、役行

下谷駅／高木駐車場

下谷駅／泉屋駐車場

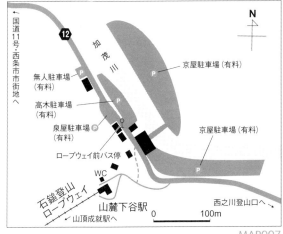

者堂等。山頂成就駅＝売店。リフト山頂側乗降場＝展望台。

石鎚登山ロープウェイ／通年運行（4月に点検の運休日あり）・7〜8月の平日は8〜18時、土・日曜、祝日、お盆は7時40分〜18時。石鎚夏大祭期間の平日は4時20分〜18時、土・日曜は3〜18時。10月の平日は8時20分〜17時、土・日曜、祝日は7時40分〜18時。時期により変動・所要8分・往復2000円、片道1050円・石鎚登山ロープウェイ☎0897-59-0331

石鎚観光リフト／4月下旬〜11月下旬運行（9月の平日は運休）・9時〜16時30分・所要6分・往復600円、片道350円・石鎚登山ロープウェイ☎0897-59-0331

取材メモ／表参道には、試しの鎖（67m）、一の鎖（33m）、二の鎖（65m）、三の鎖（68m）の鎖場（行場）があり、これがコースの特色といえる。この鎖場は、江戸時代の安永8(1779)年に掛け替えた記録があり、それよりも以前に信仰登拝が盛んになるに従って設置されたものとされる。なお石鎚山のアケボノツツジは5月中旬〜6月上旬、イシヅチザクラとツクシシャクナゲは5月上旬〜下旬、ツルギミツバツツジやアカイシミツバツツジは5月中旬〜6月初旬、シコクイチゲは7月上旬〜下旬、ナンゴククガイソウは7月中旬〜8月下旬、紅葉は10月上旬〜中旬が見ごろ。

問合先／石鎚登山ロープウェイ☎0897-59-0331、西条市観光振興課観光推進係☎0897-52-1690、西条市観光物産協会☎0897-56-2605

Google Map
山麓下谷駅

地理院地図
山麓下谷駅

石鎚山系・伊予富士登山口

いしづちさんけい・いよふじとざんぐち

高知県いの町　標高1538.6m（駐車スペース）

登山口概要／伊予富士（日本三百名山・四国百名山・四国百山）の南西側、町道瓶ヶ森線（UFOライン・雄峰ライン・瓶ヶ森林道）沿い。伊予富士などの起点。

下谷駅／京屋駐車場

下谷駅／ロープウェイ駅入口（階段）

下谷駅／駅向かいのトイレ

下谷駅／同トイレ内部

下谷駅／山麓下谷駅

緯度経度／[33°47′10.4″][133°14′43″]（駐車スペース）
[33°47′11.2″][133°14′42.6″]（登山道入口）
マップコード／822 404 862*81（駐車スペース）
822 404 891*74（登山道入口）
アクセス／高知西バイパス天神ICから県道36号、国道194号、町道一の谷東風線、町道瓶ヶ森線経由で73km、約1時間43分。または松山道いよ小松ICから国道11、194号、町道瓶ヶ森線経由で48km、約1時間14分。町道瓶ヶ森線の開通期間は4月中旬〜11月下旬。全線舗装されているが、すれ違い困難な区間もある。

伊予／駐車スペース

駐車場／登山道入口の前後に駐車スペースが3面ある。計約12台・舗装・区画なし。
携帯電話（ドコモ）／通話可。
その他／ベンチ。
問合先／いの町本川総合支所産業建設課☎088-869-2115、いの町産業経済課☎088-893-1115、いの町観光協会☎088-893-1211

Google Map
駐車スペース

地理院地図
駐車スペース

Google Map
登山道入口

地理院地図
登山道入口

伊予／登山道入口

石鎚山系・大田尾越

いしづちさんけい・おおたおごえ

愛媛県新居浜市／高知県大川村　標高1099.4m（大座礼山登山道入口）

登山口概要／東光森山（ひがしみつもりやま）の西側。愛媛県側の大座礼山登山道入口は市道沿いにあり、高知県側の東光森山登山道入口は県道6号沿いにある。東光森山や大座礼山（おおざれやま）（四国百名山・四国百山）などの起点。
緯度経度／[33°50′02″][133°23′56.6″]（大座礼山登山道入口）
[33°50′00.5″][133°23′57.4″]（東光森山登山道入口）
マップコード／172 288 605*71（大座礼山登山道入口）
172 288 546*12（東光森山登山道入口）
アクセス／松山道新居浜ICから県道47号、市道経由で35km、約1時間。または高知道大豊ICから国道439号、県道17、6号経由で46km、約1時間11分。

大田尾／登山口に続く愛媛県側市道

駐車場／大座礼山登山道入口の駐車スペース＝2台・土＋砂＋草＋砂利・区画なし。東光森山登山道入口の駐車スペース＝2台・砂＋草＋砂利・区画なし。
携帯電話（ドコモ）／通話可（車の中では通話不可だった）。
その他／東光森山登山道入口＝土佐のてっぺん郷土の森案内板。
問合先／新居浜市別子山支所☎0897-64-2011、新居浜市観光物産課☎0897-65-1261、新居浜市観光物産協会☎0897-32-4028、大川村むらづくり推進課☎0887-84-2211

Google Map
大座礼山登山道入口

地理院地図
大座礼山登山道入口

Google Map
東光森山登山道入口

地理院地図
東光森山登山道入口

大田尾／大座礼山登山口の駐車スペース

大田尾／東光森山登山口の駐車スペース

石鎚山系・大瀧登山口

いしづちさんけい・おおたびとざんぐち

高知県いの町　標高 751.4m (大瀧の滝展望台駐車場)

登山口概要／手箱山 (てばこやま) (四国百名山) の北東側、県道 40 号沿い。手箱山や筒上山 (つつじょうさん) などの起点。

緯度経度／ [33°44′55.3″][133°12′06.9″](大瀧の滝展望台駐車場)
[33°44′56.9″][133°12′04.1″](登山道入口)

マップコード／ 822 279 406*86 (大瀧の滝展望台駐車場)
822 279 463*65 (登山道入口)

アクセス／高知西バイパス天神 IC から県道 36 号、国道 194 号、県道 40 号経由で 61km、約 1 時間 29 分。

駐車場／登山道入口の 80m 東側に大瀧の滝展望台駐車場がある。5 台・18×5m・コンクリート舗装・区画なし。また登山道入口の 200m 先、カーブミラーがある場所に 2 台分の駐車スペースがある。

トイレ／大瀧の滝展望台駐車場横にあるが、使用不可。

携帯電話 (ドコモ)／通話不可。

水場・水道設備／大瀧の滝展望台駐車場に流水がある (飲用可否不明)。

Google Map
大瀧の滝展望台
駐車場

地理院地図
大瀧の滝展望台
駐車場

その他／大瀧の滝展望台駐車場＝ベンチ、氷室の里記念碑。

Google Map
登山道入口

地理院地図
登山道入口

取材メモ／大瀧は「おおたき」ではなく「おおたび」と読む。大瀧の滝は落差 35m で、駐車場から真正面に望めるが、滝壺に行くこともできる。12 月末〜 2 月末には氷瀑と化す。また筒上山や手箱山のアケボノツツジは 5 月初旬〜中旬、シロヤシオは 5 月下旬、筒上山のキレンゲショウマは 8 月上旬〜下旬が見ごろ。

問合先／いの町本川総合支所産業建設課 ☎ 088-869-2115、いの町産業経済課 ☎ 088-893-1115、いの町観光協会 ☎ 088-893-1211

石鎚山系・奥工石山　工石山荘→ P252
石鎚山系・奥工石山　町道仁尾ヶ内線→ P252
石鎚山系・奥工石山　竜王峠→ P252

石鎚山系・面河渓駐車場　MAP008

いしづちさんけい・おもごけいちゅうしゃじょう

愛媛県久万高原町　標高 702.4m (第 1 駐車場)

登山口概要／石鎚山 (日本百名山・花の百名山・新花の百名山・四国百名山・四国百山・愛媛県の最高峰) の南側、町道沿い。面河渓を経由する面河山や石鎚山などの起点。面河渓本流ルートと鉄砲石川ルートの起点。亀腹展望台コースの起点。

緯度経度／ [33°43′29.3″][133°06′06.9″](第 1 駐車場)

マップコード／ 294 507 526*86 (第 1 駐車場)

大瀧／大瀧の滝展望台駐車場

大瀧／ 2 台分駐車スペース

大瀧／大瀧の滝

大瀧／登山道入口

面河渓／第 1 駐車場

アクセス／松山道川内 IC から国道 11、494 号、県道 12 号、町道経由で 50km、約 1 時間 17 分。

駐車場／第 1 駐車場＝ 7 台・26 × 14m・ブロック舗装・区画あり。第 2 駐車場は 23 台・50 × 20m・舗装・区画あり。第 3 駐車場＝ 20 台・38 × 14m・舗装・区画あり。また第 2 駐車場向かいに 3 ～ 4 台分の駐車スペースもある。

駐車場混雑情報／夏休みやお盆休み、紅葉シーズンの休日は満車になる。

トイレ／第 1 駐車場にある。外観はやや古びているが、中はリフォームされてきれい。センサーライトと温水洗浄便座付き。水洗。水道・TP あり。評価☆☆☆。ほか面河渓の第 1 と第 2 キャンプ場、愛大石鎚小屋にもそれぞれバイオ式トイレがある。

携帯電話（ドコモ）／第 1 ～第 3 駐車場いずれも通話可。

登山届入れ／渓泉亭面河茶屋前にある。

その他／渓泉亭面河茶屋、スズメバチ注意看板、面河渓散策ならびにキャンプ場をご利用のみなさまへ、面河渓の名所巡りリスクマップ、国有林を利用される皆様へ、石鎚山系森林生態系保護地域案内板、石鎚山系森林生態系保護地域解説板。

取材メモ／面河渓の南側には、石鎚山系の自然と歴史に関する展示が充実した面河山岳博物館がある。自然観察会や昆虫教室なども開催。月曜休、祝日の場合は翌日休み。12 ～ 3 月は土曜、日曜、祝日休。ほか臨時休あり・9 時 30 分～ 17 時・入館料 300 円・☎ 0892-58-2130。また第 1 駐車場に立つと、高さ 70m 以上もある対岸の岩壁が目を惹く。節理の模様を亀の腹部に見立てて亀腹と呼ばれる花崗岩の巨大な岩塊で、セッコクやイワタケを産する。また第 3 駐車場からパノラマ台へ上がり、亀腹展望台を経て本流ルートへ下りる穴場コースは、ツクシシャクナゲや石鎚山の展望が魅力。所要約 1 時間。なお面河渓のオオヤマザクラは 4 月中旬～下旬、トサノミツバツツジは 4 月中旬～下旬、アケボノツツジは 4 月中旬～下旬、ヒカゲツツジは 4 月下旬～ 5 月上旬、オモゴテンナンショウは 5 月上旬～中旬、紅葉は 10 月下旬～ 11 月上旬が見ごろ。石鎚山のアケボノツツジは 5 月中旬～ 6 月上旬、ツルギミツバツツジ

Google Map
第 1 駐車場

地理院地図
第 1 駐車場

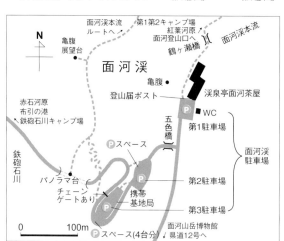

面河渓／第 2 駐車場

面河渓／第 3 駐車場

面河渓／第 1 駐車場のトイレ

面河渓／同トイレ内部

面河渓／渓泉亭面河茶屋

MAP008

やアカイシミツバツツジは 5 月中旬～ 6 月初旬、シコクイチゲは 7 月上旬～下旬、ナンゴククガイソウは 7 月中旬～ 8 月下旬、紅葉は 10 月上旬～中旬が見ごろ。

問合先／久万高原町観光協会☎ 0892-21-1192、久万高原町ふるさと創生課☎ 0892-21-1111

石鎚山系・金山橋（丸笹山登山口）

いしづちさんけい・かなやまばし（まるささやまとざんぐち）

愛媛県久万高原町　標高 977.9m（駐車スペース）

登山口概要／丸笹山（花の百名山・四国百名山・四国百山）の北西側、石鎚スカイライン沿い。笹倉（さぞう）湿原を経由する丸笹山などの起点。※取材した 2021 年 10 月 14 日は付近で道路工事が行われていたため取材ができず、2014 年に撮影した写真を代わりに掲載しておく（当時と大きな変化はない）。
緯度経度／[33°44′06.4″][133°08′08.2″]（駐車スペース）
[33°43′48.7″][133°08′12.3″]（登山道入口）
マップコード／ 822 211 737*00（駐車スペース）
822 211 201*31（登山道入口）
アクセス／松山道川内 IC から国道 11、494 号、県道 12 号、石鎚スカイライン（県道 12 号）経由で 58km、約 1 時間 30 分。
石鎚スカイライン／ 4 月 1 日～ 11 月 30 日（冬期は全面通行止。ほかに規制雨量を超えた場合などに通行止になる可能性あり）・7 ～ 18 時（時期により変動）・問い合わせは久万高原町観光協会☎ 0892-21-1192 へ。
駐車場／金山橋の土小屋側に駐車スペースがある。約 8 台・30 × 10m・舗装・区画なし。
携帯電話（ドコモ）／不明。
取材メモ／駐車スペースから金山橋を渡り、左手から分かれる林道に進む。丸笹山登山道入口はその 700m 先にある。ここから丸笹山へ登る途中にある笹倉湿原は、ウマスギゴケに覆われた希有な湿原で一見の価値あり。

Google Map
駐車スペース

地理院地図
駐車スペース

Google Map
登山道入口

地理院地図
登山道入口

問合先／久万高原町観光協会☎ 0892-21-1192、久万高原町ふるさと創生課☎ 0892-21-1111

石鎚山系・鎌滝山　大淵登山口

いしづちさんけい・かまたきやま　おおぶちとざんぐち

高知県土佐町　標高 618.1m（駐車スペース）

登山口概要／鎌滝山の南東側、林道大淵線終点。鎌滝山の起点。
緯度経度／[33°46′29.6″][133°32′24.7″]（駐車スペース）
マップコード／ 546 065 514*25（駐車スペース）
アクセス／高知道大豊 IC から国道 439 号、県道 263 号、早明浦ダム管理道路、林道大淵線（舗装）経由で 18.5km、約 36 分。早明浦ダムを渡った先で、「大淵部落・鎌滝山入口」の標識に従って林道大淵線へ。林道大淵線は、すれ違い困難な狭い道。
駐車場／登山道入口がある林道大淵線終点に駐車スペースがあ

面河渓／亀腹

金山橋／駐車スペース

金山橋／林道入口

金山橋／笹倉湿原

大淵／林道大淵線入口

る。計約3台・舗装・区画なし。※駐車スペースには、民家の倉庫やガレージが接しており、駐車の際は邪魔にならないように十分に配慮したい。

トイレ／早明浦ダムを渡る手前の駐車場にある。センサーライト付き。水洗。水道・TPあり。評価☆☆☆〜☆☆。また近くの早明浦ダム管理事務所横にも別棟のトイレがある。

携帯電話（ドコモ）／通話可。

登山届入れ／駐車スペースに登山者記帳場がある。ノートに登山年月日、開始時間、下山予定時間、登山者人数を書き込むスタイル。

その他／ベンチ。

問合先／土佐町企画推進課地域振興係☎0887-82-2450

Google Map
駐車スペース

地理院地図
駐車スペース

大淵／林道終点駐車スペース

石鎚山系・瓶ヶ森駐車場　MAP009

いしづちさんけい・かめがもりちゅうしゃじょう

愛媛県西条市／高知県いの町　標高1664.2m

登山口概要／瓶ヶ森（日本三百名山・四国百名山・四国百山）の南側、町道瓶ヶ森線と町道瓶ヶ森西線（UFOライン・雄峰ライン・瓶ヶ森林道）沿い（本項駐車場が両町道の境）。瓶ヶ森の主要登山口。子持権現山（こもちごんげんやま）や西黒森などの起点。

緯度経度／［33°47′08.6″］［133°11′25.6″］

マップコード／822 398 753*12

アクセス／松山道いよ小松ICから国道11、194号、町道瓶ヶ森線経由で56km、約1時間35分。または高知西バイパス天神ICから県道36号、国道194号、県道40号、町道瓶ヶ森西線、町道瓶ヶ森線経由で78km、約2時間2分。県道40号の開通期間は4月1日〜12月初旬。町道瓶ヶ森線と町道瓶ヶ森西線の開通期間は4月中旬〜11月下旬。全線舗装されているが、すれ違い困難な区間もある。

駐車場／計約100台・120×26m、60×10m・砂利＋土＋草

大淵／登山道入口

Google Map
駐車場

地理院地図
駐車場

瓶ヶ森／西側の駐車場

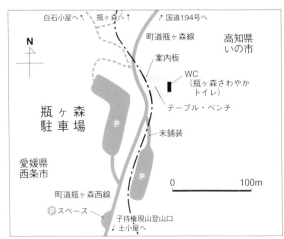

瓶ヶ森／東側の駐車場

瓶ヶ森／さわやかトイレ

MAP009

52

あ
か
さ
た
な
は
ま
や
ら
わ

+小石・区画なし。
駐車場混雑情報／紅葉シーズンは混雑することもあるが、満車になることはない。
トイレ／付近に瓶ヶ森さわやかトイレがある。非水洗。雨水タンクによる手洗い蛇口あり・TP あり。評価☆☆
携帯電話（ドコモ）／通話可。
その他／瓶ヶ森自然休養林案内図、国有林を利用される皆様へ、国有林へ入るみなさんへおねがい、テーブル・ベンチ。
取材メモ／瓶ヶ森南面は氷見二千石原（ひみにせんごくばら）と呼ばれるイブキザサの広大な笹原が広がり、白骨樹が点在する。瓶ヶ森のイシヅチザクラは 5 月下旬、ツルギミツバツツジは 5 月下旬～6 月上旬が見ごろ。なお町道瓶ヶ森線と町道瓶ヶ森西線は、高知営林局によって作られ、全線が開通したのは昭和 49（1974）年。総延長は 27km。かつて瓶ヶ森林道と呼ばれていたが、その後、いの町の町道になった。未確認飛行物体の目撃が多いことから通称 UFO ライン（雄峰ライン）。
問合先／西条市観光振興課観光推進係☎ 0897-52-1690、西条市観光物産協会☎ 0897-56-2605、いの町本川総合支所産業建設課☎ 088-869-2115、いの町産業経済課☎ 088-893-1115、いの町観光協会☎ 088-893-1211

瓶ヶ森／同トイレ内部

瓶ヶ森／登山道入口

石鎚山系・神鳴池付近

いしづちさんけい・かんならしいけふきん

高知県いの町／（**愛媛県西条市**） **標高 1607.3mm**（**駐車スペース**）

登山口概要／西黒森（四国百名山・四国百山）の南東側、町道瓶ヶ森線（UFO ライン・雄峰ライン・瓶ヶ森林道）沿い。西黒森や自念子ノ頭（じねんごのあたま）などの起点。
緯度経度／[33°47′20.1″][133°12′39.1″]（駐車スペース）[33°47′20.6″][133°12′42.1″]（登山道入口）
マップコード／822 430 258*62（駐車スペース）822 430 261*35（登山道入口）
アクセス／高知西バイパス天神 IC から県道 36 号、国道 194 号、町道一の谷寒風線、町道瓶ヶ森線経由で 78km、約 1 時間 53 分。または松山道いよ小松 IC から国道 11、194 号、町道瓶ヶ森線経由で 53km、約 1 時間 29 分。町道瓶ヶ森線の開通期間は 4 月中旬～11 月下旬。全線舗装されているが、すれ違い困難な区間もある。
駐車場／登山道入口の西側路肩に駐車場がある。約 3 台・30 × 2m・舗装・区画なし。また町道瓶ヶ森線の 100m 南東側にも幅員が少し広くなっている場所があり、路肩に寄せれば 1 ～ 2 台程度駐車可能。

Google Map
駐車スペース

地理院地図
駐車スペース

携帯電話（ドコモ）／通話可だが、つながるまで数十秒を要した。
その他／村道瓶ヶ森線開通記念＋神鳴池のいわれ石碑。
取材メモ／神鳴池は、石碑の 50m ほど下方にあるが、涸れていることも多い。
問合先／いの町本川総合支所産

Google Map
登山道入口

地理院地図
登山道入口

業建設課☎ 088-869-2115、いの町産業経済課☎ 088-893-1115、いの町観光協会☎ 088-893-1211、西条市観光振興課

神鳴池／駐車スペース

神鳴池／神鳴池のいわれ石碑

神鳴池／登山道入口

53

観光推進係☎ 0897-52-1690、西条市観光物産協会☎ 0897-56-2605

石鎚山系・寒風山登山口　MAP010

いしづちさんけい・かんぷうざんとざんぐち

高知県いの町　標高 1112.8m(駐車場)

登山口概要／寒風山 (四国百名山・四国百山) の南側、町道瓶ヶ森線 (UFO ライン・雄峰ライン・瓶ヶ森林道) と町道一の谷寒風線沿い。寒風山や笹ヶ峰、伊予富士などの起点。

緯度経度／[33°48′ 00.6″][133°16′ 00.3″](駐車場)

マップコード／ 172 152 549*37(駐車場)

アクセス／高知西バイパス天神 IC から県道 36 号、国道 194 号、町道一の谷寒風線経由で 64km、約 1 時間 23 分。または松山道いよ小松 IC から国道 11、194 号、町道一の谷寒風線経由で 39km、約 53 分。

駐車場／登山者用駐車場がある。15 台 (区画は 12 台)・34 × 24m・舗装・区画あり。また 350m ほど離れた林道沿いには登山者用臨時駐車場も用意されている。約 20 台 ·66 × 10m・砂 + 草 + 石・区画なし。※あずまや横の駐車場は、登山者の利用不可。

駐車場混雑情報／ GW、お盆休み、紅葉シーズンは満車になる。紅葉シーズンは平日でも多い。登山者だけでなくドライブがてら駐車する人も。ただ臨時駐車場まで満車になることはない。

トイレ／駐車場付近にある。簡易水洗。水道なし。TP あり。評価☆☆

携帯電話 (ドコモ)／通話可。

その他／寒風茶屋、あずまや、ベンチ、登山者の皆様にお願い看板、国有林からのお願い看板。

Google Map
登山者用駐車場

地理院地図
登山者用駐車場

取材メモ／ MAP は 2021 年 10 月時点での現地状況。付近では工事が行われており、今後、状況が変わる可能性もある。なお笹ヶ峰のコメツツジは、7 月上旬～下旬が見ごろ。

問合先／いの町本川総合支所産業建設課☎ 088-869-2115、

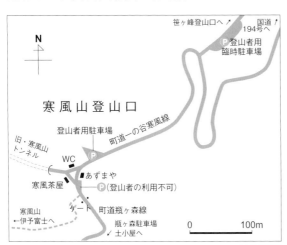

MAP010

寒風山／登山者用駐車場

寒風山／登山者用臨時駐車場

寒風山／駐車場付近のトイレ

寒風山／同トイレ内部

寒風山／登山道入口

いの町産業経済課☎ 088-893-1115、いの町観光協会☎ 088-893-1211

石鎚山系・黒滝山登山口→ P252

石鎚山系・広域基幹林道寒風大座礼東線
いしづちさんけい・こういききかんりんどうかんぷうおおざれひがしせん

高知県大川村　標高 1089.8m(駐車スペース)

登山口概要／大座礼山 (おおざれやま)(四国百名山・四国百山)の北東側、広域基幹林道寒風大座礼東線沿い。大座礼山などの起点。
緯度経度／[33° 49′ 46.4″][133° 23′ 58″](駐車スペース)
マップコード／ 172 288 127*08 (駐車スペース)
アクセス／松山道新居浜 IC から県道 47 号、市道、県道 6 号、広域基幹林道寒風大座礼東線 (路面評価★★★) 経由で 36km、約 1 時間 2 分。または高知道大豊 IC から国道 439 号、県道17、6 号、広域基幹林道寒風大座礼東線 (路面評価★★★) 経由で 46km、約 1 時間 12 分。県道 6 号から 300m、約 2 分。
駐車場／登山道入口手前に広い駐車スペースがある。約 20 台・60 × 40m など 2 面・石＋砂利＋草・区画なし。※スペース自体は広いが、入口付近以外はススキが生えており、全面の駐車は困難。林道入口にも 4 ～ 5 台分の駐車スペースがある。
携帯電話 (ドコモ)／通話可。
取材メモ／登山道入口には「大座礼山登山口」の標柱と標識が立っている。
問合先／大川村むらづくり推進課
☎ 0887-84-2211

Google Map
駐車スペース

地理院地図
駐車スペース

石鎚山系・小麦畝登山口
いしづちさんけい・こむぎうねとざんぐち

高知県大川村　標高 962.7m(駐車スペース)

登山口概要／平家平 (へいけだいら)(四国百名山・四国百山)の東側、林道笠成線沿い。小麦畝コースを経由する平家平や冠山(かんむりやま) などの起点。
緯度経度／[33° 48′ 44.2″][133° 21′ 03.9″](駐車スペース)
[33° 48′ 44.7″][133° 21′ 03″](登山道入口)
マップコード／ 172 222 072*07 (駐車スペース)
172 222 072*38 (登山道入口)
アクセス／高知西バイパス天神 IC から県道 36 号、国道 194 号、県道 17 号、町道高薮線、林道笠成線 (起点の 2.3km 先から未舗装になる。路面評価★★★。雨溝による凹部が路面を横断する箇所が部分的にあるので、そこだけ★★～★。ごく一部コンクリート舗装) 経由で 65km、約 1 時間 44 分。または松山道いよ小松 IC から国道

Google Map
駐車スペース

地理院地図
駐車スペース

Google Map
登山道入口

地理院地図
登山道入口

広域／林道寒風大座礼東線入口

広域／林道寒風大座礼東線

広域／広い駐車スペース

広域／登山道入口

小麦畝／林道笠成線

11、194 号、県道 17 号、町道高薮線、林道笠成線 (起点の 2.3km 先から未舗装になる。路面評価★★★。雨溝による凹部が路面を横断する箇所が部分的にあるので、そこだけ★★〜★。ごく一部コンクリート舗装) 経由で 49km、約 1 時間 24 分。林道笠成線の未舗装区間に入って 2.7km、約 10 分。途中、「平家平登山口 200m 先」の案内看板あり。

駐車場／登山道入口の 20m 手前右側に駐車スペースがある。4 〜 5 台・14 × 8m・細砂利＋草・区画なし。
携帯電話 (ドコモ)／通話可。
その他／ベンチ、高圧線鉄塔。
問合先／大川村むらづくり推進課☎ 0887-84-2211

小麦畝／駐車スペース

石鎚山系・子持権現山登山口　MAP011

いしづちさんけい・こもちごんげんやまとざんぐち

高知県いの町／(愛媛県西条市)　標高 1610.6m (登山道入口)

登山口概要／子持権現山の北側、町道瓶ヶ森西線 (UFO ライン・雄峰ライン・瓶ヶ森林道) 沿い。子持権現山の最短起点。伊吹山などの起点。
緯度経度／[33° 46′ 54.8″][133° 11′ 19.7″](登山道入口)
マップコード／ 822 397 388*44 (登山道入口)
アクセス／松山道いよ小松 IC から国道 11、194 号、町道瓶ヶ森線、町道瓶ヶ森西線経由で 56km、約 1 時間 37 分。または高知西バイパス天神 IC から県道 36 号、国道 194 号、県道 40 号、町道瓶ヶ森西線経由で 77km、約 2 時間。県道 40 号の開通期間は 4 月 1 日〜 12 月初旬。町道瓶ヶ森線と町道瓶ヶ森西線の開通期間は 4 月中旬〜 11 月下旬。全線舗装されているが、すれ違い困難な区間もある。
駐車場／子持権現山登山道入口の路肩に寄せれば駐車可。1 台・舗装・区画なし。またカーブの先にも 1 台分の駐車スペースがある。さらに町道瓶ヶ森線を北上すると駐車スペースが 2 面ある。
駐車場混雑情報／駐車可能台数が限られるため、シーズン中は満車になる可能性がある。満車だった場合は、瓶ヶ森駐車場 (P52 参照) を利用する。北側の登山道入口まで 260m、徒歩約 4 分。

小麦畝／登山道入口

子持／路肩に寄せれば駐車可

子持／同登山道入口

子持／特徴的な子持権現山の山容

MAP011

56

トイレ／町道瓶ヶ森線を 900m 北上すると瓶ヶ森駐車場付近に瓶ヶ森さわやかトイレがある（P52 〜 53 参照）。非水洗。雨水タンクによる手洗い蛇口あり・TP あり。評価☆☆
携帯電話（ドコモ）／通話可。
取材メモ／子持権現山登山道には、急斜面に 80m も続く長い鎖場があり、登山初心者には向かない。

Google Map
登山道入口

地理院地図
登山道入口

問合先／いの町本川総合支所産業建設課 ☎ 088-869-2115、いの町産業経済課 ☎ 088-893-1115、いの町観光協会 ☎ 088-893-1211、西条市観光振興課観光推進係 ☎ 0897-52-1690、西条市観光物産協会 ☎ 0897-56-2605

石鎚山系・笹ヶ峰登山口→ P252
石鎚山系・笹ヶ峰トンネル西口付近→ P252

石鎚山系・笹ヶ峰　南尾根登山口

いしづちさんけい・ささがみね　みなみおねとざんぐち

高知県いの町　標高 1115.2m（駐車スペース）

登山口概要／笹ヶ峰（日本二百名山・四国百名山・四国百山）の南側、林道寒風大座礼西線沿い。南尾根を経由する笹ヶ峰、ちち山、寒風山（かんぷうざん）などの起点。
緯度経度／[33°48′48.1″][133°16′44.8″]（駐車スペース）
マップコード／ 172 213 204*53（駐車スペース）
アクセス／高知西バイパス天神 IC から県道 36 号、国道 194 号、町道一の谷寒風線、林道寒風大座礼西線（林道入口の 800m 先から未舗装。路面評価★★★★〜★★★。1.5km ほど先に★★区間あり）経由で 67km、約 1 時間 35 分。または松山道いよ小松 IC から国道 11、194 号、町道一の谷寒風線、林道寒風大座礼西線（林道入口の 800m 先から未舗装。路面評価★★★★〜★★★。1.5km ほど先に★★区間あり）経由で 41km、約 1 時間 4 分。町道から 2.9km.約 12 分。
駐車場／登山道入口向かいに駐車スペースがある。13 台・42 × 8m・草＋砂＋細砂利・ロープ区画あり。
携帯電話（ドコモ）／通話不可。
その他／ベンチ。
取材メモ／笹ヶ峰のコメツツジは、7 月上旬〜下旬が見ごろ。

Google Map
駐車スペース

地理院地図
駐車スペース

問合先／いの町本川総合支所産業建設課 ☎ 088-869-2115、いの町産業経済課 ☎ 088-893-1115、いの町観光協会 ☎ 088-893-1211

石鎚山系・皿ヶ嶺　上林森林公園　MAP012

いしづちさんけい・さらがみね　かみはやししんりんこうえん

愛媛県東温市　標高 926.7m（駐車場）

登山口概要／皿ヶ嶺（四国百名山・四国百山）の北西側、市道沿い。竜神平を経由する皿ヶ嶺の起点。
緯度経度／[33°43′27.8″][132°53′12.7″]（駐車場）

笹ヶ峰／林道寒風大座礼西線

笹ヶ峰／駐車スペース

笹ヶ峰／登山道入口

森林公園／駐車場

森林公園／キャンプ場駐車スペース

[33° 43′ 24″][132° 53′ 07.4″](登山道入口)
マップコード／ 294 481 471*44 (駐車場)
294 481 376*61 (登山道入口)
アクセス／松山道川内 IC から県道 23、209 号、市道経由で
15km、約 27 分。

森林公園／風穴入口駐車スペース

駐車場／上林森林公園に駐車場や
駐車スペースがある。計約 70 台
・70 × 26m、66 × 8m など 5
面・舗装＋砂＋草・区画なし。
駐車場混雑情報／満車になること
はない。

Google Map
駐車場

地理院地図
駐車場

トイレ／キャンプ場付近にある。セ
ンサーライト付き。簡易水洗。水
道・TP あり。評価☆☆☆～☆☆
携帯電話 (ドコモ)／通話可。

Google Map
登山道入口

地理院地図
登山道入口

森林公園／森林公園トイレ

その他／テーブル・ベンチ、風穴、あずまや。
取材メモ／「上林」は、地元の人も「かんばやし」と呼ぶことが
多いが、正しくは「かみはやし」と読むらしい。皿ヶ嶺山頂の北
側には、面積約 1ha の竜神平 (皿ヶ嶺湿地) と呼ばれる湿地があ
り、コバギボウシやミミカキグサなどの湿生植物が見られる。ま
た上林森林公園には、風穴 (かざあな) があり、年間を通して冷
風が吹き出している。
問合先／東温市地域活力創出課観光物産係☎ 089-964-4414

森林公園／同トイレ内部

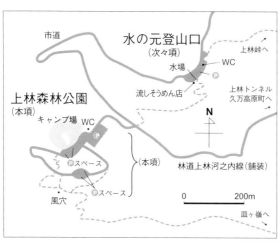

MAP012

森林公園／登山道入口

石鎚山系・皿ヶ嶺　上林峠入口　MAP013

いしづちさんけい・さらがみね　かみはやしとうげいりぐち

愛媛県久万高原町　標高 1032.8m (駐車スペース)

登山口概要／皿ヶ嶺 (四国百名山・四国百山) の北東側、県道
209 号沿い。上林峠を経由する皿ヶ嶺の起点。陣ヶ森の起点。
緯度経度／[33° 43′ 26.3″][132° 54′ 26.7″](駐車スペース)
[33° 43′ 33.8″][132° 54′ 27.4″](登山道入口)
マップコード／ 294 484 425*17 (駐車スペース)

森林公園／風穴

MAP013

上林峠／林道上林河之内線

294 484 636*34（登山道入口）

アクセス／松山道川内 IC から県道 23、209 号、市道、林道上林河之内線（舗装）、県道 209 号経由で 17km、約 34 分。

駐車場／チェーンゲートから県道を南に 120m 下ると駐車スペースがある。7 〜 8 台・26 × 14m・細砂利・区画なし。さらに 230m 下ったところにも同程度の駐車スペースがある。チェーンゲートの 70m 南側県道路肩に寄せれば 2 〜 3 台は駐車可能だが、駐車スペースを利用する方がおすすめ。

携帯電話（ドコモ）／通話可（駐車スペース）、通話可（チェーンゲート）。

取材メモ／登山道入口はチェーンゲートの 250m 奥にある。また本項駐車スペースから県道を 800m 下ったところにも皿ヶ嶺の畑野川コース入口があり、その前後も含めて約 10 台分の駐車スペースがある。

問合先／久万高原町観光協会 ☎ 0892-21-1192、久万高原町ふるさと創生課 ☎ 0892-21-1111

Google Map
駐車スペース

地理院地図
駐車スペース

上林峠／南 120 m先の駐車スペース

Google Map
登山道入口

地理院地図
登山道入口

上林峠／チェーンゲート

石鎚山系・皿ヶ嶺　畑野川コース入口
　　　→（前項）石鎚山系・皿ヶ嶺　上林峠入口
　　　　　　　　　　　「取材メモ」参照

上林峠／皿ヶ嶺山頂

石鎚山系・皿ヶ嶺　水の元登山口　MAP012

いしづちさんけい・さらがみね　みずのもととざんぐち

愛媛県東温市　標高 822m（駐車スペース）

登山口概要／皿ヶ嶺（四国百名山・四国百山）の北側、市道沿い。上林峠や上林森林公園を経由する皿ヶ嶺の起点。

緯度経度／[33° 43′ 34.5″][132° 53′ 25.1″]（駐車スペース）

マップコード／ 294 482 664*84（駐車スペース）

水の元／駐車スペース

アクセス／松山道川内 IC から県道 23、209 号、市道経由で 14km、約 25 分。

駐車場／公共の駐車スペースなので、登山者の利用可。計 15 〜 20 台・24 × 5m など 3 面・舗装＋細砂利＋砂・区画なし。

Google Map 駐車スペース　地理院地図 駐車スペース

駐車場混雑情報／流しそうめん店が営業する夏は、店の利用客の車で満車になり、県道にはみ出すほどに混雑することがある。

トイレ／駐車スペースに隣接。水洗。水道・TP あり。評価☆☆

携帯電話（ドコモ）／通話可。

水場・水道設備／駐車スペースの向かいに水場がある。

その他／流しそうめん店、提示版、ベンチ、上林森林公園案内板。

問合先／東温市地域活力創出課観光物産係☎ 089-964-4414

石鎚山系・皿ヶ嶺　樅の木コース登山口
　→（次項）石鎚山系・皿ヶ嶺　六部堂越コース登山口

石鎚山系・皿ヶ嶺　六部堂越コース登山口

いしづちさんけい・さらがみね　ろくぶどうごえこーすとざんぐち

愛媛県久万高原町　標高 656.8m(駐車場)

登山口概要／皿ヶ嶺 (四国百名山・四国百山) の南西側、国道 440 号沿い。六部堂越コースや樅の木 (もみのき) コースを経由する皿ヶ嶺の起点。

緯度経度／[33°42′15″][132°52′33.1″](駐車場)
[33°42′13″][132°52′35.7″](六部堂越コース入口)
[33°42′33.7″][132°52′49.2″](樅の木コース入口)

マップコード／ 294 420 102*51 (駐車場)
294 420 044*70 (六部堂越コース入口)
294 420 658*38 (樅の木コース入口)

アクセス／松山市市街地 (愛媛県庁前) から国道 11 号、市道、国道 33、440 号経由で 26km、約 43 分。「久万スキーランド」の大きな看板が目印。

駐車場／皿ヶ嶺登山口休憩所前に駐車場 (久万スキーランド第 6 駐車場) がある。12 〜 13 台・24 × 22m・舗装＋砂利・区画なし。

トイレ／駐車場の皿ヶ嶺登山口休憩所にある。水洗。水道・TP あり。評価☆☆☆〜☆☆

携帯電話 (ドコモ)／通話可。

ドリンク自販機／駐車場にある (PB も)。

Google Map 駐車場　地理院地図 駐車場

その他／皿ヶ嶺登山口休憩所、駐車場ご利用のお客様へ (車上荒らし注意看板)。

Google Map 六部堂越コース入口　地理院地図 六部堂越コース入口

取材メモ／駐車場から国道を南東方向に 70m 進むと、六部堂越コース登山道入口がある。一方、駐車場から「久万スキーランド」の大きなゲートを通り抜けて、樅ノ木地

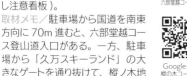
Google Map 樅の木コース入口　地理院地図 樅の木コース入口

水の元／同スペースのトイレ

水の元／同トイレ内部

六部堂／皿ヶ嶺登山口休憩所と駐車場

六部堂／同休憩所トイレ内部

六部堂／六部堂越コース入口

区に入ると、その奥に樅の木コース登山道入口がある。登山道入口の位置は、わかりにくいので、駐車場でナビ設定した方がよい。
問合先／久万高原町観光協会☎0892-21-1192、久万高原町ふるさと創生課☎0892-21-1111

石鎚山系・塩塚峰　塩塚高原展望台駐車場　MAP014

いしづちさんけい・しおづかみね　しおづかこうげんてんぼうだいちゅうしゃじょう

徳島県三好市　標高998m(手前の駐車場)

登山口概要／塩塚峰(四国百名山・四国百山)の東側、市道終点。塩塚峰の起点。
緯度経度／[33°55′36.3″][133°41′06.2″](手前の駐車場)
マップコード／207 322 735*18(手前の駐車場)
アクセス／高知道新宮ICから県道5号、国道319号、市道経由で15km、約31分。
駐車場／計約25〜30台・54×18mなど2面・舗装・区画なし。
トイレ／手前の駐車場にある。バイオ式。水道なし。TPあり。評価☆☆
携帯電話(ドコモ)／通話可。
その他／塩塚高原展望台、あずまや、テーブル・ベンチ、展望案内板。
取材メモ／塩塚高原では、毎年3月下旬に山焼きが行われ、山全体に炎が広がる様は見応え十分。この山焼きによって樹木が育つことなく大草原の景観が維持されている。なお塩塚峰のオオバギボウシは、7月上旬〜下旬が見ごろ。
問合先／三好市まるごと三好観光戦略課☎0883-72-7620、三好市観光案内所☎0883-76-0877、三好市観光協会事務局☎0883-70-5804

Google Map
手前の駐車場

地理院地図
手前の駐車場

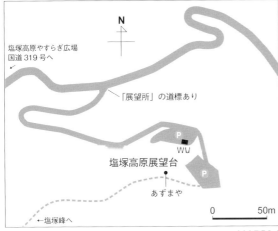

MAP014

塩塚高原やすらぎ広場
国道319号へ

N

「展望所」の道標あり

P
WU

塩塚高原展望台

P

あずまや

←塩塚峰へ

0　　　50m

展望台／手前の駐車場

展望台／同駐車場のトイレ

展望台／同トイレ内部

展望台／展望台のあずまや

展望台／展望台からの眺め

石鎚山系・塩塚峰　塩塚高原やすらぎの広場

いしづちさんけい・しおづかみね　しおづかこうげんやすらぎのひろば

愛媛県四国中央市　標高 906.8m(やすらぎの広場)

登山口概要／塩塚峰 (四国百名山・四国百山) の北西側、市道沿い。塩塚峰の起点。
緯度経度／[33°55′44.9″][133°40′22.3″](やすらぎの広場)[33°55′38.5″][133°40′23.7″](登山道入口)
マップコード／ 207 351 091*75 (やすらぎの広場)207 321 783*83 (登山道入口)
アクセス／高知道新宮 IC から県道5 号、国道 319 号、市道経由で14km、約 27 分。

Google Map
やすらぎの広場

地理院地図
やすらぎの広場

駐車場／やすらぎの広場に置ける。30 台以上・48 × 38m・細砂利＋草・区画なし。※広場での幕営禁止。
トイレ／やすらぎの広場にある。水洗。水道・TP あり。評価☆☆
携帯電話 (ドコモ)／通話可。
その他／塩塚高原案内板。

Google Map
登山道入口

地理院地図
登山道入口

取材メモ／塩塚高原では、毎年 3 月下旬に山焼きが行われ、山全体に炎が広がる様は見応え十分。この山焼きによって樹木が育つことなく大草原の景観が維持されている。なお塩塚峰のオオバギボウシは、7 月上旬〜下旬が見ごろ。
問合先／四国中央市観光交通課観光係☎ 0896-28-6187、四国中央市観光協会☎ 0896-77-5003

石鎚山系・自念子ノ頭登山口

いしづちさんけい・じねんごのあたまとざんぐち

高知県いの町／(愛媛県西条市)　標高 1618.5m(駐車スペース)

登山口概要／自念子ノ頭の北東側、町道瓶ヶ森線 (UFO ライン・雄峰ライン・瓶ヶ森林道) 沿い。自念子ノ頭などの起点。
緯度経度／[33°46′56.8″][133°13′32″](駐車スペース)
マップコード／ 822 402 431*24 (駐車スペース)
アクセス／高知西バイパス天神 IC から県道 36 号、国道 194 号、町道一の谷寒風線、町道瓶ヶ森線経由で 76km、約 1 時間 49 分。または松山道いよ小松 IC から国道 11、194 号、町道瓶ヶ森線経由で 50km、約 1 時間 24 分。町道瓶ヶ森線の開通期間は 4 月中旬〜 11 月下旬。全線舗装されているが、すれ違い困難な区間もある。

駐車場／登山道入口そばに駐車スペースがある。4 〜 5 台・舗装・区画なし。
携帯電話 (ドコモ)／通話不可。
問合先／いの町本川総合支所産

Google Map
駐車スペース

地理院地図
駐車スペース

業建設課☎ 088-869-2115、いの町産業経済課☎ 088-893-1115、いの町観光協会☎ 088-893-1211

石鎚山系・下津池コース登山口→ P252

広場／やすらぎの広場

広場／同広場トイレ

広場／同トイレ内部

自念子／駐車スペース

自念子／登山道入口

石鎚山系・白猪谷オートキャンプ場→ P252

石鎚山系・白猪谷バンガロー奥 MAP015

いしづちさんけい・しらいだにばんがろーおく

高知県いの町　標高 819m (白猪谷バンガロー)

登山口概要／子持権現山 (こもちごんげんやま) の南東側、林道白猪谷線沿い。子持権現山や伊吹山などの起点。
緯度経度／[33°45′38.8″][133°11′44.4″](駐車スペース)
[33°45′47.6″][133°11′40.5″](登山道入口)
マップコード／ 822 308 803*42 (駐車スペース)
822 338 169*46 (登山道入口)
アクセス／高知西バイパス天神 IC から県道 36 号、国道 194 号、県道 40 号、林道寺川線 (舗装)、林道寺川秋切線 (舗装)、林道白猪谷線 (舗装) 経由で 65km、約 1 時間 46 分。
駐車場／白猪谷バンガローの手前と奥に駐車スペースがあるが、どちらも登山者の利用不可。手前は私有地。奥はバンガロー利用者専用。本川総合支所によると、林道をさらに入れば、路肩に数台駐車できるようだ。MAP に示した位置はズレている可能性もある。

Google Map
駐車スペース

地理院地図
駐車スペース

トイレ／白猪谷バンガロー奥にある。非水洗。水道・TP あり。評価☆☆
携帯電話 (ドコモ)／通話不可。
水場・水道設備／炊事棟にある。
その他／白猪谷バンガロー、炊事棟。

Google Map
登山道入口

地理院地図
登山道入口

問合先／いの町本川総合支所産業建設課 (白猪谷バンガロー管理) ☎ 088-869-2115、いの町産業経済課 ☎ 088-893-1115、いの町観光協会 ☎ 088-893-1211

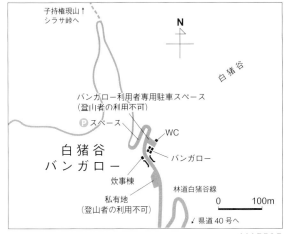

MAP015

白猪谷／白猪谷バンガロー

白猪谷／ここは登山者の利用不可

白猪谷／バンガロートイレ

白猪谷／同トイレ内部

白猪谷／林道入口

石鎚山系・白髪トンネル南口

いしづちさんけい・しらがとんねるみなみぐち

高知県本山町　標高 963.1m(駐車スペース)

登山口概要／佐々連尾山（さざれおやま）（四国百名山）の南西側、県道 264 号沿い。佐々連尾山や大森山などの起点。
緯度経度／ [33°52′08″][133°32′26.2″](駐車スペース)
マップコード／ 207 095 785*61 (駐車スペース)
アクセス／高知道大豊 IC から国道 439 号、県道 264 号経由で 33km、約 52 分。県道 264 号は冬期に積雪状況次第で通行止になる。
駐車場／白髪トンネル南口そばの登山道入口斜向かいに駐車スペースがある。計約 20 台・30 × 14m など 2 面・砂＋小石＋細砂利・区画なし。※取材時は、駐車スペースの 1 面に工事事務所や工事資材が置かれていた。
駐車場混雑情報／取材時、トンネルの補修工事が行われていたので、関係者に聞くと、平日に登山者は滅多に来ないとのことだった。
携帯電話（ドコモ）／通話不可。
問合先／本山町まちづくり推進課交流推進班☎ 0887-76-3916

石鎚山系・白髪山　縦走コース登山口→ P252
石鎚山系・白髪山　冬の瀬 (汗見川コース) 登山口→ P252

石鎚山系・シラサ峠付近　MAP016

いしづちさんけい・しらさとうげふきん

高知県いの町／(愛媛県西条市)　標高 1423m(駐車スペース)

登山口概要／子持権現山 (こもちごんげんやま) の南側、町道瓶ヶ森西線 (UFO ライン・雄峰ライン・瓶ヶ森林道) 沿い。子持権現山や伊吹山などの起点。
緯度経度／ [33°46′17.8″][133°11′01.1″](駐車スペース)
マップコード／ 822 367 160*32 (駐車スペース)
アクセス／松山道いよ小松 IC から国道 11、194 号、町道瓶ヶ森線、町道瓶ヶ森西線経由で 59km、約 1 時間 43 分。または高知西バイパス天神 IC から県道 36 号、国道 194 号、町道一の谷寒風線松山道、町道瓶ヶ森線、町道瓶ヶ森西線経由で 85km、約 2 時間 8 分。町道瓶ヶ森線と町道瓶ヶ森西線の開通期間は 4 月中旬〜 11 月下旬。全線舗装されているが、すれ違い困難な区間もある。
駐車場／山荘しらさから北に 300m 進むと駐車スペースがある。8 〜 10 台・50 × 10m・砂利＋草・区画なし。※山荘しらさ前の駐車場は、山荘利用者専用なので、登山者の利用不可。
駐車場混雑情報／満車になることはない。
携帯電話（ドコモ）／通話可。
その他／山荘しらさ (宿泊・カフェ・ショップ。4 月上旬〜 11 月下旬・水曜休・☎ 090-2235-1400)、シラサ峠避難小屋。

白髪／登山口に続く県道 264 号

白髪／駐車スペース

白髪／白髪トンネル南口

白髪／登山道入口

シラサ／北 300 m先の駐車スペース

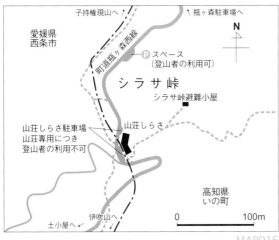

MAP016

シラサ／山荘しらさ駐車場は利用不可

シラサ／山荘しらさ

問合先／いの町本川総合支所産業建設課☎ 088-869-2115、いの町産業経済課☎ 088-893-1115、いの町観光協会☎ 088-893-1211

石鎚山系・住友の森フォレスターパーク付近

いしづちさんけい・すみとものもりふぉれすたーぱーくふきん

愛媛県新居浜市　標高 869.7m（180m 先の駐車スペース）

登山口概要／平家平 (へいけだいら)(四国百名山・四国百山) の北側、県道 47 号沿い。住友の森フォレスターパークを経由する平家平や冠山 (かんむりやま)、三ッ森山 (みつもりやま) などの起点。住友の森フォレスターパーク遊歩道の起点。

緯度経度／[33°50′11″][133°19′47.6″]（180m 先の駐車スペース ）
[33°50′09.1″][133°19′35″](登山道入口)

マップコード／ 172 279 896*71（180m 先の駐車スペース ）
172 279 824*62 (登山道入口)

アクセス／松山道新居浜IC から県道 47 号経由で 21km、約 32 分。

駐車場／住友の森フォレスターパーク入口の南東側 (別子ダム側)180m 先の県道沿い左右に駐車スペースがある。計 8 ～ 9 台・30 × 8m など 2 面・砂利・区画なし。また大永山トンネル側 140m 先の県道沿いにも計 3 台分の駐車スペースが 2 面ある。住友の森フォレスターパーク入口向かいにあるのは、パーク利用者専用の駐車場なので登山者の利用不可。

携帯電話 (ドコモ)／通話可 (いずれの駐車スペースも同じ)。

その他／住友の森エコシステム (フォレスターハウス)＝林業関係の歴史や資料の展示施設で、周辺には遊歩道も整備されているが、入林する場合はフォレスターハウスで記名すること。月曜と火曜休（12

住友／180m 先の駐車スペース

住友／140m 先の駐車スペース

住友／住友の森案内図

Google Map
180m 先の
駐車スペース

地理院地図
180m 先の
駐車スペース

Google Map
登山道入口

地理院地図
登山道入口

～2月は休館）·10～16時・☎ 0897-64-2019。住友の森エコシステム案内図。

取材メモ／登山道入口は、フォレスターハウス向かって左手から奥に 150m 入ったところにある。フェンス扉があり、開けたら閉めておくこと。

問合先／住友の森エコシステム（フォレスターハウス）☎ 0897-64-2019、新居浜市別子山支所☎ 0897-64-2011、新居浜市観光物産課☎ 0897-65-1261、新居浜市観光物産協会☎ 0897-32-4028

石鎚山系・大永山トンネル東口
　　　　　→ P35 赤石山系・大永山トンネル東口

石鎚山系・高瀑渓谷→ P252

石鎚山系・高薮登山口

いしづちさんけい・たかやぶとざんぐち

高知県いの町　標高 1128.8m（駐車スペース）

登山口概要／平家平（へいけだいら）（四国百名山・四国百山）の南東側、林道高薮線沿い。高薮コースを経由する平家平や冠山（かんむりやま）などの起点。
緯度経度／[33°47′48.1″][133°20′07.7″]（駐車スペース）
[33°47′46.4″][133°20′05.6″]（登山道入口）
マップコード／172 160 197*52（駐車スペース）
172 160 134*11（登山道入口）
アクセス／高知西バイパス天神 IC から県道 36 号、国道 194 号、県道 17 号、町道高薮線、林道高薮線（舗装）経由で 64km、約 1 時間 37 分。または松山道いよ小松 IC から国道 11、194 号、県道 17 号、町道高薮線、林道高薮線（舗装）経由で 47km、約 1 時間 16 分。高薮地区の交差点には、案内看板あり。
駐車場／登山道入口の 50m 手前（北東側）に駐車スペースがある。2～3 台·18×3m·砂＋落ち葉＋石・区画なし。
携帯電話（ドコモ）／通話不可。
取材メモ／本項登山口を含む周辺の Google Map は、2021 年 10 月時点では航空写真と道路表示（薄い白線）が大きくズレており、その後 2021 年 12 月に道路表示の問題は改善されたが、それでも地理院地図との大きな誤差が残っていた。しかし 2022 年 3 月に再確認すると、その誤差も修正されており、取材時に日本版 GPS 衛星みちびきにも対応する受信機で得られた位置情報との矛盾もなく、問題は解消されたようだ。こうしたズレは滅多にないが、現実にあり得るということを頭の隅に置いておきたい。

Google Map
駐車スペース

地理院地図
駐車スペース

問合先／いの町本川総合支所産業建設課☎ 088-869-2115、いの町産業経済課☎ 088-893-1115、いの町観光協会☎ 088-893-1211

Google Map
登山道入口

地理院地図
登山道入口

住友／住友の森入口

高薮／途中の町道案内板

高薮／途中の道標と案内板

高薮／駐車スペース

高薮／登山道入口

石鎚山系・土小屋

MAP017

いしづちさんけい・つちごや

愛媛県久万高原町・西条市　標高 1495.1m(土小屋ロータリーの駐車場)

登山口概要／石鎚山 (日本百名山・花の百名山・新花の百名山・四国百名山・四国百山・愛媛県の最高峰) の南東側、石鎚スカイライン終点。石鎚山の主要登山口。岩黒山 (いわぐろやま) や筒上山 (つつじょうさん)、手箱山 (てばこやま) などの起点。

緯度経度／ [33°45′19.4″][133°08′50.1″](土小屋ロータリーの駐車場)

[33°45′22.3″][133°08′46.3″](石鎚山登山道入口)

マップコード／ 822 302 239*08 (土小屋ロータリーの駐車場)

822 302 325*07 (石鎚山登山道入口)

アクセス／松山道川内 IC から国道 11、494 号、県道 12 号、石鎚スカイライン (県道 12 号) 経由で 65km、約 1 時間 42 分。または高知西バイパス天神 IC から県道 36 号、国道 194 号、県道 40 号、町道瓶ヶ森西線経由で 74km、約 1 時間 55 分。県道 40 号の開通期間は 4 月 1 日〜 12 月初旬。町道瓶ヶ森西線の開通期間は 4 月中旬〜 11 月下旬。

石鎚スカイライン／ 4 月 1 日〜 11 月 30 日 (冬期は全面通行止。ほかに規制雨量を超えた場合などに通行止になる可能性あり)・7 〜 18 時 (時期により変動)・問い合わせは久万高原町観光協会 ☎ 0892-21-1192 へ。

駐車場／第 1 駐車場周辺＝計約 100 台・80 × 12m など 3 面・舗装・区画あり (区画なしの駐車スペースもある)。第 2 駐車場周辺＝計約 170 台・140 × 45m など 3 面・舗装・区画あり (砂＋草・区画なしの駐車スペースもある)。

駐車場混雑情報／ 7 月上旬、夏休み、お盆休み、紅葉シーズンは、平日でも混雑し、満車になることもある。

トイレ／土小屋ロータリーのトイレ＝センサーライト付き。水洗。水道・TP あり。評価☆☆☆。第 2 駐車場トイレ＝非水洗。水道あるが水出ず・TP あり。評価☆☆

携帯電話 (ドコモ)／通話可。

ドリンク自販機／土小屋白石ロッジの階段入り口にある (PB も)。

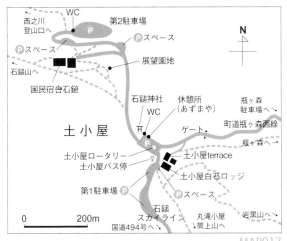

土小屋／ロータリー駐車場

土小屋／第 1 駐車場

土小屋／第 2 駐車場

土小屋／ロータリーのトイレ

土小屋／同トイレ内部

MAP017

67

登山届入れ／土小屋 terrace 内にある。

その他／土小屋 terrace（レストラン・カフェ・ショップ。不定休・8〜17時、食堂は10〜15時・☎0897-53-0006）、土小屋白石ロッジ（宿泊。☎0897-53-0007）、国民宿舎石鎚（宿泊。☎0897-53-0005）、休憩所、石鎚神社、石鎚登山案内地図、石鎚土小屋バス停（伊予鉄南予バス）、石鎚山系森林生態系保護地域案内板、ウラジロモミの純林解説板、石鎚山岳輪道案内板など。

Google Map
駐車場

地理院地図
駐車場

Google Map
石鎚登山道入口

地理院地図
石鎚登山道入口

取材メモ／石鎚山は、約1500万年前には噴火してカルデラを形成していた活火山だったという。石鎚古火山の噴火口は、現在の青滝山南麓あたりと推定されているそうだ。なお石鎚山のアケボノツツジは5月中旬〜6月上旬、ツルギミツバツツジやアカイシミツバツツジは5月中旬〜6月初旬、シコクイチゲは7月上旬〜下旬、ナンゴククガイソウは7月中旬〜8月下旬、紅葉は10月上旬〜中旬が見ごろ。筒上山や手箱山、岩黒山のアケボノツツジは5月初旬〜中旬、シロヤシオは5月下旬、筒上山のキレンゲショウマは8月上旬〜下旬が見ごろ。

問合先／久万高原町観光協会☎0892-21-1192、久万高原町ふるさと創生課☎0892-21-1111

石鎚山系・椿山登山口（椿山林道）

いしづちさんけい・つばやまとざんぐち（つばやまりんどう）

高知県仁淀川町　標高950.9m（駐車スペース）

登山口概要／椿山の南側、椿山林道沿い。椿山の起点
緯度経度／[33°41′27″][133°08′50″]（駐車スペース）
[33°41′23.9″][133°08′43.9″]（登山道入口）
マップコード／822 062 479*57（駐車スペース）
822 062 383*56（登山道入口）
アクセス／高知西バイパス天神ICから県道36号、国道194、439、494号、町道、椿山林道（終盤の約2kmが未舗装区間。路面評価★★★。一部★★★★。部分的に★★）経由で53.5km、約1時間38分。県道から約10kmで2車線の舗装道路（ここも椿山林道）に突き当たるので、右折して300mで登山道入口に着く。
駐車場／登山道入口から2車線の椿山林道を260m東進すると駐車スペースがある。5〜6台・38×14m・草・区画なし。奥の方は草に覆われて駐車不可。また登山道入口の路肩に寄せても駐車可。

Google Map
駐車スペース

地理院地図
駐車スペース

Google Map
登山道入口

地理院地図
登山道入口

携帯電話（ドコモ）／通話可。
問合先／仁淀川町池川総合支所地域振興課☎0889-34-2114

石鎚山系・出合橋登山口→ P252

土小屋／第2駐車場トイレ

土小屋／石鎚山登山道入口

椿山／椿山林道

椿山／駐車スペース

椿山／登山道入口

石鎚山系・長尾尾根展望所駐車場 MAP018

いしづちさんけい・ながおおねてんぼうしょちゅうしゃじょう

愛媛県久万高原町　標高 1204.2m(駐車場)

登山口概要／御来光の滝 (ごらいこうのたき)(日本の滝百選) の
南東側、石鎚スカイライン (県道 12 号) 沿い。面河渓や御来光
の滝の起点。御来光の滝の展望ポイント。
緯度経度／ [33°44′34.3″][133°07′38.1″](駐車場)
[33°44′39.3″][133°07′42″](面河渓下降地点)
マップコード／ 822 240 677*05 (駐車場)
822 240 831*87 (面河渓下降地点)
アクセス／松山道川内 IC から国道 11、494 号、県道 12 号、
石鎚スカイライン (県道 12 号) 経由で 61km、約 1 時間 35 分。
石鎚スカイライン／ 4 月 1 日〜 11 月 30 日 (冬期は全面通行止。
ほかに規制雨量を超えた場合などに通行止になる可能性あり)・7
〜 18 時 (時期により変動)・問い合わせは久万高原町観光協会
☎ 0892-21-1192 へ。
駐車場／ 35 台以上 ・36 × 28m・砂利・区画なし。
携帯電話 (ドコモ)／通話可。
その他／長尾尾根展望所、有料観光双眼鏡、御来光の滝解説板、
四国山地「緑の回廊」案内板、テーブル・ベンチ。
取材メモ／長尾尾根展望所から御来光の滝を遠望できるが、天候
次第で望めないこともある。御来光の滝は落差 102m。面河川 (仁
淀川の愛媛県側上流域の名称) の
源流部に懸かる。面河渓への下降
地点は、駐車場から土小屋方面に
向けて 160m 歩いたカーブミラー
がある場所。道標等は何もないが、
ガードレール末端から明瞭な道が
一気に下っている。また面河渓の
オオヤマザクラは 4 月中旬〜下旬、
トサノミツバツツジは 4 月中旬〜下
旬、アケボノツツジは 4 月中旬〜
下旬、ヒカゲツツジは 4 月下旬〜

Google Map
駐車場

地理院地図
駐車場

Google Map
面河渓下降地点

地理院地図
面河渓下降地点

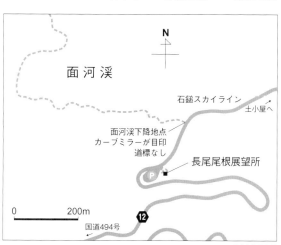

MAP018

長尾／展望所案内看板

長尾／展望所駐車場

長尾／御来光の滝解説板

長尾／展望所入口

長尾／面河渓下降地点

5月上旬、オモゴテンナンショウは5月上旬～中旬、紅葉は10月下旬～11月上旬が見ごろ。
問合先／久万高原町観光協会☎0892-21-1192、久万高原町ふるさと創生課☎0892-21-1111

石鎚山系・名野川登山口

いしづちさんけい・なのかわとざんぐち

高知県いの町　標高941.9m(登山道入口)

名野川／登山道入口の駐車スペース

登山口概要／手箱山（てばこやま）（四国百名山）の北側、県道40号沿い。手箱山や岩黒山（いわぐろやま）、筒上山（つつじょうさん）などの起点。
緯度経度／[33°44′46.7″][133°10′40.2″]（登山道入口）
マップコード／822 276 139*30（登山道入口）
アクセス／高知西バイパス天神ICから県道36号、国道194号、県道40号経由で65km、約1時間36分。県道40号の開通期間は4月1日～12月初旬。
駐車場／登山道入口前後に駐車スペースがある。計約4台・14×5mなど2面・落ち葉＋土＋石・区画なし。また100m東側にも6～7台の駐車スペースがある。
トイレ／手前の白猪谷オートキャンプ場にある。非水洗。水道・TPあり。評価☆☆
携帯電話（ドコモ）／通話不可。

名野川／登山道入口

その他／水源地域緊急整備事業解説板、入漁者の皆さんへ看板、この一帯は森林生態系保護地域です看板。

Google Map
登山道入口

地理院地図
登山道入口

取材メモ／筒上山や手箱山、岩黒山のアケボノツツジは5月初旬～中旬、シロヤシオは5月下旬が見ごろ。筒上山のキレンゲショウマは8月上旬～下旬が見ごろ。
問合先／いの町本川総合支所産業建設課☎088-869-2115、いの町産業経済課☎088-893-1115、いの町観光協会☎088-893-1211

名野川／オートキャンプ場トイレ

石鎚山系・西之川登山口 MAP019

いしづちさんけい・にしのかわとざんぐち

愛媛県西条市　標高433m(登山道入口)

登山口概要／石鎚山（日本百名山・花の百名山・新花の百名山・四国百名山・四国百山・愛媛県の最高峰）の北東側、県道12号終点。石鎚神社成就社（じょうじゅしゃ）や土小屋を経由する石鎚山などの起点。
緯度経度／[33°48′06.1″][133°09′14.8″]（登山道入口）
マップコード／822 453 744*52（登山道入口）
アクセス／松山道いよ小松ICから国道11号、県道142、12号経由で22km、約36分。

西之川／林道路肩に寄せれば駐車可

駐車場／林道路肩に寄せれば駐車可。8～10台・細砂利＋草・区画なし。また無人の有料駐車場もある。1回500円。料金は隣接する小屋外壁に設置された料金箱に入れる。8台・コンクリート舗装・区画あり。
駐車場混雑情報／取材した2021年10月10日は、紅葉シーズ

西之川／有料駐車場

MAP019

ン中の晴れの日曜ということもあってか、到着した13時の時点で林道路肩の駐車スペースは満車。有料駐車場も6台停まっていた。

トイレ／大宮橋を渡った旧・西条少年自然の家に西之川公衆便所がある。非水洗。水道・TPあり。評価☆☆

携帯電話（ドコモ）／通話可。

その他／西之川登山口＝西之川バス停（せとうちバス）、郵便ポスト、貸し出し杖、登山者の皆様へ注意喚起看板。旧・西条少年自然の家＝西条少年自然の家案内板。

Google Map
登山道入口

地理院地図
登山道入口

取材メモ／八丁坂を過ぎると、高さ30mの天柱石（御塔石）が見えてくる。天を刺す巨岩で見どころだ。なお石鎚山のアケボノツツジは5月中旬～6月上旬、ツルギミツバツツジやアカイシミツバツツジは5月中旬～6月初旬、シコクイチゲは7月上旬～下旬、ナンゴククガイソウは7月中旬～8月下旬、紅葉は10月上旬～中旬が見ごろ。

問合先／西条市観光振興課観光推進係☎0897-52-1690、西条市観光物産協会☎0897-56-2605

石鎚山系・野鹿池山　野鹿池湿原入口→P252

石鎚山系・東黒森登山口

いしづちさんけい・ひがしくろもりとざんぐち

高知県いの町／愛媛県西条市　標高1593.7m（町道路肩）

登山口概要／東黒森の西側、町道瓶ヶ森線（UFOライン・雄峰ライン・瓶ヶ森林道）沿い。東黒森などの起点。

緯度経度／［33°47′01.3″］［133°13′48.7″］（町道路肩）
［33°47′01.7″］［133°13′49.7″］（登山道入口）

マップコード／822 402 598*85（町道路肩）
822 402 599*28（登山道入口）

アクセス／高知西バイパス天神ICから県道36号、国道194号、

西之川／同駐車場の料金箱

西之川／西之川公衆便所

西之川／同便所内部

西之川／登山道入口

東黒森／町道路肩に寄せれば駐車可

県道 40 号、町道瓶ヶ森西線、町道瓶ヶ森線経由で 75km、約 1 時間 48 分。または松山道いよ小松 IC から国道 11、194 号、町道一の谷寒風線、町道瓶ヶ森線経由で 50km、約 1 時間 18 分。県道 40 号の開通期間は 4 月 1 日〜12 月初旬。町道瓶ヶ森線と町道瓶ヶ森西線の開通期間は 4 月中旬〜11 月下旬。後者は全線舗装されているが、すれ違い困難な区間もある。

駐車場／付近は町道瓶ヶ森線の幅員が広くなっていて、左右の路肩に寄せれば駐車可。計 6 〜 7 台・舗装・区画なし。

Google Map
町道路肩

地理院地図
町道路肩

携帯電話（ドコモ）／通話不可。
その他／町道瓶ヶ森線案内板、瓶ヶ森 1 号林道入口ゲート。
問合先／いの町本川総合支所産業建設課☎ 088-869-2115、いの町産業経済課☎ 088-893-1115、いの町観光協会☎ 088-893-

Google Map
登山道入口

地理院地図
登山道入口

1211、西条市観光振興課観光推進係☎ 0897-52-1690、西条市観光物産協会☎ 0897-56-2605

石鎚山系・東之川登山口　MAP020

いしづちさんけい・ひがしのかわとざんぐち

愛媛県西条市　標高 564m（駐車スペース）

登山口概要／瓶ヶ森（日本三百名山・四国百名山・四国百山）の北西側、市道東之川線終点。台ヶ森や東之川新道を経由する瓶ヶ森などの起点。おたるの滝の起点。
緯度経度／[33° 48′ 35.4″][133° 10′ 00.7″]（駐車スペース）
マップコード／ 822 485 699*11（駐車スペース）
アクセス／松山道いよ小松 IC から国道 11 号、県道 142、12 号、市道経由で 24km、約 43 分。
駐車場／瓶ヶ森登山道入口の 60m 先に駐車スペースがある。3 〜 4 台・10 × 5m・草・区画なし。400m 手前の神社前と 500m 手前にもそれぞれ駐車スペースがある。

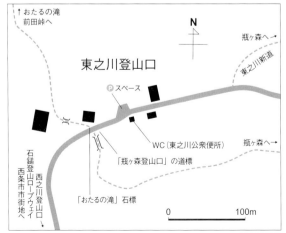

東黒森／登山道入口

東之川／登山口に続く市道

東之川／駐車スペース

東之川／東之川公衆便所

東之川／瓶ヶ森登山道入口

トイレ／駐車スペース向かいに東之川公衆便所がある。非水洗。水道なし。TP あり。評価☆☆〜☆

携帯電話（ドコモ）／通話不可。

登山届入れ／駐車スペースに伝言箱と書かれた鍵付きのポスト状のものがあるが、投入口も不明で機能していないようにしか見えない。

Google Map
駐車スペース

地理院地図
駐車スペース

その他／石鎚登山案内地図（かすれて地図は見えない）。

取材メモ／瓶ヶ森のイシヅチザクラは 5 月下旬、ツルギミツバツツジは 5 月下旬〜6 月上旬が見ごろ。

問合先／西条市観光振興課観光推進係☎ 0897-52-1690、西条市観光物産協会☎ 0897-56-2605

石鎚山系・保井野登山口

いしづちさんけい・ほいのとざんぐち

愛媛県西条市　標高 552m（駐車場）

登山口概要／堂ヶ森（どうがもり）（四国百名山）の北西側、県道 153 号終点。堂ヶ森や二ノ森、相名峠（あいなとうげ）を経由する青滝山などの起点。

緯度経度／［33°46′19.8″］［133°02′50.1″］（駐車場）

マップコード／ 294 680 239*32（駐車場）

アクセス／松山道いよ小松 IC から国道 11 号、県道 153 号経由で 23km、約 34 分。

駐車場／ 13 台・30 × 5m・舗装・区画あり。

トイレ／駐車場奥に簡易トイレ 2 基がある。水道あり。TP あり。評価☆☆

携帯電話（ドコモ）／通話不可。

Google Map
駐車場

地理院地図
駐車場

その他／マムシ注意看板、国設石鎚山系鳥獣保護区区域図、廃屋。

取材メモ／登山道入口は、廃屋（茶屋跡）奥の右側にある。堂ヶ森のツクシシャクナゲは 5 月下旬が見ごろ。

問合先／西条市観光振興課観光推進係☎ 0897-52-1690、西条市観光物産協会☎ 0897-56-2605

石鎚山系・道の駅霧の森

いしづちさんけい・みちのえききりのもり

愛媛県四国中央市　標高 277m（道の駅駐車場）

登山口概要／塩塚峰（しおづかみね）（四国百名山・四国百山）の西側、県道 5 号沿い。塩塚峰や笹ヶ峰などの起点。

緯度経度／［33°55′21.8″］［133°38′29.9″］（道の駅駐車場）
［33°55′32.1″］［133°38′55.3″］（塩塚峰登山道入口）
［33°54′45.8″］［133°38′23.7″］（笹ヶ峰登山道入口）

マップコード／ 207 317 279*32（道の駅駐車場）
207 318 604*72（塩塚峰登山道入口）
207 287 093*23（笹ヶ峰登山道入口）

アクセス／高知道新宮 IC から県道 5 号経由で 1km、約 3 分。

道の駅霧の森／宿泊・レストラン・喫茶・売店・立ち寄り湯・体験施設・ミュージアム。月曜休（4 〜 8 月は無休。施設により異

東之川／おたるの滝入口

保井野／登山口に続く県道 153 号

保井野／駐車場

保井野／登山道入口

道の駅／道の駅第 1 駐車場

あ
か
さ
た
な
は
ま
や
ら
わ

なる)・10〜17時(施設により異なる)・☎ 0896-72-3111
駐車場／道の駅第1駐車場＝178台＋軽3台＋大型・95×65m・舗装・区画あり。ほかに第2と第3駐車場もある。
駐車場混雑情報／GW、夏休み、お盆休みは満車になりやすい。秋の連休は混雑する。
トイレ／道の駅第1駐車場に別棟トイレがある。水洗。水道・TPあり。評価☆☆☆
携帯電話(ドコモ)／通話可。
ドリンク自販機／トイレ外側にある(PBも)。
その他／青空市かおり(売店。冬期休・日曜のみ営業・9〜15時)、EV充電スポット。
問合先／道の駅霧の森☎ 0896-72-3111

Google Map
道の駅駐車場

地理院地図
道の駅駐車場

Google Map
塩塚峰登山道入口

地理院地図
塩塚峰登山道入口

Google Map
笹ヶ峰登山道入口

地理院地図
笹ヶ峰登山道入口

道の駅／同駐車場のトイレ

道の駅／同トイレ内部

石鎚山系・安居渓谷登山口→ P253

石鎚山系・よさこい峠(予佐越峠) MAP021

いしづちさんけい・よさこいとうげ

高知県いの町／愛媛県西条市　標高1374.3m(駐車スペース)

登山口概要／伊吹山の南西側、町道瓶ヶ森西線(UFOライン・雄峰ライン・瓶ヶ森林道)沿い。伊吹山などの起点。
緯度経度／[33°45′26.9″][133°10′12.3″](駐車スペース)
マップコード／ 822 305 471*67 (駐車スペース)
アクセス／松山道川内ICから国道11、494号、県道12号、石鎚スカイライン(県道12号)、町道瓶ヶ森西線経由で68km、約1時間47分。または高知西バイパス天神ICから県道36号、国道194号、県道40号、町道瓶ヶ森西線経由で71km、約1時

よさこい／駐車スペース

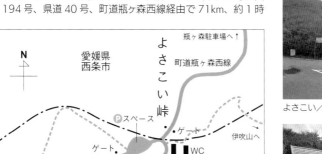

よさこい／よさこい茶屋

よさこい／同茶屋裏手のトイレ

MAP021

間 48 分。町道瓶ヶ森線と町道瓶ヶ森西線の開通期間は 4 月中旬〜11 月下旬。全線舗装されているが、すれ違い困難な区間もある。
石鎚スカイライン／4 月 1 日〜11 月 30 日（冬期は全面通行止。ほかに規制雨量を超えた場合などに通行止になる可能性あり）・7〜18 時（時期により変動）・問い合わせは久万高原町観光協会☎ 0892-21-1192 へ。
駐車場／よさこい峠に駐車スペースがある。約 6 台・28 × 10m・舗装・区画なし。

Google Map 駐車スペース　地理院地図 駐車スペース

トイレ／よさこい茶屋の奥にある。非水洗。水道・TP あり。評価☆☆
携帯電話（ドコモ）／通話可。
その他／よさこい茶屋、いの町観光案内板、石鎚山系森林生態系保護地域案内板、石鎚山系森林生態系保護地域解説板。
問合先／いの町本川総合支所産業建設課☎ 088-869-2115、いの町産業経済課☎ 088-893-1115、いの町観光協会☎ 088-893-1211、西条市観光振興課観光推進係☎ 0897-52-1690、西条市観光物産協会☎ 0897-56-2605

よさこい／同トイレ内部

よさこい／登山道入口

石鎚山系・吉野川源流碑入口

いしづちさんけい・よしのがわげんりゅうひいりぐち

高知県いの町／（愛媛県西条市）　標高 1661.9m（町道路肩）

登山口概要／瓶ヶ森（日本三百名山・四国百名山・四国百山）の東側、町道瓶ヶ森線（UFO ライン・雄峰ライン・瓶ヶ森林道）沿い。瓶ヶ森や西黒森の起点。
緯度経度／[33° 47′ 36.5″][133° 11′ 52″]（町道路肩）
[33° 47′ 37″][133° 11′ 52.7″]（登山道入口）
マップコード／822 429 721*84（町道路肩）
822 429 751*71（登山道入口）
アクセス／高知西バイパス天神 IC から県道 36 号、国道 194 号、町道一の谷寒風線、町道瓶ヶ森線経由で 80km、約 1 時間 57 分。または松山道いよ小松 IC から国道 11、194 号、町道瓶ヶ森線経由で 54km、約 1 時間 32 分。町道瓶ヶ森線の開通期間は 4 月中旬〜11 月下旬。全線舗装されているが、すれ違い困難な区間もある。
駐車場／付近の路肩に寄せれば駐車可。3 〜 4 台・草・区画なし。
駐車場混雑情報／吉野川源流碑を訪れる観光客も多いので、タイミングによっては満車になるが、回転は早い。
携帯電話（ドコモ）／通話不可。
その他／吉野川源流碑。
取材メモ／吉野川源流碑は、町道瓶ヶ森線から階段を少し登ったところにある。源流碑からさらに登ると分岐があり、左が瓶ヶ森、右が西黒森に続く登山道。また瓶ヶ森のイシヅチザクラは 5 月下旬、ツルギミツバツツジは 5 月下旬〜 6 月上旬が見ごろ。

Google Map 町道路肩　地理院地図 町道路肩

Google Map 登山道入口　地理院地図 登山道入口

問合先／いの町本川総合支所産業建設課☎ 088-869-2115、いの町産業経済課☎ 088-893-1115、いの町観光協会☎ 088-893-1211

吉野川／路肩に寄せれば駐車可

吉野川／登山道入口

吉野川／吉野川源流碑

石堂山→ P176 剣山地・石の小屋跡

石見寺山・安並運動公園駐車場

いしみじやま・やすなみうんどうこうえんちゅうしゃじょう

高知県四万十市　標高 5.3m

登山口概要／石見寺山の南西側、市道沿い。石見寺を経由する石見寺山の起点。
緯度経度／[33°00′18.6″][132°56′25.8″]
マップコード／ 466 308 184*17
アクセス／高知道四万十町中央 IC から国道 56 号、県道 333 号、市道経由で 48.5km、約 59 分。
駐車場／計 180 台・74 × 64m・舗装・区画あり。
トイレ／安並運動公園の正面入口付近にある。水洗。水道・TP あり。評価☆☆☆
携帯電話（ドコモ）／通話可。

Google Map 駐車場　地理院地図 駐車場

取材メモ／駐車場を出て左に 60m 進むと、登山道につながる石見寺参道入口が右手に見えてくる。
問合先／四万十市スポーツ協会
（安並運動公園）☎ 0880-34-2071、四万十市観光商工課観光係☎ 0880-34-1783、四万十市観光協会☎ 0880-35-4171

泉が森・龍泉禅寺付近

いずみがもり・りゅうせんぜんじふきん

愛媛県宇和島市　標高 162.6m（駐車スペース）

登山口概要／泉が森の北側、県道 57 号沿い。泉が森の起点。
緯度経度／[33°16′51.6″][132°36′41.8″]（駐車スペース）
マップコード／ 176 403 290*13（駐車スペース）
アクセス／松山道三間 IC から県道 31、57 号経由で 2km、約 3 分。
駐車場／龍泉禅寺入口の 120m 西側の県道路肩に駐車スペースがある。約 5 台・60 × 5m・舗装・区画なし。
携帯電話（ドコモ）／通話可。
その他／土居仲西組バス停（宇和島バス）、龍泉禅寺、清良神社、土居清良廟（どいきよよしばる・どいせいりょうびょう）。
取材メモ／土居仲西組バス停が目印の龍泉禅寺前の坂道を上がり、龍泉禅寺前後から右手にのびる、いずれかの小径へ進む。その先、市の史跡・土居清良廟の前から登山道がのびている。
問合先／宇和島市商工観光課観光係☎ 0895-49-7023、宇和島市三間支所産業建設係☎ 0895-49-7102、宇和島市観光情報センター☎ 0895-49-5700

Google Map 駐車スペース　地理院地図 駐車スペース

一の森→ P33 赤石山系・一の森登山口

一ノ森→ P187 剣山地・垢離取橋
　　　→ P205 剣山地・見ノ越
　　　→ P207 剣山地・見ノ越第 2 駐車場

安並／県道に立つ案内標識

安並／安並運動公園駐車場

安並／正面入口付近のトイレ

安並／同トイレ内部

泉が森／駐車スペース

稲積山→ P253 稲積山・山頂駐車場
　　 → P149 七宝山・不動の滝カントリーパーク

稲叢山・稲村トンネル南口→ P222 西門山・稲村トンネル南口

稲叢山・稲村ダム　　MAP022

いなむらやま・いなむらだむ

高知県土佐町　標高 1127.7m(駐車場)

登山口概要／稲叢山 (四国百名山・四国百山) の南東側、町道終点。旧登山道 (保線道コース)、および洞窟コース、頂上コースを経由する稲叢山や西門山の起点。※本項写真は次頁にも続く。
緯度経度／ [33° 44′ 25.4″][133° 22′ 22.3″](駐車場)
マップコード／ 558 555 391*01 (駐車場)
アクセス／高知市市街地 (高知県庁前) から市道、国道 33 号、県道 6 号、町道経由で 52km、約 1 時間 44 分。瀬戸川渓谷を抜けた先で、「天空のバルコニー稲叢山案内図」が立つ三差路を左折する。
駐車場／稲村ダム管理事務所前に駐車場がある。計約 24 台・66 × 8m など 2 面・舗装・区画なし。
トイレ／稲村ダム管理事務所横にある。水洗。水道・TP あり。評価☆☆☆〜☆☆
携帯電話 (ドコモ)／通話不可。
その他／本川発電所解説板、稲村ダム管理事務所。

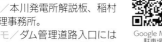

Google Map
駐車場　　地理院地図
　　　　　　駐車場

取材メモ／ダム管理道路入口にはゲートが設けられているが、歩行者は右端から通り抜けられる。そのすぐ先に旧登山道 (保線道コース) 入口がある。さらにダム管理道路を経由して、洞窟コース入口まで徒歩約 7 分。
問合先／土佐町企画推進課地域振興係☎ 0887-82-2450

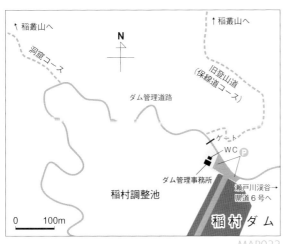

N

↖稲叢山へ　　　　　　　↑稲叢山へ

洞窟コース

ダム管理道路

旧登山道
（保線道コース）

ゲート

WC　P

ダム管理事務所

稲村調整池

瀬戸川渓谷→
県道 6 号へ

0　　100m

稲村ダム

MAP022

泉が森／龍泉禅寺入口

稲叢山／登山口に続く町道

稲叢山／稲村ダム駐車場

稲叢山／稲村ダム管理事務所

稲叢山／同事務所横のトイレ　　↓写真

あ　か　さ　た　な　は　ま　や　ら　わ

稲荷山→ P78 石清尾山・峰山公園第 3 駐車場
　　　→ P245 室山・峰山公園第 2 駐車場

伊吹山→ P63 石鎚山系・白猪谷バンガロー奥
　　　→ P64 石鎚山系・シラサ峠付近
　　　→ P74 石鎚山系・よさこい峠

猪伏大トチ遊歩道
　　　　　→ P146 四国カルスト・五段高原　ケヤキ平駐車場

伊予富士→ P47 石鎚山系・伊予富士登山口
　　　　→ P54 石鎚山系・寒風山登山口

不入山→ P253 不入山・四万十川源流の碑登山口
　　　→ P178 剣山地・奥槍戸山の家

稲叢山／同トイレ内部

不入山・船戸林道入口

いらずやま・ふなどりんどういりぐち

高知県津野町 ·(仁淀川町)　標高 895.9m(駐車スペース)

登山口概要／不入山 (四国百名山・四国百山) の北東側、県道
378 号沿い。船戸林道を経由する不入山の起点。四万十川源流
の大モミ (森の巨人たち百選) 入口。
緯度経度／[33° 27′ 07.5″][133° 04′ 47.0″](駐車スペース)
マップコード／ 445 099 776*81 (駐車スペース)
アクセス／高知道須崎東 IC から国道 56 号、県道 284、315 号、
国道 197 号、県道 378 号経由で 33.5km、約 45 分。
駐車場／船戸林道入口の向かい路肩に駐車スペースがある。約 5
台 ·22 × 5m· 舗装・区画なし。
携帯電話 (ドコモ)／通話不可。
その他／四万十川源流の大モミ案
内板。
取材メモ／船戸林道の途中に森の
巨人たち百選選定「四万十川源流
の大モミ」がある。幹周り 3.8m、推定樹齢 200 ～ 290 年。船
戸林道はゲートがあり、車の進入は不可。ゲートから大モミまで
徒歩約 20 分。また不入山の谷コースは、岩を覆う苔が見どころ。
問合先／津野町産業課☎ 0889-55-2021

稲叢山／旧登山道入口

林道入口

不入山／駐車スペース

Google Map
駐車スペース

地理院地図
駐車スペース

岩黒山→ P67 石鎚山系・土小屋
　　　→ P70 石鎚山系・名野川登山口

石清尾山・峰山公園第 2 駐車場→ P245 室山・峰山公園第 2 駐車場

不入山／船戸林道入口

石清尾山・峰山公園第 3 駐車場　MAP023

いわせおやま・みねやまこうえんだいさんちゅうしゃじょう

香川県高松市　標高 192m(第 3 駐車場)

登山口概要／石清尾山 (森林浴の森 100 選) の南側、市道沿い。

不入山／大モミ案内板

石清尾山や室山 (むろやま)、稲荷山の起点。
緯度経度／[34° 19′ 57″][134° 01′ 24.1″](第 3 駐車場)
[34° 20′ 10.5″][134° 01′ 18″](登山道入口)
マップコード／ 60 573 453*72 (第 3 駐車場)
60 572 867*31 (登山道入口)
アクセス／高松市市街地 (香川県庁前) から市道、県道 33 号、
市道経由で 4.5km、約 13 分。
駐車場／ 116 台 ·58 × 30m など 2 面・舗装・区画あり。※駐
車場は 8 ～ 17 時のみ利用可。それ以外は閉鎖される。
駐車場混雑情報／サクラのシーズンや GW、11 月初旬の紅葉シー
ズンには満車になるが、比較的回転が早いので停められないこと
はない。お盆休みは混雑する程度。
トイレ／駐車場にある。水洗。水道・TP あり。評価☆☆☆～☆☆
ほかに園内に 6 ヶ所トイレがある。
携帯電話 (ドコモ)／通話可。
ドリンク自販機／駐車場向かいに
ある (PB も)。
その他／峰山公園案内板。
取材メモ／峰山公園のサクラ並木
は 3 月下旬～ 4 月中旬、桜園は 4
月上旬～中旬、つつじ園は 4 月下
旬～ 5 月上旬が見ごろ。
問合先／峰山公園管理事務所☎
087-834-7297、高松市観光交流
課観光振興係☎ 087-839-2416

Google Map
第 3 駐車場

地理院地図
第 3 駐車場

Google Map
登山道入口

地理院地図
登山道入口

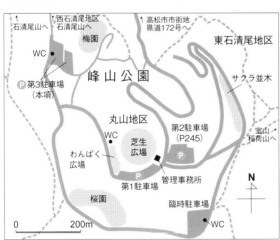
MAP023

鰻轟山・霧越峠西側

うなぎとどろきやま・きりごえとうげにしがわ

徳島県海陽町・那賀町　標高 758.2m(駐車スペース)

登山口概要／鰻轟山 (四国百山) の北東側、国道 193 号沿い。
霧越峠の 1km 西側。鰻轟山の起点。
緯度経度／[33° 43′ 44.2″][134° 16′ 37.5″](駐車スペース)

石清尾／第 3 駐車場案内標識

石清尾／第 3 駐車場

石清尾／同駐車場のトイレ

石清尾／同トイレ内部

石清尾／公園案内板

マップコード／ 427 813 077*53（駐車スペース）
アクセス／日和佐道路日和佐 IC から国道 55、193 号経由で
56km、約 1 時間 11 分。
駐車場／登山道入口に当たる作業道入口のすぐ西側路肩に駐車ス
ペースがある。8 〜 10 台・40 × 7m・舗装・区画なし。
携帯電話（ドコモ）／通話不可。
その他／関連林道霧越線開通記念碑。
取材メモ／作業道入口には、「作業道への作業者以外の立入を禁
止する」という看板が立っているが、そばには「山頂まで約 1.9km」
の道標があるほか、40m 奥には「登山される方へ」との看板が
立ち、迷いやすい地形であることから単独行動を避けて、十分に
注意して入山するように書かれており、登山者の立ち入り自体は
問題ないと思われる。鰻轟山とは、かなり個性的な名前だが、南
側に轟九十九滝（P213 参照）があり、そこには大ウナギが生息し
ていたとの言い伝えがあることから、それに因んでいるとも想像
される。なお鰻轟山のウンゼンツツジは、5 月上旬が見ごろ。

鰻轟山／登山口に続く国道 193 号

鰻轟山／駐車スペース

問合先／海陽町商工観光課☎
0884-76-1513、海陽町観光協
会☎ 0884-76-3050、那賀町に
ぎわい推進課（那賀町観光協会）
☎ 0884-62-1198

Google Map
駐車スペース

地理院地図
駐車スペース

鰻轟山／作業道入口

大川嶺登山口

おおかわみねとざんぐち

愛媛県久万高原町　標高 1465.7m（駐車スペース）

登山口概要／大川嶺（四国百名山・四国百山）の北東側直下、
町道笠取線沿い。大川嶺や笠取山の起点。
緯度経度／[33°33′ 58.5″][132°55′ 39.2″]（駐車スペース）
[33°34′ 00″][132°55′ 42.1″]（登山道入口）
マップコード／ 666 516 498*02（駐車スペース）
666 516 561*57（登山道入口）
アクセス／松山道松山 IC から県道 190 号（松山外環状道路）、
国道 33 号、県道 328 号、町道笠取線（舗装）経由で 56km、
約 1 時間 22 分。県道 328 号に立つ「大川嶺分岐点」の案内看
板を目印に町道笠取線に入ると、すぐ右手に登山道入口（道標あ
り。写真参照）を見る。県道 328 号は積雪状況次第で冬期の夜
間は通行止になる。
駐車場／登山道入口の 60m 先左側に駐車スペースがある。約

鰻轟山／登山される方へ看板

大川嶺／大川嶺分岐点の案内看板

10台・25×20mのT字状・舗装・区画なし。また大川嶺分岐点の路肩にも約5台駐車可。

携帯電話（ドコモ）／通話可。

取材メモ／登山道入口には、「大川嶺」の小さな案内板が立っている。大川嶺のツルギミツバツツジは5月下旬、ササユリやイブキトラノオは7月中旬〜下旬、ススキは9月上旬〜下旬が見ごろ。

問合先／久万高原町ふるさと創生課☎0892-21-1111、久万高原町観光協会☎0892-21-1192

Google Map
駐車スペース

地理院地図
駐車スペース

Google Map
登山道入口

地理院地図
登山道入口

大川嶺／登山道入口

大久保山→P86 鬼が城山系・猪のコル入口
　　　　→P88 鬼が城山系・鹿のコル

大麻山・大麻山キャンプ場

おおさやま・おおさやまきゃんぷじょう

香川県善通寺市・（三豊市）　標高402m（駐車場）

登山口概要／大麻山（四国百名山・四国百山）の西側、市道沿い。大麻山展望台を経由する大麻山や琴平山の起点。※本項写真は次頁にも続く。

緯度経度／[34°11′50.7″][133°46′47″]（駐車場）
[34°11′53.2″][133°46′53.1″]（登山道入口）

マップコード／77 408 266*33（駐車場）
77 409 332*01（登山道入口）

アクセス／高松道善通寺ICから国道319号、市道、県道47号、市道経由で10km、約21分。

駐車場／キャンプ場に駐車場がある。約15台・50×12m・舗装・区画なし。また市道を1km奥に入ると、カーブ地点に2〜3台分の駐車スペースがある。

トイレ／駐車場の向かいにある。水洗。水道（飲用不可）・TPあり。評価☆☆☆〜☆☆。また大麻山山頂手前にもある。

携帯電話（ドコモ）／通話可。

水場・水道設備／炊事棟にある。

その他／野田院古墳（のたのいんこふん）、野田院古墳解説板、大麻山園地案内板、展望台。

取材メモ／キャンプ場に隣接する野田院古墳は、国の史跡・有岡（ありおか）古墳群のひとつで、作られたのは3世紀末頃とされる。当時の集落は現在の善通寺市市街地にあったと考えられ、全国で最も比高差（ひこうさ）のある場所に作られた古墳として知られる。

問合先／善通寺市商工観光課☎0877-63-6315

Google Map
駐車場

地理院地図
駐車場

Google Map
登山道入口

地理院地図
登山道入口

大川嶺／駐車スペース

キャンプ場／登山口に続く市道

キャンプ場／駐車場

キャンプ場／向かいのトイレ　　↓写真

大麻山・琴平町営駅前西駐車場

おおさやま・ことひらちょうえいえきまえにしちゅうしゃじょう

香川県琴平町　標高 68m

登山口概要／大麻山（四国百名山・四国百山）の東側、町道沿い。金刀比羅宮（ことひらぐう）を経由する大麻山や琴平山、象頭山（ぞうずさん）の起点。

緯度経度／[34°11′26.7″][133°49′19.4″]

マップコード／77 383 448*44

アクセス／高松道善通寺 IC から国道 319 号、県道 208 号、町道経由で 8km、約 13 分。

駐車場／琴平駅向かって右手 100m 先に琴平町営駅前西駐車場がある。4〜11 月は 7〜19 時、12〜3 月は 7〜18 時。年に 4 日ある特定日は開場時間が変更になる（詳しくは琴平町行政サイトを参照）。有料 1 時間 200 円。5〜24 時間 1000 円。係員に後払い。なるべく小銭を用意してほしいとのこと。100 台・52×36m・舗装・区画あり。駅の東側には琴平町営駅前東駐車場もある。料金体系は西駐車場と同じ。ほか金刀比羅宮表参道付近にも民間のコインパーキングが複数ある。

駐車場混雑情報／GW とお盆は混雑する程度。12 月 30 日〜1 月 3 日は満車になる。また 8 月に開催されるイベント・MONSTER baSH の日は駐車場の利用不可。

トイレ／駐車場にある。水洗。水道・TP あり。評価☆☆

携帯電話（ドコモ）／通話可。

ドリンク自販機／駐車場にある（PB も）。

その他／琴平町営駐車場バス停（琴平バス）。

取材メモ／「こんぴらさん」の愛称で親しまれる金刀比羅宮の表参道は、奥宮まで 1368 段の石段が続く。時々休憩しながらマイペースでこなしたい。また大麻山と琴平山の間にある標高 538 m のピークは、象頭山と呼ばれるが、山域全体の呼称として使われることもある。琴平町側から望むとゾウの頭のように見えるからとも、金比羅の語源であるクンピラの漢訳「象頭」に由来するともいわれる。

問合先／琴平駅町営駅前駐車場西
☎ 0877-73-4761、琴平町観光
商工課 ☎ 0877-75-6710

Google Map
駐車場

地理院地図
駐車場

キャンプ場／同トイレ内部

キャンプ場／野田院古墳と解説板

琴平町／駅前西駐車場

琴平町／同駐車場のトイレ

琴平町／同トイレ内部

大樽の滝駐車場

おおたるのたきちゅうしゃじょう

高知県越知町　標高 112.5m

登山口概要／大樽の滝（日本の滝百選）の下流側、舗装林道終点。大樽の滝遊歩道の起点。

緯度経度／[33°31′17.6″][133°14′34.8″]

マップコード／445 389 164*82

アクセス／高知西バイパス鎌田 IC から県道 39 号、国道 33、494 号、県道 18 号、舗装林道経由で 22.5km、約 34 分。県道に立つ大きな「大樽の滝」案内看板を目印に左折。この先は、渓谷沿いにガードレールもない狭い道が続く。対向車が来た場合、すれ違いは困難。車幅ギリギリの箇所もあり、脱輪しないように注意したい。

駐車場／舗装林道終点に駐車場がある。8 ～ 10 台・28 × 12m・コンクリート舗装・区画なし。

駐車場混雑情報／満車になることはない。

トイレ／駐車場に大樽トイレがある。温水洗浄便座付き。水洗。水道・TP あり。評価☆☆☆

携帯電話（ドコモ）／通話可。

その他／大樽の滝解説板、越知町観光案内板。

取材メモ／大樽の滝は落差 34m。仁淀川水系・大桐川に懸かる名瀑。駐車場から滝まで徒歩 10 ～ 15 分。

問合先／越知町企画課☎ 0889-26-1164、越知町観光協会☎ 0889-26-1004

Google Map
駐車場

地理院地図
駐車場

大樽／滝駐車場に続く舗装林道

大樽／大樽の滝駐車場

大樽／同駐車場のトイレ

大樽／同トイレ内部

大月山・石ヶ峠　MAP068

おおつきやま・いしがとうげ

愛媛県松山市　標高 818.6m（登山道入口）

登山口概要／大月山の北側、県道 178 号沿い。大月山や高縄山の起点。四国のみちの起点。

緯度経度／[33°56′22.1″][132°51′02.3″]（登山道入口）

マップコード／53 687 311*63（登山道入口）

アクセス／松山市市街地（愛媛県庁前）から国道 11 号、県道 20、188 号、国道 317 号、県道 178 号経由で 24km、約 42 分。

駐車場／登山道入口の向かって右側すぐ先に駐車スペースがある。2 台分・18 × 4m・砂利＋落ち葉・区画なし。向かって左側すぐ先にも 1 台分の駐車スペースがある。

トイレ／市道を北上すれば駐車場とトイレがある。写真は P164 参照。水洗。水道（飲用不可）・TP あり。評価☆☆☆

携帯電話（ドコモ）／通話可。

取材メモ／高縄山のアワコバイモは、3 月中旬～ 4 月中旬が見ごろ。

問合先／なし

Google Map
登山道入口

地理院地図
登山道入口

石ヶ峠／登山道入口と駐車スペース

大月山・柳谷登山口

おおつきやま・やないだにとざんぐち

愛媛県松山市　標高 421.5m (駐車スペース)

登山口概要／大月山の西側、市道沿い。大月山や幸次が峠 (こうじがとうげ)、高縄山の起点。
緯度経度／ [33° 55′ 23.5″][132° 49′ 22.1″](駐車スペース)
マップコード／ 53 624 331*27 (駐車スペース)
アクセス／松山市市街地 (愛媛県庁前) から国道 11 号、県道 20、179 号、市道経由で 15km、約 31 分。
駐車場／「柳谷来訪者駐車スペース」と書かれた駐車スペースがある。約 5 台・32 × 5m・舗装・区画なし。
携帯電話 (ドコモ)／通話可。
取材メモ／登山道は、駐車スペースのすぐ先から左手にのびている。入口に「登山口」と書かれた案内看板がある。なお高縄山のアワコバイモは、3 月中旬～ 4 月中旬が見ごろ。
問合先／なし

Google Map 駐車スペース　地理院地図 駐車スペース

大野ヶ原 → P144 四国カルスト・大野ヶ原　源氏ヶ駄場駐車場
　　　　 → P144 四国カルスト・大野ヶ原　笹ヶ峠
　　　　 → P145 四国カルスト・大野ヶ原　ブナ原生林駐車場

大平山 → P111 五色台・国分寺登山口
　　　 → P112 五色台・白峰パークセンター周辺

大三島・鷲ヶ頭山　安神山わくわくパーク駐車場

`MAP024`

おおみしま・わしがとうざん　あんじんさんわくわくぱーくちゅうしゃじょう

愛媛県今治市　標高 28.7m (奥の駐車場)

登山口概要／鷲ヶ頭山 (四国百名山) の北西側、市道沿い。安神山を経由する鷲ヶ頭山の起点。
緯度経度／ [34° 14′ 48.3″][133° 00′ 21.1″](奥の駐車場)
マップコード／ 154 286 180*02 (奥の駐車場)
アクセス／西瀬戸道大三島 IC から国道 317 号、県道 21 号、市道経由で 8km、約 12 分。ローソン今治大三島町宮浦店のすぐ先を左折する。
駐車場／安神山わくわくパークに駐車場が 2 ヶ所ある。手前の駐車場＝ 6 ～ 7 台・20 × 14m・舗装・区画なし。奥の駐車場＝ 9 台・28 × 14m・舗装・区画あり。また近くに道の駅しまなみの駅御島もある。道の駅しまなみの駅御島駐車場＝ 32 台・32 × 30m・舗装・区画あり。
トイレ／手前の駐車場上にある。水洗。水道・TP あり。評価☆☆☆ ～☆☆。
携帯電話 (ドコモ)／通話可。
取材メモ／手前の駐車場から奥の駐車場がある登山道入口まで徒歩約 1 分。

Google Map 奥の駐車場　地理院地図 奥の駐車場

柳谷／駐車スペース

柳谷／登山道入口

柳谷／登山口を示す看板

大三島／奥の駐車場

大三島／手前の駐車場

「自然研究路・遊歩道」の道標

MAP024

大三島／手前駐車場上のトイレ

大三島／同トイレ内部

問合先／今治市大三島支所☎ 0897-82-0500、今治市観光課
☎ 0898-36-1541

大森山→ P64 石鎚山系・白髪トンネル南口

大山→ P124 讃岐山脈・大山　大山寺駐車場
　　→ P125 讃岐山脈・大山　観音道登山口

奥祖谷二重かずら橋遊歩道
　　　　　　→ P177 剣山地・奥祖谷二重かずら橋駐車場

奥工石山→ P252 石鎚山系・奥工石山　工石山荘
　　　→ P252 石鎚山系・奥工石山　町道仁尾ヶ内線
　　　→ P252 石鎚山系・奥工石山　竜王峠

大三島／登山道入口

奥神賀山・豊永峠→ P253 剣山地・奥神賀山　豊永峠

おたるの滝→ P72 石鎚山系・東之川登山口

遠登志渓谷遊歩道→ P38 赤石山系・道の駅マイントピア別子

鬼ヶ岩屋 → P106 五剣山・喜来登山口
　　　　→ P106 五剣山・辺川登山口

大三島／道の駅しまなみの駅御島

鬼ヶ岩屋・旧鬼ヶ岩屋温泉駐車場　MAP025

おにがいわや・きゅうおにのいわやおんせんちゅうしゃじょう

徳島県牟岐町　標高 82.5m(駐車場)

登山口概要／鬼ヶ岩屋の南西側、町道沿い。温泉跡ルートやふど
のルートを経由する鬼ヶ岩屋や五剣山 (ごけんざん) の起点。
緯度経度／ [33° 42′ 39.7″][134° 26′ 29.3″](駐車場)
[33° 42′ 48.6″][134° 26′ 27.4″](温泉跡ルート入口)

鬼ヶ岩屋／駐車場

[33°42′52.8″][134°26′50.2″]（ふどのルート入口）
マップコード／ 427 743 818*47（駐車場）
427 773 187*82（温泉跡ルート入口）
427 773 329*40（ふどのルート入口）
アクセス／日和佐道路日和佐 IC から国道 55 号、町道経由で
14.5km、約 21 分。
駐車場／旧鬼ヶ岩屋温泉駐車場
は、登山者の利用可。26 台・42
× 24m・舗装・区画あり。
トイレ／駐車場右奥の階段を上
がったところにある。水洗。水道
・TP あり。評価☆☆☆
携帯電話（ドコモ）／通話可。
その他／牟岐登山 MAP、パンフ
レット頒布箱、あずまや、貸し出し
杖、携帯基地局。
取材メモ／温泉跡ルートの登山
道入口から寄り道すると、落差約
20m の「とどろの滝」がある。ま
た「ふどのルート」の登山道入口
付近には棚田が広がっている。
問合先／牟岐町産業課☎ 0884-72-3420

Google Map
駐車場

地理院地図
駐車場

Google Map
温泉跡ルート入口

地理院地図
温泉跡ルート入口

Google Map
ふどのルート入口

地理院地図
ふどのルート入口

鬼ヶ岩屋／駐車場奥のトイレ

鬼ヶ岩屋／同トイレ内部

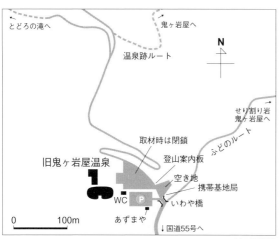
MAP025

鬼ヶ岩屋／登山案内板

鬼ヶ岩屋／登山口を示す道標

鬼が城山→（次項）鬼が城山系・猪のコル入口
　　　→（次々項）鬼が城山系・梅ヶ成峠入口
　　　→ P88 鬼が城山系・鹿のコル

鬼が城山系・猪のコル入口

おにがじょうさんけい・いのこるいりぐち

愛媛県宇和島市　標高 1008m（林道路肩）

登山口概要／大久保山の北西側、黒尊（くろそん）スーパー林道

猪のコル／路肩の駐車スペース

沿い。猪のコルを経由する大久保山や鬼が城山、八面山（やつづらやま）などの起点。

緯度経度／[33°11′14.5″][132°36′35.9″]（林道路肩）
[33°11′14.1″][132°36′36.8″]（登山道入口）
マップコード／ 176 073 074*17（林道路肩）
176 073 075*76（登山道入口）
アクセス／松山道宇和島朝日 IC から県道 268 号、国道 320 号、黒尊スーパー林道（舗装）経由で 23km、約 1 時間 13 分。国道 320 号から 17km、約 1 時間 2 分。

駐車場／登山道入口の 30m 西側路肩に寄せれば駐車可。2 ～ 3 台・落ち葉・区画なし。
携帯電話（ドコモ）／通話可。
その他／狩猟者立入禁止看板。

問合先／宇和島市商工観光課観光係☎ 0895-49-7023、宇和島市観光情報センター☎ 0895-49-5700

猪のコル／登山道入口

鬼が城山系・梅ヶ成峠入口

おにがじょうさんけい・うめがなるとうげいりぐち

愛媛県宇和島市　標高 953m（駐車スペース）

登山口概要／高月山（四国百名山・四国百山）の西側、黒尊（くろそん）スーパー林道沿い。梅ヶ成峠を経由する高月山や毛山（けやま）、鬼が城山などの起点。
緯度経度／[33°12′13.3″][132°36′36.5″]（駐車スペース）
[33°12′14.9″][132°36′39.9″]（登山道入口）
マップコード／ 176 133 045*63（駐車スペース）
176 133 078*41（登山道入口）
アクセス／松山道宇和島朝日 IC から県道 268 号、国道 320 号、黒尊スーパー林道（舗装）経由で 19km、約 1 時間。国道 320 号から 13.1km、約 43 分。

梅ヶ成／黒尊スーパー林道

駐車場／登山道入口の 100m 西側に駐車スペースがある。5 ～ 6 台・30 × 8m・砂利・区画なし。
携帯電話（ドコモ）／通話可。
その他／国有林へ入る皆さんへ。
取材メモ／高月山のツクシシャクナゲは、4 月下旬～ 5 月上旬が見ごろ。

問合先／宇和島市商工観光課観光係☎ 0895-49-7023、宇和島市観光情報センター☎ 0895-49-5700

梅ヶ成／駐車スペース

梅ヶ成／登山道入口

鬼が城山系・権現山登山口

おにがじょうさんけい・ごんげんやまとざんぐち

愛媛県宇和島市　標高 1006m（70m 北側駐車スペース）

登山口概要／権現山の北東側、黒尊（くろそん）スーパー林道沿い。権現山の起点。

権現山／70m 北側駐車スペース

緯度経度／[33°11′19.8″][132°36′10.5″](70m 北側駐車スペース)
[33°11′17.8″][132°36′11.2″](登山道入口)
マップコード／176 072 229*36（70m 北側駐車スペース）
176 072 170*27（登山道入口）
アクセス／松山道宇和島朝日 IC から県道 268 号、国道 320 号、黒尊スーパー林道（舗装）経由で 22km、約 1 時間 10 分。国道 320 号から 16km、約 59 分。
駐車場／登山道入口の 70m 北側路肩に駐車スペースがある。1 〜 2 台・小石＋草・区画なし。そこからさらに 280m 先にも駐車スペースがある。2 台・細砂利＋草＋石・区画なし。

Google Map
駐車スペース

地理院地図
駐車スペース

携帯電話（ドコモ）／通話可。
問合先／宇和島市商工観光課観光係☎ 0895-49-7023、宇和島市観光情報センター☎ 0895-49-5700

Google Map
登山道入口

地理院地図
登山道入口

権現山／登山道入口

鬼が城山系・鹿のコル

おにがじょうさんけい・しかのこる

愛媛県宇和島市　標高 1027m（林道路肩）

登山口概要／鬼が城山（四国百名山・四国百山）の北側、黒尊（くろそん）スーパー林道沿い。鬼が城山や八面山（やつづらやま）、大久保山、毛山（けやま）などの起点。
緯度経度／[33°11′48″][132°36′32.1″]（林道路肩）
マップコード／176 103 161*23（林道路肩）
アクセス／松山道宇和島朝日 IC から県道 268 号、国道 320 号、黒尊スーパー林道（舗装）経由で 21km、約 1 時間 6 分。国道 320 号から 14.7km、約 49 分。
駐車場／鬼が城山方面の登山道入口がある林道の幅員が広くなっていて、路肩左右に駐車できる。計約 30 台・50×10 〜 3m、40×5m など 4 面・草＋落ち葉・区画なし。
トイレ／「WC」の標識に従って、少し林の中に入った場所にある。非水洗。水道なし。TP あり。評価
☆☆〜☆

Google Map
林道路肩

地理院地図
林道路肩

携帯電話（ドコモ）／通話可。
その他／鬼が城山系案内図、テーブル・ベンチ。
取材メモ／毛山登山道入口は、駐車スペースから 80m 北側の支線林道との三差路にある。
問合先／宇和島市商工観光課観光係☎ 0895-49-7023、宇和島市観光情報センター☎ 0895-49-5700

鹿のコル／路肩の駐車スペース

鹿のコル／林の中のトイレ

鹿のコル／登山道入口

鬼が城山系・滑床渓谷駐車場　MAP026

おにがじょうさんけい・なめとこけいこくちゅうしゃじょう

愛媛県宇和島市　標高 360m（第2駐車場）

登山口概要／三本杭（日本三百名山・四国百山）の北東側、

滑床／第 1 駐車場とトイレ

県道 270 号終点。三本杭や高月山などの起点。滑床渓谷探勝歩道の起点。雪輪の滝 (ゆきわのたき・日本の滝百選) 入口。
緯度経度／ [33°12′15″][132°39′33.4″](第 2 駐車場)
マップコード／ 176 139 072*33 (第 2 駐車場)
アクセス／松山道三間 IC から県道 57 号、国道 381 号、県道 8、270 号経由で 30.5km、約 40 分。
駐車場／万年橋周辺に計約 150 台分の駐車場がある。第 1 駐車場＝約 100 台・62 × 38m・舗装・区画あり。第 2 駐車場＝約 25 台・52 × 16m・舗装＋草・区画あり。第 3 駐車場＝約 25 台・44 × 30m(リング状)・草・区画なし。
駐車場混雑情報／紅葉シーズンは、第 1 〜第 3 駐車場のすべてが満車になることがある。
トイレ／第 1 駐車場と第 2 駐車場にある。どちらも水洗。水道・TP あり。評価☆☆☆〜☆☆

Google Map
第 2 駐車場

地理院地図
駐車スペース

携帯電話 (ドコモ)／通話可。
ドリンク自販機／滑床アウトドアセンター万年荘玄関前にある (PB も)。
登山届入れ／滑床アウトドアセンター万年荘に提出可。登山道入口にもあるが、機能していない。
その他／森の国ホテル、水際のロッジ、桧平キャンプ場、滑床アウトドアセンター万年荘 (町の施設。休憩・食堂・滑床渓谷や三本杭の案内。不定休・9 〜 17 時・☎ 0895-49-1535)、滑床観光案内図、サル注意看板、あずまや、テーブル・椅子、登山道の通行止注意看板、国有林に入るみなさんへおねがい、増水注意看板、滑床山ウラジロガシ等 (遺伝子資源) 希少個体群保護林解説板、滑床渓谷案内図、滑床渓谷駐車場案内板。
取材メモ／滑床渓谷の紅葉は、10 月末〜 11 月中旬が見ごろ。雪輪の滝は全長 300m のナメ滝で、花崗閃緑岩の表面を雪の輪のような模様を描きながら流れ落ちるのが特徴。第 2 駐車場から滑床渓谷探勝歩道を経由して徒歩 30 〜 40 分。なお出合滑 (であいなめ) にあった橋は、災害のため現在は渡れない。
問合先／滑床アウトドアセンター万年荘☎ 0895-49-1535、松野町ふるさと創生課☎ 0895-42-1116 (地籍は宇和島市だが、アクセス道路が松野町なので、滑床渓谷の案内は松野町で対応)

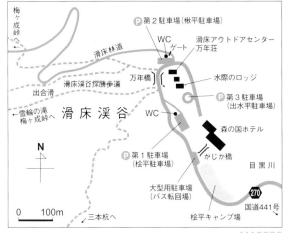
MAP026

滑床／第 2 駐車場

滑床／同駐車場のトイレ

滑床／同トイレ内部

滑床／万年荘

滑床／三本杭登山道と探勝歩道の入口

鬼が城山系・成川渓谷駐車場 MAP027

おにがじょうさんけい・なるかわけいこくちゅうしゃじょう

愛媛県鬼北町　標高434m

登山口概要／高月山（四国百名山・四国百山）の北西側、町道沿い。成川渓谷を経由する高月山の起点。

緯度経度／[33°12′56.5″][132°37′15.4″]

マップコード／176 164 444*00

アクセス／松山道宇和島朝日ICから県道268号、国道320号、町道経由で13km、約20分。

駐車場／奥の駐車場＝35台・74×18〜5m・舗装・区画あり。手前の駐車場＝約40台・30×20m・砂＋草・区画なし。

駐車場混雑情報／夏の土、日曜は混雑する。また4月上旬に開催される「成川渓谷桜まつり」などのイベント日は満車になる。

トイレ／手前の成川渓谷休養センター向かいにある。

携帯電話（ドコモ）／通話可。

ドリンク自販機／手前の成川渓谷休養センター向かいにある（PBも）。

その他／高月山登山道案内図、国有林に入るみなさんへのお願い、滑床自然休養林案内図、鬼ヶ城山系登山案内板、成川キャンプ場

Google Map
駐車場

地理院地図
駐車場

案内図、ベンチ、成川渓谷休養センター（宿泊・レストラン。第2、第4火曜休、祝日の場合は翌日、8月は無休。☎0895-45-2639）、高月温泉（立ち寄り湯。☎0895-45-2516）、携帯基地局。

取材メモ／2022年3月時点では、Google Mapと地理院地図の道路表示に違いがあるが、Google Mapの方が現地状況と合致する。ただ、地理院地図では本書掲載別登山口の登山道入口にあった約30mのズレが、その後修正されているので、成川渓谷の道路表示もいずれ修正されると思われる。なお、成川渓谷の紅葉は、11月中旬〜下旬が見ごろ。

問合先／鬼北町企画振興課地域活力創出係☎0895-45-1111

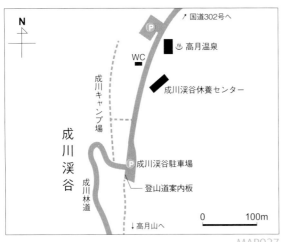

成川／成川渓谷案内看板

成川／渓谷駐車場

成川／高月山登山道案内図

成川／滑床自然休養林案内図

成川／登山道入口

鬼が城山系・丸山公園駐車場　MAP028

おにがじょうさんけい・まるやまこうえんちゅうしゃじょう

愛媛県宇和島市　標高 84.5m (駐車場)

登山口概要／尻割山の北西側、市道沿い。尻割山や毛山 (けやま)
などの起点。
緯度経度／ [33°13′ 38.6″][132°34′ 37.7″](駐車場)
[33°13′ 44.1″][132°34′ 48.1″](登山道入口)
マップコード／ 176 189 796*18 (駐車場)
176 219 087*56 (登山道入口)
アクセス／松山道宇和島朝日 IC から市道、県道 268 号、国道
320 号、市道経由で 3km、約 8 分。
駐車場／多目的グラウンド前に駐車場がある。計 180 台・60 ×
30m など 3 面・舗装・区画あり。
トイレ／園内に 4 ヶ所ある。
携帯電話 (ドコモ)／通話可。
その他／丸山公園案内図。
取材メモ／登山道入口は、陸上競
技場のトイレ手前にある。
問合先／丸山公園管理事務所
☎ 0895-24-1295、宇和島市
商工観光課観光係 ☎ 0895-49-
7023、宇和島市観光情報センター
☎ 0895-49-5700

Google Map
駐車場

地理院地図
駐車場

Google Map
登山道入口

地理院地図
登山道入口

丸 山 公 園
N
鬼北町へ
P
WC
野球場
WC
陸上競技場
丸穂トンネル
国道320号へ
P
丸山公園へ
P P P
多目的
グラウンド
尻割山へ
WC
ふれあい
広場
宇和島駅へ
320
南庭球場
0　　　100m

MAP028

鬼が城山系・薬師谷渓谷駐車場　MAP029

おにがじょうさんけい・やくしだにけいこくちゅうしゃじょう

愛媛県宇和島市　標高 148.5m (手前の駐車場)

登山口概要／権現山の北西側、市道終点。権現山などの起点。
薬師谷渓谷遊歩道の起点。岩戸の滝や雪輪の滝などの入口。
緯度経度／ [33°11′ 29.9″][132°34′ 36.4″](手前の駐車場)

丸山／多目的グラウンド前駐車場

丸山／同駐車場

丸山／丸山公園案内板

薬師谷／手前の駐車場

薬師谷／奥の駐車場

[33° 11′ 31.7″] [132° 34′ 42″] (登山道入口)
マップコード／ 176 069 525*38 (手前の駐車場)
176 069 591*82 (登山道入口)
アクセス／松山道宇和島南 IC から国道 56 号、市道経由で
4km、約 9 分。
駐車場／手前の駐車場＝約 10 台・40 × 8m・舗装・区画なし。
奥の駐車場＝公共の駐車場。約 5 台 (区画は 3 台)・舗装・区
画あり (区画なしの部分にも置ける)。
駐車場混雑情報／夏休みとお盆休
みは、水遊びの家族連れが多く訪
れるため満車になる。
トイレ／奥の駐車場にある。セン
サーライト付き。簡易水洗。水道
・TP あり。評価☆☆☆～☆☆
携帯電話 (ドコモ)／通話不可。
その他／流しそうめん店、薬師谷
渓谷イラストマップ。
取材メモ／岩戸の滝は落差 5m。
雪輪の滝は落差 25m。同じ宇和
島市の滑床渓谷にも同名の滝 (日本の滝百選) がある。
問合先／宇和島市商工観光課観光係☎ 0895-49-7023、宇和
島市観光情報センター☎ 0895-49-5700

Google Map
手前の駐車場

地理院地図
手前の駐車場

Google Map
登山道入口

地理院地図
登山道入口

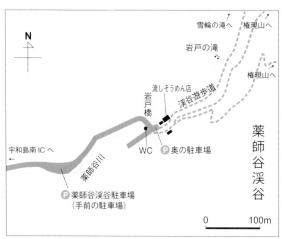

MAP029

面河渓→ P49 石鎚山系・面河渓駐車場
　　　→ P69 石鎚山系・長尾尾根展望所駐車場

面河山→ P49 石鎚山系・面河渓駐車場

薬師谷／同駐車場のトイレ

薬師谷／同トイレ内部

薬師谷／薬師谷渓谷標識

薬師谷／登山道入口

薬師谷／渓谷遊歩道入口

か行

鶴松森・道の駅布施ヶ坂

かくしょうもり・みちのえきふせがさか

高知県津野町　標高 388.4m（道の駅駐車場）

登山口概要／鶴松森（四国百山）の南側、国道 197 号沿い。鶴松森の起点。

緯度経度／[33° 25′ 36.9″][133° 05′ 59.6″]（道の駅駐車場）[33° 25′ 41.4″][133° 05′ 57.6″]（登山道入口）

マップコード／ 445 012 728*43（道の駅駐車場）445 012 876*16（登山道入口）

アクセス／高知道須崎東 IC から国道 56 号、県道 315 号、国道 197 号経由で 25km、約 33 分。

道の駅布施ヶ坂／レストラン・特産販売所。無休（元日のみ休）・7 時 30 分〜 18 時（12 〜 3 月は 8 〜 17 時 30 分）・☎ 0889-62-3225

駐車場／計 55 台・90 × 20m など 2 面・舗装・区画あり。

トイレ／温水洗浄便座付き。水洗。水道・TP あり。評価☆☆☆

携帯電話（ドコモ）／通話可。

公衆電話／道の駅のトイレ向かいにカード・コイン式公衆電話ボックスがある。

Google Map
道の駅駐車場

地理院地図
道の駅駐車場

ドリンク自販機／道の駅向かって左手にある（PB も）。

問合先／道の駅布施ヶ坂☎ 0889-62-3225、津野町産業課☎ 0889-55-2021

Google Map
登山道入口

地理院地図
登山道入口

笠取山・大川嶺登山口→ P80 大川嶺登山口

鶴松森／道の駅布施ヶ坂駐車場

鶴松森／道の駅トイレ

笠取山／大川嶺分岐点の案内看板

笠取山登山口駐車場

かさとりやまとざんぐちちゅうしゃじょう

愛媛県久万高原町 ·（内子町）　標高 1521.7m

登山口概要／笠取山の東側直下、町道笠取線沿い。笠取山の起点。

緯度経度／[33° 33′ 22.5″][132° 55′ 29.2″]

マップコード／ 666 486 308*02

アクセス／松山道松山 IC から県道 190 号（松山外環状道路）、国道 33 号、県道 328 号、町道笠取線（舗装）経由で 58km、約 1 時間 28 分。県道 328 号に立つ「大川嶺分岐点」の案内看板を目印に町道笠取線に入る。大川嶺登山道入口を見送り、1.6km ほど進むと三差路があるので、右の道を上がって 100m。県道 328 号は積雪状況次第で冬期の夜間は通行止になる。

駐車場／40 〜 50 台・56 × 22m・舗装・区画なし。

携帯電話（ドコモ）／通話可。

笠取山／町道笠取線

笠取山／三差路を右に上がる

その他／上浮穴消防本部無線中継所、廃屋。

取材メモ／笠取山登山道入口は、駐車場に立つ廃屋の15m手前右側にあるが、道標等はない。笠取山のツルギミツバツツジは、5月下旬が見ごろ。

問合先／久万高原町観光協会☎0892-21-1192、久万高原町ふるさと創生課☎0892-21-1111

Google Map
駐車場

地理院地図
駐車場

笠取山／登山口駐車場

笠松山・野々瀬上登山口駐車場 `MAP030`

かさまつやま・ののせうえとざんぐちちゅうしゃじょう

愛媛県今治市　標高 163.5m

登山口概要／笠松山の北東側、市道終点。笠松山や世田山(せたやま)の起点。

緯度経度／[33°59′04.3″][133°02′12.3″]

マップコード／119 514 681*01

アクセス／今治小松道今治湯ノ瀬ICから国道196号、県道162号、市道経由で5.5km、約13分。

駐車場／約6台・28×14m・舗装・区画なし。

駐車場混雑情報／支所に聞くと、満車になることはないだろうとのこと。万一、満車の場合は、手前市道沿いの所々に駐車スペースがある。

トイレ／駐車場の向かいにある。非水洗。水道(飲用不可)・TPあり。評価☆☆

携帯電話(ドコモ)／通話可。

その他／ここは瀬戸内海国立公園区域です、笠松山登山道案内板。

取材メモ／登山口の手前には、市の史跡・五間塚古墳があり、市道沿いに解説板が立っている。野々瀬古墳群のひとつで、7世紀前半に作られた直径15mほどの円噴。

問合先／今治市朝倉支所住民サービス課☎0898-56-2500、今治市観光課☎0898-36-1541

野々瀬上／登山口駐車場

Google Map
駐車場

地理院地図
駐車場

野々瀬上／同駐車場向かいのトイレ

笠松山・野々瀬下登山口 `MAP030`

かさまつやま・ののせしたとざんぐち

愛媛県今治市　標高 84.5m(三差路駐車スペース)

登山口概要／笠松山の北側、市道三差路沿い。笠松山や世田山(せたやま)の起点。

緯度経度／[33°59′23.3″][133°02′01.5″](三差路駐車スペース)
[33°59′17.9″][133°02′02.5″](登山道入口)

マップコード／119 544 340*18(三差路駐車スペース)
119 544 191*78(登山道入口)

アクセス／今治小松道今治湯ノ瀬ICから国道196号、県道162号、市道経由で5km、約10分。

駐車場／市道三差路に駐車スペースがある。1台・草＋砂・区画なし。また三差路から左の道に40m入ると右側に2台分の駐車スペースがある。

野々瀬上／同トイレ内部

野々瀬上／笠松山の道標

携帯電話（ドコモ）／通話可。
その他／三差路駐車スペース＝笠松山登山道案内板。左の道駐車スペース＝瀬戸内海国立公園笠松山・世田山周辺案内図。

Google Map
駐車スペース

地理院地図
駐車スペース

取材メモ／登山口の手前には、市の史跡・五間塚古墳があり、市道沿いに解説板が立っている。野々瀬古墳群のひとつで、7世紀前半に作られた直径15mほどの円墳。

Google Map
登山道入口

地理院地図
登山道入口

問合先／今治市朝倉支所住民サービス課☎0898-56-2500、今治市観光課☎0898-36-1541

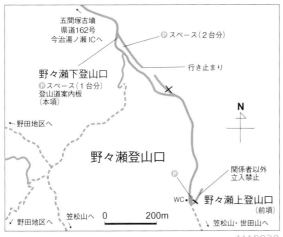

五間塚古墳
県道162号
今治湯ノ瀬ICへ

Ｐスペース（2台分）

行き止まり

野々瀬下登山口
Ｐスペース（1台分）
登山道案内板
（本項）

×

←野田地区へ

N

野々瀬登山口

関係者以外
立入禁止

Ｐ

WC・

野々瀬上登山口
（前項）

↓野田地区へ

笠松山へ　0　　　200m

↓笠松山・世田山へ

MAP030

柏尾山→ P220 南嶺・春野総合運動公園第12駐車場

野々瀬下／三差路駐車スペース

野々瀬下／登山案内板

野々瀬下／五間塚古墳解説板

鍛治ヶ峰・井関登山口

かじがみね・いぜきとざんぐち

徳島県阿南市　標高9.1m（駐車スペース）

登山口概要／鍛治ヶ峰の北側、市道沿い。鍛治ヶ峰の起点。
緯度経度／[33°54′44.3″] [134°38′37″]（駐車スペース）
マップコード／217 587 078*13（駐車スペース）
アクセス／徳島市市街地（徳島県庁前）から市道、国道55号、県道130、27号、市道経由で22km、約38分。
駐車場／登山道入口に駐車スペースがある。7～8台・細砂利＋草・区画なし。

Google Map
駐車スペース

地理院地図
駐車スペース

駐車場混雑情報／地元の人に聞くと正月三が日、特に初日の出目当ての登山者が多い元日は、朝早くから満車になる可能性があるとのこと。春や秋は混まない。
携帯電話（ドコモ）／通話可。

井関／駐車スペース

井関／鍛治ヶ峰心得

その他／鍛治ヶ峰心得。
問合先／阿南市商工政策課☎0884-22-3290、光のまちステーションプラザ☎0884-24-3141

梶ヶ森 → P180 剣山地・梶ヶ森　龍王の滝駐車場

樫戸丸 → P181 剣山地・樫戸丸　風の広場
　　　 → P181 剣山地・樫戸丸　川成峠

井関／登山口にある池

勝賀山（勝賀城跡）・香西北登山口

かつがやま (かつがじょうあと)・こうざいきたとざんぐち

香川県高松市　標高 75m(登山道入口)

登山口概要／勝賀山の北東側、市道沿い。勝賀山や勝賀城跡の起点。
緯度経度／[34°20′39.7″][133°59′21.9″](登山道入口)
マップコード／ 391 629 841*66 (登山道入口)
アクセス／高松市市街地 (香川県庁前) から市道、県道 33、16 号、市道経由で 8km、約 17 分。
駐車場／登山道入口に駐車スペースがある。3 ～ 4 台・18 × 5m・舗装・区画なし。
携帯電話 (ドコモ)／通話可。

香西北／登山口の標識

Google Map
登山道入口

地理院地図
登山道入口

取材メモ／南側には香西登山口もある。なお勝賀城は鎌倉時代～戦国時代にあった香西氏の山城で、現在も山頂に土塁などの遺構が残っている。高松市の史跡。
問合先／香西コミュニティセンター (香西観光協会) ☎087-882-0294、高松市観光交流課観光振興係☎087-839-2416

香西北／駐車スペース

勝賀山（勝賀城跡）・佐料登山口

かつがやま (かつがじょうあと)・さりょうとざんぐち

香川県高松市　標高 73.2m(市道路肩)

登山口概要／勝賀山の南東側、市道沿い。勝賀山や勝賀城跡の起点。
緯度経度／[34°20′01.3″][133°59′11.2″](市道路肩)
[34°20′11.8″][133°58′54.1″](登山道入口)
マップコード／ 391 598 590*13 (市道路肩)
391 628 003*75 (登山道入口)
アクセス／高松市市街地 (香川県庁前) から市道、県道 33 号、市道経由で 8km、約 17 分。
駐車場／登山者の駐車可否は不明だが、市道路肩に寄せれば駐車可。約 4 台・舗装・区画なし。
携帯電話 (ドコモ)／通話可。

香西北／登山道入口

その他／勝賀城跡解説板。

Google Map
市道路肩

地理院地図
市道路肩

取材メモ／駐車スペース斜向かいに立つ道標と勝賀城跡解説板を目印に登って行くと、600m 先に登山道入口がある。なお勝賀城は鎌倉時代～戦国時代にあった香西氏の山城で、現在も山頂に土塁など

Google Map
登山道入口

地理院地図
登山道入口

佐料／市道路肩に寄せれば駐車可

の遺構が残っている。高松市の史跡。
問合先／香西コミュニティセンター（香西観光協会）☎ 087-882-0294、高松市観光交流課観光振興係☎ 087-839-2416

金見山→ P125 讃岐山脈・金見山　唐谷峠（田野々越）
　　　→ P126 讃岐山脈・金見山　森林管理道唐谷線入口
　　　→ P126 讃岐山脈・金見山
　　　　　　　　　平家慰霊碑庭園（切山分教場跡）

我拝師山→ P102 香色山・善通寺有料駐車場

鎌滝山→ P51 石鎚山系・鎌滝山　大淵登山口

カマダキ山 → P195 剣山地・砥石権現第 1 登山口
　　　　　→ P195 剣山地・砥石権現第 2 登山口

神山森林公園イルローザの森遊歩道
　　→ P223 西龍王山・神山森林公園イルローザの森中央駐車場

瓶ヶ森→ P52 石鎚山系・瓶ヶ森駐車場
　　　→ P72 石鎚山系・東之川登山口
　　　→ P75 石鎚山系・吉野川源流碑入口

加茂山→ P253 高峰ノ森・伊野公民館駐車場
　　　→ P165 高峰ノ森・波川公園駐車場

寒霞渓→ P152 小豆島・三笠山　寒霞渓ロープウェイこううん駅
　　　→ P154 小豆島・三笠山　寒霞渓ロープウェイ山頂駅

神南山・稲荷山公園駐車場

かんなんざん・いなりやまこうえんちゅうしゃじょう

愛媛県大洲市　標高 82.6m

登山口概要／神南山（五十崎神南・女神南）の北西側、市道沿い。神南山（男神南・女神南）の起点。
緯度経度／ [33°31′43.8″] [132°36′00.3″]
マップコード／ 204 417 039*38
アクセス／松山道大洲 IC から国道 56 号、市道経由で4.5km、約10分。
駐車場／ 45 台　68 × 16m・舗装・区画あり。

Google Map
駐車場

地理院地図
駐車場

携帯電話（ドコモ）／通話可。
取材メモ／山頂までほとんど林道歩きとなる。
問合先／大洲市観光まちづくり課☎ 0893-24-1717、大洲市観光協会☎ 0893-24-2664

寒風山→ P54 石鎚山系・寒風山登山口
　　　→ P57 石鎚山系・笹ヶ峰　南尾根登山口

寒峰→ P182 剣山地・寒峰　住吉神社

佐料／勝賀城跡登山道道標

佐料／勝賀城跡解説板

佐料／左の道を上がる

神南山／稲荷山公園駐車場

神南山／林道入口

冠山→ P55 石鎚山系・小麦畝登山口
　　→ P65 石鎚山系・住友の森フォレスターパーク付近
　　→ P66 石鎚山系・高薮登山口

北三方ヶ森・高縄寺付近駐車場
　　　　　　　→ P164 高縄山・高縄寺付近駐車場

宝坂谷／路肩に寄せれば駐車可

北三方ヶ森・宝坂谷登山口

きたさんぽうがもり・たからざかだにとざんぐち

愛媛県松山市　標高 636.8m(登山道入口)

登山口概要／北三方ヶ森の西側、市道沿い。北三方ヶ森の起点。
四国のみちの起点。
緯度経度／[33°57′10.6″][132°52′02.3″](登山道入口)
マップコード／ 53 719 851*30(登山道入口)
アクセス／松山市市街地(愛媛県庁前)から国道 11 号、県道
187 号、国道 317 号、県道 178 号、市道経由で 28km、約 1 時間。
駐車場／登山道入口前後の路肩に
寄せれば駐車可。計 3 台・舗装・
区画なし。
携帯電話(ドコモ)／通話不可。
問合先／なし

Google Map
登山道入口

地理院地図
登山道入口

宝坂谷／登山道入口

北三方ヶ森・水ヶ峠登山口

きたさんぽうがもり・みずがとうげとざんぐち

愛媛県今治市　標高 479.2m(登山道入口)

登山口概要／北三方ヶ森の東側、木地奥林道沿い。水ヶ峠を経
由する北三方ヶ森の起点。四国のみちの起点。
緯度経度／[33°56′39.5″][132°55′21.2″](登山道入口)
マップコード／ 778 366 810*35(登山道入口)
アクセス／今治市市街地(今治市役所前)から国道 317 号、県
道 154 号、木地奥林道(舗装)
経由で 21km、約 34 分。
駐車場／登山道入口の前後に寄せ
れば駐車可。計約 4 台・舗装・区
画なし。また 300m 手前のカーブ
地点にも 2 台分の駐車スペースがある。
携帯電話(ドコモ)／通話不可。300m 手前の駐車スペースも通
話不可。
その他／「四国のみち概要」案内板。
問合先／今治市玉川支所住民サービス課☎ 0898-55-2211

Google Map
登山道入口

地理院地図
登山道入口

水ヶ峠／駐車スペース

水ヶ峠／登山道入口

気延山・阿波史跡公園　古代の邑駐車場

きのべやま・あわしせきこうえん　こだいのむらちゅうしゃじょう

徳島県徳島市　標高 25.7m(駐車場)

登山口概要／気延山の東側、市道終点。気延山の起点。
緯度経度／[34°03′28.2″][134°28′02.2″](駐車場)

気延山／古代の邑駐車場

あ

か

さ

た

な

は

ま

や

ら

わ

[34°03′28.3″][134°27′45.1″](大泉神社参道入口)
マップコード／ 56 191 491*17 (駐車場)
56 190 504*10 (大泉神社参道入口)
アクセス／徳島市市街地 (徳島県庁前) から市道、国道 11、
318 号、県道 29 号、国道 192 号、市道、県道 123 号、市道
経由で 11.5km、約 26 分。
駐車場／ 36 台＋大型・54 ×
28m・舗装・区画あり。阿波史跡
公園には、ほかに徳島市立考古資
料館にも駐車場があり、登山の起
点にできる。

Google Map
駐車場
地理院地図
駐車場

トイレ／駐車場にある。水洗。水
道・TP あり。評価☆☆☆。ほかに
公園管理事務所と考古資料館駐車
場にもトイレがある。

Google Map
大泉神社参道入口
地理院地図
大泉神社参道入口

携帯電話 (ドコモ)／通話可。
その他／復元竪穴住居、復元高床倉庫。
取材メモ／阿波史跡公園は、歴史文化ゾーンや古代生活ゾーン等
の 4 つのエリアから構成される広大な公園で、古代の邑には徳島
市内の発掘調査結果を元に古代の住居が復元されている。
問合先／徳島市公園緑地課 (阿波史跡公園の管理) ☎ 088-
621-5295、徳島市にぎわい交流課☎ 088-621-5232

京柱山→ P183 剣山地・京柱峠

喜来の滝→ P106 五剣山・喜来登山口

工石山→ P252 石鎚山系・奥工石山　工石山荘
　　　→ P252 石鎚山系・奥工石山　町道仁尾ヶ内線
　　　→ P252 石鎚山系・奥工石山　竜王峠

工石山・工石山青少年の家　MAP031

くいしやま・くいしやませいしょうねんのいえ

高知県高知市　標高 830m(多目的広場)

登山口概要／工石山 (四国百名山・四国百山) の北東側、市道
217 号線沿い。杖塚を経由する工石山の起点。
緯度経度／ [33°40′34.1″][133°31′00.7″](多目的広場)
マップコード／ 73 602 670*58 (多目的広場)
アクセス／高知市市街地 (高知県庁前) から市道、県道 16 号、
市道 (舗装) 経由で 23.5km、約 43 分。
駐車場／工石山青少年の家の多目的広場は、登山者の利用可。
ただし日によって利用不可となることもある。不可の日は広場に
入れないようになっている。20 ～ 25 台・30 × 18m・砂利・区
画なし。また林道入口の前後路肩に駐車スペースがある。手前の
駐車スペース＝計約 5 ～ 6 台分・38 × 7m・砂利＋草・区画なし。
奥の駐車スペース＝約 3 台分・36 × 2m・舗装・区画なし。
駐車場混雑情報／アケボノツツジやホンシャクナゲシーズン、紅
葉シーズンは多目的広場や駐車スペースが満車になり、林道路肩
に車が並ぶほど混雑する。
トイレ／工石山青少年の家の体育館横にトイレがあり、登山者の

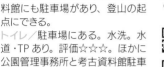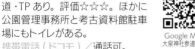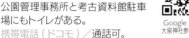

気延山／同駐車場のトイレ

気延山／同トイレ内部

気延山／古代の復元住居

青少年／多目的広場

青少年／奥の駐車スペース

青少年／青少年の家

青少年／体育館横のトイレ入口

青少年／同トイレ内部

青少年／林道入口

利用可。水洗。水道・TP あり。評価☆☆☆
携帯電話（ドコモ）／通話可。
ドリンク自販機／工石山青少年の家に隣接する工石山直売所入口左手外側にある（PB も）。
その他／高知市工石山青少年の家（宿泊・工石山の登山イベント。月曜休、祝日や夏休みは開館することがある・8 時 30 分〜 17 時 15 分・☎ 088-895-2016）、工石山自然休養林施設案内図、工石山の生き物解説板、国有林を利用される皆様へ。
取材メモ／工石山のアケボノツツジは 4 月下旬〜 5 月上旬、ホンシャクナゲは 5 月中旬〜下旬が見ごろ。
問合先／高知市工石山青少年の家 ☎ 088-895-2016、高知市土佐山地域振興課 ☎ 088-895-2312、高知市観光企画課 ☎ 088-823-9457、高知市観光協会 ☎ 088-823-4016

Google Map
多目的広場

地理院地図
多目的広場

工石山・妙体岩コース登山口

くいしやま・みょうたいいわこーすとざんぐち

高知県高知市　標高 916.1m（駐車スペース）

登山口概要／工石山（四国百名山・四国百山）の南東側、市道217号線沿い。妙体岩コースを経由する工石山の起点。
緯度経度／[33°39′56.8″][133°30′37.6″]（駐車スペース）
マップコード／73 571 436*41（駐車スペース）
アクセス／高知市市街地（高知県庁前）から市道、県道16号、市道（舗装）経由で25km、約48分。
駐車場／登山道入口向かい路肩に駐車スペースがある。3 〜 4 台・砂＋小石＋草＋落ち葉・区画なし。ほかに130m 手前路肩にも駐車スペースがある。3 〜 4 台・土＋草・区画なし。
駐車場混雑情報／アケボノツツジ

Google Map
駐車スペース

地理院地図
駐車スペース

青少年／同入口の工石山案内図

やホンシャクナゲシーズン、紅葉シーズンは駐車スペースが満車になり、林道路肩に車が並ぶほど混雑する。

トイレ／手前の工石山青少年の家の体育館横にトイレがあり、登山者の利用可。水洗。水道・TPあり。評価☆☆☆

携帯電話（ドコモ）／通話可。

ドリンク自販機／手前の工石山青少年の家に隣接する工石山直売所入口左手外側にある（PBも）。

取材メモ／工石山のアケボノツツジは4月下旬〜5月上旬、ホンシャクナゲは5月中旬〜下旬が見ごろ。

問合先／高知市工石山青少年の家☎ 088-895-2016、高知市土佐山地域振興課☎ 088-895-2312、高知市観光企画課☎ 088-823-9457、高知市観光協会☎ 088-823-4016

妙体岩／駐車スペース

国見山→ P184 剣山地・国見山　おおどう峠（後山峠）
　　　→ P184 剣山地・国見山　徳善登山口
　　　→ P185 剣山地・国見山　林道川崎国見山線

雲早山→ P185 剣山地・雲早山　シャクナゲ尾根登山口
　　　→ P186 剣山地・雲早山登山口（神通橋）

黒笠山→ P176 剣山地・石の小屋跡

妙体岩／登山道入口

黒沢湿原・黒沢活性化センター駐車場 MAP032

くろぞうしつげん・くろぞうかっせいかせんたーちゅうしゃじょう

徳島県三好市　標高 554.4m

登山口概要／黒沢湿原（県の天然記念物・日本の重要湿地500）の東側、市道沿い。黒沢湿原の遊歩道や木道の起点。

緯度経度／ [33°58′38.9″][133°49′58.8″]

マップコード／ 357 490 818*57

アクセス／徳島道井川池田ICから国道192号、県道269、140号、市道経由で18km、約31分。黒沢湿原に続く県道は、いずれも狭い区間がある。

黒沢／センター駐車場

黒沢／同センター隣のトイレ

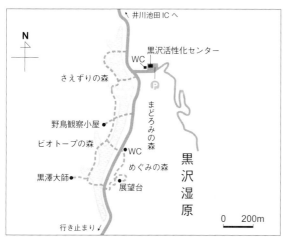

黒沢／同トイレ内部

MAP032

101

駐車場／黒沢活性化センター駐車場は湿原散策者の利用可。約20台・32×22m・舗装・区画なし。

トイレ／黒沢活性化センターの隣にある。水洗。水道・TPあり。評価☆☆☆。ほかに湿原南側にも1棟ある。

携帯電話（ドコモ）／通話可。

その他／四季を彩る黒沢の妖精たち解説板、三つのお願い看板、ようこそ黒沢へ、黒沢湿原案内板、パンフレット頒布箱。

取材メモ／黒沢湿原は面積約40haの中間・低層湿原。開花情報などは、黒沢湿原を守ろう会のサイトを参照。黒沢湿原のトキソウは5月下旬〜6月中旬、ヒツジグサは6月下旬〜9月下旬、サギソウは7月下旬〜8月下旬が見ごろ。

問合先／三好市まるごと三好観光戦略課 ☎ 0883-72-7620、三好市観光案内所 ☎ 0883-76-0877、三好市観光協会事務局 ☎ 0883-70-5804

Google Map
駐車場

地理院地図
駐車場

黒滝山→ P148 四国カルスト・天狗高原
　　　　　　　　星ふるヴィレッジ TENGU 駐車場

毛山→ P87 鬼が城山系・梅ヶ成峠入口
　　→ P88 鬼が城山系・鹿のコル
　　→ P91 鬼が城山系・丸山公園駐車場

嶮岨山→ P152 小豆島・星ヶ城山　星ヶ城園地駐車場

碁石山→ P151 小豆島・碁石山　小豆島霊場第二番碁石山駐車場

黒沢／黒沢活性化センター

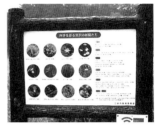
黒沢／湿原に咲く花の解説板

黒沢／黒沢湿原

香色山・善通寺有料駐車場　`MAP033`

こうしきざん・ぜんつうじゆうりょうちゅうしゃじょう

香川県善通寺市　標高 28.8m（第1駐車場）

登山口概要／香色山の北東側、市道沿い。香色山や筆ノ山、我拝師山（がはいしやま）、中山、火上山、五岳山縦走ルートの起点。善通寺は、四国八十八ヶ所霊場の第七十五番札所。

緯度経度／［34°13′27.9″］［133°46′22.1″］（第1駐車場）

マップコード／77 498 481*61（第1駐車場）

アクセス／高松道善通寺 IC から国道319号（善通寺バイパス）、県道18、217号、市道、県道48号、市道経由で5km、約8分。

駐車場／有料1回300円。8〜18時。自動精算機による先払い。五千円札と一万円札の受け入れ不可。善通寺が経営する駐車場だが、登山者の利用可。第1駐車場＝160台・100×78m・舗装・区画あり。第2駐車場＝イベント時のみ。120台・100×42m・砂利・区画なし。

駐車場混雑情報／善通寺で6月上旬の日曜日に行われる弘法大師御誕生会大市などの行事の時や年末年始は混雑するが、第2駐車場まで満車になることはない。

トイレ／物産会館と隣接する児童公園にある。児童公園トイレ＝水洗。水道・TPあり。評価☆☆☆

携帯電話（ドコモ）／通話可。

Google Map
第1駐車場

地理院地図
第1駐車場

香色山／善通寺有料駐車場

香色山／児童公園トイレ

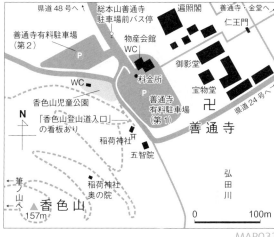

MAP033

香色山／同トイレ内部

ドリンク自販機／物産会館前にある。
その他／物産会館（売店。無休・9 時 30 分〜16 時）、香色山
案内板、五岳山縦走ルート案内板、瀬戸内海国立公園香色山案
内図、香色山児童公園、稲荷神社。
問合先／善通寺市商工観光課☎ 0877-63-6315

香色山／香色山案内板

高仙山→ P127 讃岐山脈・高仙山　高仙山山頂公園駐車場
　　　→ P128 讃岐山脈・高仙山　広野登山口

高越山・表参道コース登山口 川田八幡神社

MAP034

こうつざん・おもてさんどうこーすとざんぐち　かわだはちまんじんじゃ

徳島県吉野川市　標高 36.9m(駐車スペース)

香色山／五岳山縦走ルート案内板

登山口概要／高越山 (阿波富士)(四国百名山・四国百山) の北
東側、市道沿い。表参道コースを経由する高越山の起点。
緯度経度／[34° 02′ 47.2″][134° 13′ 20.1″](駐車スペース)
[34° 02′ 22.2″][134° 13′ 12.4″](登山道入口)
マップコード／ 160 161 179*15 (駐車スペース)
160 131 322*85 (登山道入口)
アクセス／徳島道脇町 IC から国道 193 号、県道 12 号、国道
193 号、県道 248、249 号、市
道経由で 7.5km、約 13 分。

香色山／稲荷神社

駐車場／県道沿いの鳥居から川田
八幡神社参道入口までの左右に駐
車スペースがある。このスペース
は川田八幡神社の敷地だが、川田八
幡神社に確認すると神事や祭りが
ある日以外は登山者の利用可との
ことだ。川田八幡神社の神事や祭
りの日程は、ネットの「阿波ナビ
」に記載がある。約 80 台・36 ×

Google Map
駐車スペース

地理院地図
駐車スペース

Google Map
登山道入口

地理院地図
登山道入口

香色山／登山道入口

MAP034

表参道／神社の駐車スペース

表参道／川田八幡神社

表参道／鳥居前を右折する

4m、46×5m など5面・砂利＋草・区画なし。

駐車場混雑情報／神事や祭りがある日以外で混雑したり満車になることはない。

携帯電話（ドコモ）／通話可。

取材メモ／表参道コースは、石門からも行けるが、川田八幡神社南側の道を通ってもよい。また山頂南側の船窪つつじ公園は、国の天然記念物に指定されたオンツツジ自生地で約1200株が群生する。5月中旬～下旬が見ごろ。

問合先／吉野川市商工観光課☎0883-22-2226

高越山・ふいご温泉付近

こうつざん・ふいごおんせんふきん

徳島県吉野川市　標高115m（奥の駐車スペース）

登山口概要／高越山（阿波富士）（四国百名山・四国百山）の北東側、県道248号沿い。中の郷桜公園や高越寺を経由する高越山の起点。

緯度経度／[34°01′53.2″][134°13′58.7″]（奥の駐車スペース）
[34°01′55.4″][134°13′59.5″]（登山道入口）

マップコード／160 103 338*05（奥の駐車スペース）
160 103 399*83（登山道入口）

アクセス／徳島道脇町ICから国道193号、県道12号、国道193号、県道248号経由で10km、約16分。

駐車場／登山道入口前後の県道路肩に駐車スペースがある。登山道入口に近いのは奥の駐車スペース。奥の駐車スペース＝約8台・40×7m・砂利＋落ち葉・区画なし。手前の駐車スペース＝7～8台・58×5m・舗装・区画なし。

Google Map
奥の駐車スペース

地理院地図
奥の駐車スペース

携帯電話（ドコモ）／通話可。

取材メモ／山頂南側の船窪つつじ公園は、国の天然記念物に指定さ

Google Map
登山道入口

地理院地図
登山道入口

ふいご／手前の駐車スペース

ふいご／奥の駐車スペース

れたオンツツジ自生地で約1200株が群生する。5月中旬～下旬が見ごろ。
問合先／吉野川市商工観光課☎ 0883-22-2226

高根山→ P186 剣山地・高根山　林道大川原旭丸線
　　　 → P187 剣山地・さかて山　林道大川原旭丸線
　　　 → P188 剣山地・柴小屋山　町道野間殿川内線

高板山・林道楮佐古線→ P254 剣山地・高板山　林道楮佐古線

高ノ瀬→ P177 剣山地・奥祖谷二重かずら橋駐車場
　　　 → P189 剣山地・白髪避難小屋登山口

ふいご／登山道入口

ふいご／登山道入口の道標

虚空蔵山・わんぱく広場駐車場 　MAP035

こくぞうさん・わんぱくひろばちゅうしゃじょう

高知県佐川町・(土佐市)　標高 434.9m(駐車場)

登山口概要／虚空蔵山(四国名山・四国百山)の北側、町道沿い。わんぱく広場を経由する虚空蔵山の起点。
緯度経度／[33° 27′ 57.2″][133° 18′ 18.9″](駐車場)
[33° 27′ 52.2″][133° 18′ 26.6″](登山道入口)
マップコード／ 181 456 478*50 (駐車場)
181 457 305*71 (登山道入口)
アクセス／高知道須崎東 IC から国道 56 号、市道、国道 494 号、町道経由で 12.5km、約 27 分。
駐車場／約 26 台・40 × 18m・舗装・区画あり(山側は消えている)。
トイレ／駐車場から天文台の方に道路を上がると、天文台と管理人室の向かいにある。
携帯電話(ドコモ)／通話可。
その他／虚空蔵山わんぱく広場総

Google Map 駐車場

地理院地図 駐車場

Google Map 登山道入口

地理院地図 登山道入口

虚空蔵／登山口に続く町道

虚空蔵／駐車場入口の三差路

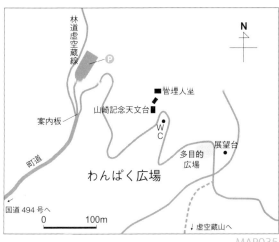

林道虚空蔵線
P
案内板
町道
山崎記念天文台
■管理人坐
WC
展望台
多目的広場
わんぱく広場
国道 494 号へ
0　　　　100m
↓虚空蔵山へ
N

MAP035

虚空蔵／わんぱく広場案内板

合案内板、わんぱく広場体力つくりコース案内板、山崎記念天文台、管理人室、展望台。

問合先／佐川町チーム佐川推進課企画おもてなし係☎ 0889-22-7740

五剣山・旧鬼ヶ岩屋温泉駐車場
→ P85 鬼ヶ岩屋・旧鬼ヶ岩屋温泉駐車場

虚空蔵／駐車場

五剣山・喜来登山口　MAP036

ごけんざん・きらいとざんぐち

徳島県牟岐町　標高 82.3m(駐車スペース)

登山口概要／五剣山の南側、町道沿い。喜来コースを経由する五剣山や鬼ヶ岩屋の起点。喜来の滝や県指定天然記念物・喜来のナギ自生地の入口。
緯度経度／[33° 42′ 08.9″][134° 25′ 12.9″](駐車スペース)
[33° 42′ 07.8″][134° 25′ 20.1″](登山道入口)
マップコード／ 427 710 802*34 (駐車スペース)
427 710 779*48 (登山道入口)
アクセス／日和佐道路日和佐 IC から国道 55 号、町道経由で16.5km、約 22 分。
駐車場／「五剣山登山口」の標識が立つ三差路から 300m 奥に進むと右側に駐車スペースがある。約 3 台・草＋細砂利・区画なし。また駐車スペース前の三差路を左に進むと、20m 先に喜来の滝駐車場 (看板が立っている) があり、ここに駐車することも可能。
携帯電話 (ドコモ)／通話可。
その他／登山道入口三差路＝牟岐登山 MAP、パンフレット頒布箱。駐車スペース＝県指定天然記念物・喜来のナギ自生地解説板。
取材メモ／喜来の滝駐車場から、さらに林道を奥に進むと県の天然記念物・喜来のナギ自生地と喜来の滝 (不動の滝・落差 7m) がある。
問合先／牟岐町産業課☎ 0884-72-3420

喜来／ 300m 奥の駐車スペース

Google Map
駐車スペース

地理院地図
駐車スペース

Google Map
登山道入口

地理院地図
登山道入口

喜来／標識と登山 MAP が立つ三差路

五剣山・辺川登山口　MAP036

ごけんざん・へがわとざんぐち

徳島県牟岐町　標高 36.8m(駐車スペース)

登山口概要／五剣山の南東側、町道沿い。五剣の滝を経由する五剣山や鬼ヶ岩屋の起点。
緯度経度／[33° 41′ 41″][134° 26′ 03.3″](駐車スペース)
[33° 42′ 02.2″][134° 25′ 52″](登山道入口)
マップコード／ 427 682 882*77 (駐車スペース)
427 712 601*78 (登山道入口)
アクセス／日和佐道路日和佐 IC から国道 55 号、町道経由で15km、約 19 分。
駐車場／登山道入口手前の三差路に駐車スペースがある。私有地

辺川／三差路の駐車スペース

辺川／牟岐登山 MAP

辺川／三差路から右の道に進む

だが、登山者が駐車してもよいそうだ。約5台・26×8m・草＋細砂利・区画なし。ほかにJR辺川駅にも約5台分の駐車場があり、こちらも登山者の利用可。
携帯電話（ドコモ）／通話可。
その他／牟岐登山MAP、パンフレット頒布箱。
問合先／牟岐町産業課☎0884-72-3420

Google Map
駐車スペース

地理院地図
駐車スペース

Google Map
登山道入口

地理院地図
登山道入口

八栗／登山口駅前の駐車場

五剣山（八栗山）・八栗ケーブル八栗登山口駅

ごけんざん（やくりさん）・やくりけーぶるやくりとざんぐちえき

香川県高松市　標高71m（駐車場）

登山口概要／五剣山（四国百山）の南西側、県道146号沿い。八栗ケーブルや八栗寺（やくりじ）を経由する五剣山の起点。八栗寺は、四国八十八ヶ所霊場の第八十五番札所。
緯度経度／[34°21′17.3″][134°08′01.2″]（駐車場）
マップコード／60 676 160*13（駐車場）
アクセス／高松道高松中央ICから県道43、272号、市道、国道11号、県道155，146号経由で10.5km、約24分。
駐車場／八栗登山口駅前や裏手に駐車場がある。400台＋人型・125×32mなど4面・舗装・区画あり。
トイレ／登山口駅前に別棟トイレがある。水洗。水道・TPあり。評価☆☆☆
携帯電話（ドコモ）／通話可。
ドリンク自販機／登山口駅と別棟トイレ外側にある（PBも）。
八栗ケーブル／通年運行・7時30分〜17時15分（毎月1日は5時〜）・15分毎・所要4分・☎087-845-2218
その他／八栗寺案内板、八栗ケーブル開通四十周年記念碑、郵

八栗／駅前のトイレ

八栗／同トイレ内部

Google Map
駐車場

地理院地図
駐車場

八栗／八栗登山口駅

便ポスト、ベンチなど。
取材メモ／弘法大師が、この山に五剣を埋めたことから五剣山と呼ばれるようになった。昔は五つの岩峰があったが、宝永4(1707)年の宝永地震で一峰が崩壊して、現在の四峰になったという。
問合先／八栗ケーブル☎ 087-845-2218、高松市観光交流課観光振興係☎ 087-839-2416

八栗／八栗ケーブル

御在所山・梅久保登山口

ございしょやま・うめのくぼとざんぐち

高知県香美市　標高 403.5m(登山道入口)

登山口概要／御在所山 (四国百名山・四国百山) の南東側、御在所林道沿い。韮生山祇神社 (にろうやまづみじんじゃ) 参道を経由する御在所山の起点。
緯度経度／[33°41′08.6″][133°49′54.8″](登山道入口)
マップコード／619 040 784*84 (登山道入口)
アクセス／高知市市街地 (高知県庁前) から市道、国道55、32、195号、県道226、217号、御在所林道 (舗装) 経由で37.5km、約1時間4分。
駐車場／登山道入口の斜向かいの路肩に寄せれば駐車可。約2台・細砂利＋落ち葉・区画なし。

Google Map
登山道入口

地理院地図
登山道入口

携帯電話 (ドコモ)／通話可。
取材メモ／登山道入口には、倒れた「御在所山登り口」の道標もあることはあるが、利用者は少ないと思われる。通常は林道を進み、韮生山祇神社参道入口 (次々項) まで車で入るか、もしくは西側の大屋敷 (おおやしき) 地区にある木馬 (きんま) 茶屋から登る方が一般的と思われる。後者は、茶屋前に5〜6台分の駐車スペースとトイレがある。
問合先／香美市香北支所地域振興班☎ 0887-52-9286、香美市商工観光課☎ 0887-53-1084

梅久保／路肩に寄せれば駐車可

御在所山・大屋敷登山口 (木馬茶屋)

→ (前項) 御在所山・梅久保登山口
「取材メモ」参照

梅久保／登山道入口

五在所山・桑藪登山口　MAP037

ございしょやま・くやぶとざんぐち

高知県越知町　標高 595.1m(町道終点登山道入口)

登山口概要／五在所山の南側、町道鎌井田桑藪線沿い (登山道入口は終点)。五在所山の起点。
緯度経度／[33°35′53.3″][133°15′15.6″](町道終点の登山道入口)
マップコード／558 030 354*17 (町道終点の登山道入口)
アクセス／高知西バイパス天神 IC から県道36号、国道194号、県道18号、町道経由で33km、約1時間。
駐車場／桑藪地区の町道沿いに駐車スペースが複数ある。計約10台・舗装＋草・区画なし。地区の住民に確認すると、町道沿いに点々とある駐車スペースは、登山者の利用可とのこと。また町

桑藪／途中の案内看板

桑藪／桑藪地区に続く町道

道の幅の広いところで路肩に寄せて停めても問題ないとのことだった。ただし町道終点の転回スペースとバス停があるスペースは駐車禁止。桑藪地区の民家のうち、実際に居住しているのは2～3軒なので、登山者が車を停めても、それほど影響はないそうだ。
携帯電話(ドコモ)／通話可。
その他／桑藪バス停(越知町民バス)、五在所山登山MAP。
問合先／越知町企画課☎0889-26-1164、越知町観光協会☎0889-26-1004

Google Map
登山道入口

地理院地図
登山道入口

桑藪／五在所山登山MAP

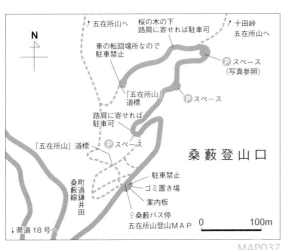

MAP037

桑藪／駐車スペースのひとつ

桑藪／集落内の登山道入口

御在所山・韮生山祇神社参道入口　MAP038

ございしょやま・にろうやまづみじんじゃさんどういりぐち

高知県香美市　標高731.5m(参道入口)

登山口概要／御在所山(四国百名山・四国百山)の南側、御在所林道沿い。韮生山祇神社参道を経由する御在所山の起点。※本項写真は次頁にも続く。
緯度経度／[33°41′36.7″][133°49′26.6″](参道入口)
マップコード／619 069 726*25(参道入口)
アクセス／高知市市街地(高知県庁前)から市道、国道55、32、195号、県道226、217号、御在所林道(舗装)経由で42km、約1時間19分。
駐車場／参道入口の前後路肩に駐車スペースがある。計8～10台・18×5mなど2面・土+草・区画なし。
トイレ／付近にある。非水洗。水道なし。TPあり。評価☆☆～☆
携帯電話(ドコモ)／通話可。
その他／ベンチ。
問合先／香美市香北支所地域振興班☎0887-52-9286、香美市商工観光課☎0887-53-1084

桑藪／町道終点の登山道入口

Google Map
参道入口

地理院地図
参道入口

韮生／奥の駐車スペース　　↓写真

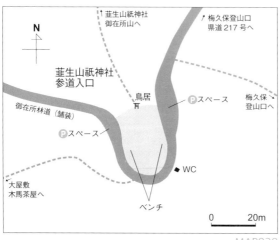

韮生／付近のトイレ

韮生／同トイレ内部

腰折山・エヒメアヤメ自生南限地入口 MAP039

こしおれやま・えひめあやめじせいなんげんちいりぐち

愛媛県松山市　標高 47.7m（市道路肩駐車スペース）

登山口概要／腰折山の西側、市道沿い。エヒメアヤメ自生南限地を経由する腰折山の起点。

緯度経度／[33°59′35.8″][132°47′10.5″]（市道路肩駐車スペース）

[33°59′28.2″][132°47′11.5″]（登山道入口）

マップコード／53 859 739*75（市道路肩駐車スペース）

53 859 500*18（登山道入口）

アクセス／松山市市街地(愛媛県庁前)から国道 11、196 号、市道経由で 20km、約 40 分。

駐車場／市道交差点ゼブラゾーンの北側路肩に駐車スペースがある。約 7 台・舗装・区画なし。登山道入口にも駐車スペースがあ

韮生／韮生山祇神社参道入口

腰折山／市道路肩の駐車スペース

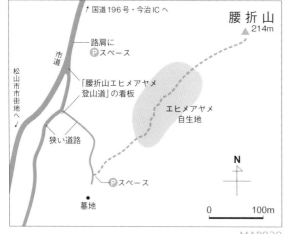

腰折山／登山口に続く舗装林道入口

るが、市道から登山道入口に続く舗装林道は狭いので、市道路肩に駐車する方がよい。また難波公民館の駐車場も利用できるが、必ず事前に連絡して了承を得ること。3月下旬と4月上旬の各1日、エヒメアヤメ見学会が開催され、その日は満車になることも多いので、見学会参加者が優先となる。

駐車場混雑情報／エヒメアヤメの開花時期は、タイミング次第で混雑する可能性がある。
携帯電話（ドコモ）／通話可。
その他／貸し出し杖、エヒメアヤメ自生南限地帯解説板。
取材メモ／手前の市道路肩から登山道入口まで約270m、徒歩2～3分。腰折山のエヒメアヤメは、3月中旬～4月中旬が見ごろ。
問合先／松山市難波公民館☎089-993-0499

Google Map
駐車スペース

地理院地図
駐車スペース

Google Map
登山道入口

地理院地図
登山道入口

腰折山／エヒメアヤメ自生地解説板

五色台・国分寺登山口

ごしきだい・こくぶんじとざんぐち

香川県高松市　標高110m(駐車スペース)

登山口概要／五色台・大平山（おおひらやま）（四国百山）の南側、市道沿い。四国のみちや遍路道を経由する五色台・大平山の起点。
緯度経度／[34°18′57″][133°56′55″]（駐車スペース）
[34°19′04.7″][133°56′54.3″]（登山道入口）
マップコード／391 534 454*64 (駐車スペース)
391 534 663*44 (登山道入口)
アクセス／高松市市街地 (香川県庁前) から市道、県道33号、市道経由で13km、約26分。
駐車場／林道入口向かいに駐車スペースがある。約8台・26×10m・舗装・区画なし。
トイレ／遍路道に進むと、石鎚休憩所の奥にある。
携帯電話（ドコモ）／通話可。
問合先／高松市観光交流課観光振興係☎087-839-2416

Google Map
駐車スペース

地理院地図
駐車スペース

Google Map
登山道入口

地理院地図
登山道入口

国分寺／駐車スペース

国分寺／林道入口

五色台自然観察路・五色台ビジターセンター駐車場

MAP040

ごしきだいしぜんかんさつろ・ごしきだいびじたーせんたーちゅうしゃじょう

香川県坂出市　標高382m

登山口概要／五色台自然観察路の南東側、市道沿い。五色台自然観察路の起点。
緯度経度／[34°21′11.3″][133°55′25.7″]
マップコード／391 651 875*84
アクセス／高松市市街地 (香川県庁前) から市道、県道33、16、161、180号、五色台スカイライン (県道281号)、市道

センター／ビジターセンター駐車場

経由で 18.5km、約 29 分。

駐車場／58 台・76 × 28m・舗装・区画あり。ほかに休暇村讃岐五色台や運動広場付近にも駐車場があり、いずれも自然観察路散策者の利用可。

トイレ／五色台ビジターセンター館内にある。開館時間のみ利用可。温水洗浄便座付き。水洗。水道・TP あり。評価☆☆☆

携帯電話（ドコモ）／通話可。

ドリンク自販機／五色台ビジターセンター西側にある（PB も）。

五色台ビジターセンター／環境省が設置した施設で、五色台の自然に関する展示がある。月曜休、祝日の場合は翌日休・9 ～ 17 時・☎ 0877-47-2479

その他／五色台ビジターセンター及びその周辺案内図、瀬戸内海国立公園案内板。

Google Map
駐車場　　　地理院地図
　　　　　　駐車場

取材メモ／五色台ビジターセンター周辺に整備された五色台自然観察路は、4 つのモデルコースがあり、所有 30 分～ 1 時間。五色台自然観察路入口は、五色台ビジターセンター駐車場の西端にある。案内板と道標あり。五色台自然観察路の地図が載ったパンフレットがビジターセンターにあるので、入手してからスタートしたい。

問合先／五色台ビジターセンター☎ 0877-47-2479

センター／五色台ビジターセンター

センター／同センター内展示

センター／同センタートイレ内部

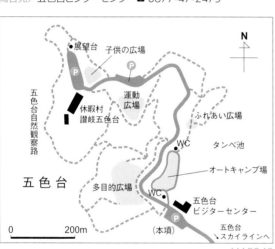

MAP040

センター／自然観察路入口

五色台・白峰パークセンター周辺　MAP041

ごしきだい・しらみねぱーくせんたーしゅうへん

香川県坂出市　標高 287.8m（白峰パークセンター駐車場）

登山口概要／五色台・大平山（おおひらやま）（四国百山）の西側、県道 180 号沿い。五色台の大平山や白峰山（しらみねやま・しろみねやま）などの起点。白峯寺（しろみねじ）は、四国八十八ヶ所霊場の第八十一番札所。

緯度経度／[34° 20′ 04.7″][133° 55′ 18.1″]（白峰パークセンター駐車場）

マップコード／ 391 590 717*75（白峰パークセンター駐車場）

白峰／パークセンターと駐車場

アクセス／高松市市街地(香川県庁前)から県道33、16、161、180号経由で19.5km、約34分。
駐車場／白峰パークセンターやその周辺に駐車場や駐車スペースがある。坂出市に確認すると、白峰パークセンター駐車場や白峰展望台園地の駐車スペースは、どちらも登山者の利用可とのこと。また白峯寺に確認すると白峯寺第3駐車場も登山者の利用可だが、納経所に立ち寄り、ひとこと声をかけてほしいとのこと。第3駐車場に関しては行事がある日でも利用してよいが、門前の第1駐車場は参拝者専用につき常に登山者の利用不可。白峰パークセンター駐車場=約25台・54×10m・舗装・区画なし。白峯寺第3駐車場=約70台・75×20m・舗装・区画あり。白峰展望台園地の駐車スペースは約15台・34×24m・砂+草・区画なし。
駐車場混雑情報／白峯寺第3駐車場は、正月三が日と紅葉シーズンは、警備員も配置されて満車になる。この時期は普段閉鎖されている第2駐車場も開放され、白峰パークセンター駐車場や白峰展望台園地の駐車スペースも満車になるものと思われる。
トイレ／白峰パークセンターにある。温水洗浄便座付き。水洗。水道・TPあり。評価☆☆☆。ほか白峯寺第1駐車場にもある。
携帯電話(ドコモ)／通話可。
公衆電話／白峯寺第1駐車場にカード・コイン式公衆電話ボックスがある。
ドリンク自販機／白峰パークセンターや白峯寺第1駐車場にある(PBも)。
その他／白峰パークセンター(展示室・軽食・喫茶・展望所。月、火曜休・9～16時・☎0877-47-4135)、五色台観光案内マップ、白峰展望台、松浦伊平翁銅像など。
問合先／坂出市産業観光課☎0877-44-5103、坂出市観光案内所☎0877-45-1122、坂出市観光協会事務局☎0877-35-8428

Google Map
駐車場

地理院地図
駐車場

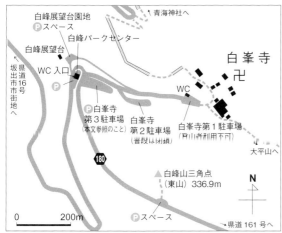
MAP041

白峰／同センタートイレ内部

白峰／展望台園地駐車スペース

白峰／白峯寺第3駐車場

白峰／五色台観光案内マップ

白峰／白峰展望台からの眺め

後世山 (御世山)・後世神社登山口

ごぜやま・ごぜじんじゃとざんぐち

徳島県阿南市　標高 119.5m (登山道入口)

後世山／駐車スペース

登山口概要／後世山の北側、阿南丹生谷 (あなんにゅうたに) 広域農道沿い。後世山の起点。
緯度経度／ [33° 49′ 23.4″][134° 33′ 12.2″](登山道入口)
マップコード／ 217 246 351*11 (登山道入口)
アクセス／徳島市市街地 (徳島県庁前) から市道、国道 55 号、県道 141、150、24、35 号、阿南丹生谷広域農道経由で 36km、約 59 分。
駐車場／登山道入口に駐車スペースがある。4 ～ 5 台・28 × 5m・舗装・区画なし。

Google Map
登山道入口

地理院地図
登山道入口

後世山／登山案内板

携帯電話 (ドコモ)／通話可。
その他／後世山・矢筈山登山案内板、注意看板。
取材メモ／山頂の南東側に鎮座する後世神社は、長宗我部盛親夫人の顕節姫命 (あきふしひめのみこと) を祭神とする。目に御利益があるという。
問合先／阿南市商工政策課☎ 0884-22-3290、光のまちステーションプラザ☎ 0884-24-3141

後世山／登山道入口

さかて山 → P174 剣山地・旭丸峠
　　　　→ P187 剣山地・さかて山　林道大川原旭丸線

笹ヶ峰 → P35 赤石山系・大永山トンネル東口
　　　→ P54 石鎚山系・寒風山登山口
　　　→ P252 石鎚山系・笹ヶ峰登山口
　　　→ P252 石鎚山系・笹ヶ峰トンネル西口付近
　　　→ P57 石鎚山系・笹ヶ峰　南尾根登山口
　　　→ P73 石鎚山系・道の駅霧の森

篠山・篠山第1駐車場　　MAP042

ささやま・ささやまだいいちちゅうしゃじょう

高知県宿毛市／愛媛県愛南町　標高785.2m

登山口概要／篠山(日本三百名山・四国百名山・四国百山)の
南東側、県道382号沿い。篠山の起点。※本項写真は次頁にも
続く。
緯度経度／[33°03′07″][132°39′50″]
マップコード／245 469 749*28
アクセス／宇和島道路津島高田ICから国道56号、県道4、
382号経由で35.5km、約51分。
駐車場／31台・40×14m・舗装・区画あり。
駐車場混雑情報／アケボノツツジのシーズン中は、満車になるこ
とがある。
トイレ／駐車場の奥にある。水洗。水道(飲用不可)・TPあり。
評価☆☆☆～☆☆
携帯電話(ドコモ)／一部通話可。
駐車場の場所により通話可だった
り不可だったりする。

Google Map
駐車場

地理院地図
駐車場

水場・水道設備／1.5km西側の
県道沿いに「不老長寿の水」がある。
その他／篠山案内図、篠山のアケボノツツジ解説板、貸し出し杖、
入山者カウンター、篠山荘(閉鎖)、通信施設、石碑。
取材メモ／篠山のアケボノツツジは4月中旬～5月上旬、ホンシャ
クナゲは4月下旬～5月上旬が見ごろ。近年は温暖化の影響か、
以前よりも早まっているそうだ。
問合先／宿毛市商工観光課☎0880-63-1119、愛南町一本松
支所☎0895-84-2211

篠山・篠山第2駐車場　　MAP042

ささやま・ささやまだいにちゅうしゃじょう

愛媛県愛南町　標高754.2m

登山口概要／篠山(日本三百名山・四国百名山・四国百山)の
南側、県道382号沿い。篠山の起点。

第1／途中の案内板

第1／登山口に続く県道382号

第1／第1駐車場

第1／同駐車場奥のトイレ

第1／同トイレ内部　　　↓写真

緯度経度／［33°02′58.5″］［132°39′36.1″］
マップコード／245 469 495*86
アクセス／宇和島道路津島高田 IC から国道 56 号、県道 4、382 号経由で 36km、約 53 分。「篠山」と書かれた大きな看板を目印に坂道を上がる。
駐車場／42 台・36 × 26m・舗装・区画あるが消えかけ。
駐車場混雑情報／アケボノツツジのシーズン中は、満車になることがある。
トイレ／駐車場にあるが、使用不可。
携帯電話（ドコモ）／一部通話可。駐車場の場所により通話可だったり不可だったりする。

Google Map
駐車場

地理院地図
駐車場

水場・水道設備／900m 西側の県道沿いに「不老長寿の水」がある。
その他／篠山案内図、篠山のアケボノツツジ解説板。
取材メモ／篠山のアケボノツツジは 4 月中旬〜 5 月上旬、ホンシャクナゲは 4 月下旬〜 5 月上旬が見ごろ。近年は温暖化の影響か、以前よりも早まっているそうだ。なお 2021 年 12 月時点での地理院地図では、上記緯度経度の地点に湖沼が表示されているが、現地に湖沼はなく、航空写真で本項駐車場を誤認したものと思われる。いずれ修正されると思うが、念のため指摘しておきたい。
問合先／愛南町一本松支所 ☎ 0895-84-2211

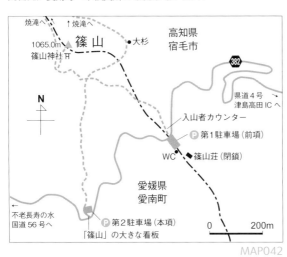

MAP042

篠山・焼滝登山口→ P253

佐々連尾山→ P64 石鎚山系・白髪トンネル南口

笹倉湿原→ P51 石鎚山系・金山橋 (丸笹山登山口)

第 1 ／登山道入口

第 2 ／看板を目印に坂道を上がる

第 2 ／第 2 駐車場

第 2 ／アケボノツツジ解説板

第 2 ／登山道入口

佐田岬灯台遊歩道・佐田岬灯台駐車場　MAP043

さだみさきとうだいゆうほどう・さだみさきとうだいちゅうしゃじょう

愛媛県伊方町　標高 75.3m

登山口概要／佐田岬の北東側、県道 256 号終点。佐田岬灯台遊歩道の起点。

緯度経度／[33°20′44.8″][132°01′16.9″]

マップコード／ 624 647 085*48

アクセス／松山道大洲南 IC から国道 56、197 号、県道 256 号経由で 67km、約 1 時間 31 分。

駐車場／ 20 台＋軽 14 台・44 × 34m・舗装・区画あり。

駐車場混雑情報／取材したのは、2021 年 10 月 17 日午後 4 時過ぎだったが、駐車場は 8 台くらい埋まっていて観光客で賑わっていた。晴れの日曜日で夕日を見に来ている人が多かったものと思われる。

トイレ／駐車場にある。水洗。水道・TP あり。評価☆☆。ほかに佐田岬灯台遊歩道途中の休憩広場と佐田岬灯台付近にもある。

携帯電話（ドコモ）／通話可。

ドリンク自販機／駐車場の 30m 手前にある（PB も）。

その他／佐田岬灯台公園案内図、イノシシ注意看板、携帯基地局、押し売り注意看板、水尻展望台。

取材メモ／駐車場から佐田岬灯台まで続く佐田岬灯台遊歩道は、ヤブツバキやウバメガシ、タブノキなどの照葉樹林に続く道で、往復 40 ～ 50 分。佐田岬は四国の最西端

Google Map 駐車場　　地理院地図 駐車場

にあたり、豊予海峡（ほうよかいきょう）の奥に九州（大分県）を望める。佐田岬灯台は、2017 年に点灯 100 周年を迎え、国の登録有形文化財に指定された。近くには旧・日本陸軍の佐田岬砲台跡もある。

問合先／伊方町観光商工課観光商工係☎ 0894-38-2657

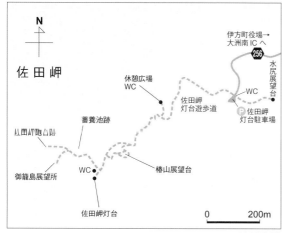

MAP043

佐田岬／佐多岬灯台駐車場

佐田岬／同駐車場のトイレ

佐田岬／同トイレ内部

佐田岬／佐田岬灯台遊歩道入口

佐田岬／水尻展望台入口

讃岐山脈（阿讃山脈）・雲辺寺山　内野々地区

さぬきさんみゃく（あさんさんみゃく）・うんぺんじさん　うちののちく

香川県観音寺市　標高 192.8m（登山道入口）

登山口概要／雲辺寺山（四国百名山・四国百山）の北西側、広域基幹林道五郷財田線沿い。九丁コルを経由する雲辺寺山の起点。雲辺寺は、四国八十八ヶ所霊場の第六十六番札所。
緯度経度／[34°03′16.1″][133°41′52.7″]（登山道入口）
マップコード／ 207 804 122*53（登山道入口）
アクセス／高松道大野原 IC から国道 11 号、市道、県道 8 号、広域基幹林道五郷財田線（舗装）経由で 8km、約 15 分。
駐車場／登山道入口の前後に駐車スペースがある。計6〜8台・24×3m など 2 面・舗装・区画なし。
携帯電話（ドコモ）／通話可。
取材メモ／登山道入口には「雲辺寺登山口」の標識が立っている。
問合先／観音寺市商工観光課☎
0875-23-3933

Google Map
登山道入口

地理院地図
登山道入口

内野々／駐車スペース

内野々／登山道入口

讃岐山脈（阿讃山脈）・雲辺寺山　雲辺寺ロープウェイ山麓駅

MAP044

さぬきさんみゃく（あさんさんみゃく）・うんぺんじさん　うんぺんじろーぷうぇいさんろくえき

香川県観音寺市　標高 251.5m（駐車場）

登山口概要／雲辺寺山（四国百名山・四国百山）の北西側、市道沿い。雲辺寺ロープウェイ、もしくは雲辺寺登山道を経由する雲辺寺山の起点。雲辺寺は、四国八十八ヶ所霊場の第六十六番札所。
緯度経度／[34°03′22.8″][133°42′28.1″]（駐車場）
マップコード／ 207 805 337*67（駐車場）
アクセス／高松道大野原 IC から国道 11 号、市道、県道 8 号、市道経由で 8km、約 15 分。
駐車場／山麓駅前に駐車場がある。第 1 駐車場＝ 74 台・70 ×44m・舗装・区画あり。第 2 駐車場＝ 160 台・110 × 70m・

山麓駅／山麓駅前の第 1 駐車場

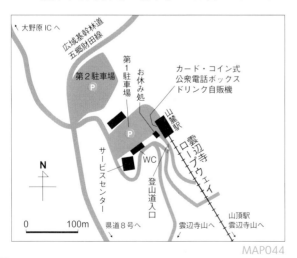

山麓駅／同駐車場のトイレ

山麓駅／同トイレ内部

砂利・区画あり。

トイレ／駐車場にある。温水洗浄便座付き。水洗。水道・TP あり。
評価☆☆☆

携帯電話（ドコモ）／通話可。

公衆電話／山麓駅前にカード・コイン式公衆電話ボックスがある。

ドリンク自販機／山麓駅前にある（PB も）。

雲辺寺ロープウェイ／通年運行（点検整備の運休あり）・7 時 20
分〜17 時（12 〜 2 月は 8 〜 17 時）・所要 7 分・20 分間隔・
往復 2200 円、片道 1200 円・☎ 0875-54-4968

その他／サービスセンター（食堂・売店）、お休み処（休憩・売店）、
雲辺寺ロープウェイバス停（萩交通サービスシャトルバス）、雲辺
寺登山案内板、周辺案内図、ベンチ。

取材メモ／徒歩で登る場合、登山道入口は山麓駅正面の向かっ
て右手奥にある。「雲辺寺登山道」
の標柱が立っている。

問合先／雲辺寺ロープウェイ☎
0875- 54-4968、観音寺市商工
観光課☎ 0875-23-3933

Google Map
駐車場

地理院地図
駐車場

山麓駅／山麓駅

山麓駅／雲辺寺ロープウェイ

讃岐山脈（阿讃山脈）・大麻山 大麻比古神社奥

MAP045

さぬきさんみゃく（あさんさんみゃく）・おおあさやま　おおあさひこじんじゃおく

徳島県鳴門市　標高 66.3m（駐車スペース）

登山口概要／大麻山（四国百名山・四国百山）の南側、市道終
点付近。四国のみちを経由する大麻山の起点。

緯度経度／[34°10′26.1″][134°30′12.1″]（駐車スペース）

マップコード／56 615 441*73（駐車スペース）

アクセス／高松道板野 IC から県道 12、41 号、市道経由で
5km、約 11 分。

駐車場／登山道入口前に駐車スペースがある。7 〜 8 台・14 ×
8m など 2 面・砂＋石＋落ち葉・区画なし。その手前の駐車スペー
スも含めれば全部で約 15 台は駐車可。

駐車場混雑情報／大麻山に頻繁に登りに来ているという登山者に
よると、1 年中、休日は満車になり、平日でも満車になることが
あるという。おそらく天候にもよると思われるが、満車になりや
すい登山口のようだ。満車の場合は、大麻比古神社駐車場（次項）
を利用できる。

トイレ／手前の大麻比古神社にある。神社前の駐車場トイレ＝水
洗。水道・TP あり。評価☆☆☆。第 3 駐車場のトイレ＝水洗。
水道・TP あり。評価☆☆

携帯電話（ドコモ）／通話可。

その他／四国のみち案内板、登拝
道安全保護のお願い、御案内看板、
マムシ注意看板。

取材メモ／登山道入口には、大麻

Google Map
駐車スペース

地理院地図
駐車スペース

比古神社の名前で「車の乗り入れは農家の方の迷惑になりますので
当神社駐車場をご利用下さい」と書かれた看板がある。ただ現状
は付近の駐車スペースに登山者が車を停めることが慣例化しており、
通行の支障にならないように駐車すれば問題ないように思える。

問合先／鳴門市観光振興課☎ 088-684-1157、鳴門市うずし
お観光協会☎ 088-684-1731

神社奥／駐車スペース

神社奥／駐車スペース

神社奥／登山道入口

讃岐山脈（阿讃山脈）・大麻山
大麻比古神社駐車場

MAP045

さぬきさんみゃく（あさんさんみゃく）・おおあさやま　おおあさひこじんじゃちゅうしゃじょう

徳島県鳴門市　標高 39.7m（神社前の駐車場）

登山口概要／大麻山（四国百名山・四国百山）の南側、市道沿い。四国のみちを経由する大麻山の起点。登山道入口前の駐車スペースは前項参照。

緯度経度／[34°10′10.8″][134°30′07.6″]（神社前の駐車場）

マップコード／56 585 857*32（神社前の駐車場）

アクセス／高松道板野ICから県道12、41号、市道経由で4.5km、約8分。

駐車場／大麻比古神社の駐車場は登山者の利用可。神社前の駐車場＝60台・46×32m・舗装・区画あり。第1駐車場＝434台・200×60m・舗装・区画あり。第3駐車場（現地の表示は「大型車用駐車場」）＝60台以上・110×22m・舗装・区画なし。ほかに第2駐車場もある。

トイレ／神社前の駐車場トイレ＝水洗。水道・TPあり。評価☆☆☆。第3駐車場のトイレ＝水洗。水道・TPあり。評価☆☆

携帯電話（ドコモ）／通話可。

ドリンク自販機／神社前の駐車場トイレと第3駐車場トイレの外側にある（PBも）。

その他／境内案内板。

取材メモ／大麻比古神社は、阿波国一の宮で、「おおあささん」「おおあさはん」と親しみを込めて呼ばれる古社。大麻山山頂には、大麻比古神社の奥宮・峯神社が祀られている。

Google Map
神社前の駐車場

地理院地図
神社前の駐車場

問合先／鳴門市観光振興課☎088-684-1157、鳴門市うずしお観光協会☎088-684-1731

MAP045

神社／神社前の駐車場

神社／同駐車場のトイレ

神社／同トイレ内部

神社／第2駐車場とトイレ

神社／同トイレ内部

讃岐山脈（阿讃山脈）・大滝山
大滝山県民いこいの森

MAP046

さぬきさんみゃく（あさんさんみゃく）・おおたきさん　おおたきさんけんみんいこいのもり

香川県高松市　標高445m（第1駐車場）

登山口概要／大滝山（四国百名山・四国百山）の西側、県道153号沿い。大滝山や苫尾山（とまおやま）、城ヶ丸（じょうがまる）などの起点。

緯度経度／[34°07′21.5″][134°05′45.8″]（第1駐車場）
[34°07′18.8″][134°06′02.2″]（第4駐車場）
[34°07′21.9″][134°06′14.9″]（苫尾口）

マップコード／228 446 295*35（第1駐車場）
228 447 221*76（第4駐車場）
228 447 324*66（苫尾口）

アクセス／高松市市街地（香川県庁前）から市道、県道33号、国道11、193号、県道7、153号経由で31.5km、約48分で第1駐車場。

駐車場／第1～第5駐車場があり、いずれも登山者の利用可。第1駐車場＝24台・28×16m・舗装・区画あり。第2駐車場＝約8台・14×14m・舗装・区画なし。第3駐車場＝5台・舗装・区画あり。第4駐車場＝16台・舗装・区画あり（区画なしの部分にも置ける）。第5駐車場＝約8台・砂＋砂利＋草・区画なし。

Google Map
第1駐車場

地理院地図
第1駐車場

駐車場混雑情報／GWとお盆休みは、満車になる。9月の連休と秋の紅葉シーズンは混雑する程度。

トイレ／第1駐車場にある。水洗。水道・TPあり。評価☆☆☆～☆☆。ほか第1と第2キャンプ場にもそれぞれある（17時以降はキャンプ場への無断立入禁止）。

Google Map
第4駐車場

地理院地図
第4駐車場

Google Map
苫尾口

地理院地図
苫尾口

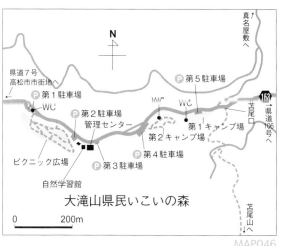

大滝山県民いこいの森

0　　　200m

MAP046

いこい／第1駐車場

いこい／同駐車場のトイレ

いこい／同トイレ内部

いこい／管理センター

いこい／苫尾口の登山道入口

いこい／歩道の通行禁止看板

携帯電話（ドコモ）／通話可（第1駐車場～第5駐車場）。
その他／大滝大川県立自然公園管理センター、自然学習館（火曜休、7～9月は無休）、大滝山県民いこいの森キャンプ場案内板、緊急連絡先、増水注意看板、ピクニック広場の利用について。
取材メモ／大滝山県民いこいの森の奥には、登山道入口が4ヶ所あり、最も手前側にあるのが苫尾口。その奥に苫尾峠入口（次頁）と三本松口（次々項）、大生口（次項）がある。大滝山の紅葉は、10月中旬～下旬が見ごろ。
問合先／大滝大川県自然公園センター☎ 087-893-0345、香川県みどり保全課☎ 087-832-3214

讃岐山脈（阿讃山脈）・大滝山　大生口駐車場

さぬきさんみゃく（あさんさんみゃく）・おおたきさん　おおばえぐちちゅうしゃじょう

香川県高松市　標高592m（駐車場）

登山口概要／大滝山（四国百名山・四国百山）の西側、県道153号沿い。大滝山や苫尾山（とまおやま）、城ヶ丸（じょうがまる）などの起点。
緯度経度／[34° 07′ 26″][134° 06′ 56.8″]（駐車場）
[34° 07′ 24″][134° 06′ 54.2″]（大生口）
マップコード／228 449 426*68（駐車場）
228 449 363*70（大生口）
アクセス／高松市市街地（香川県庁前）から市道、県道33号、国道11、193号、県道7、153号経由で33.5km、約52分。
駐車場／登山道入口の100m先のヘアピンカーブに大生口駐車場（実態は駐車スペース）がある。1～2台・舗装・区画なし。またカーブ路肩に寄せれば1台駐車可。
トイレ／手前の大滝山県民いこいの森第1駐車場にある。水洗。水道・TPあり。評価☆☆☆～☆☆
携帯電話（ドコモ）／通話可。
取材メモ／「大生口駐車場」の表示は現地になく、手前の大生口登山道入口に立つ道標に「←大生口駐車場100m」の表示があるだけ。駐車場というよりも駐車スペース程度。大滝山の紅葉は、10月中旬～下旬が見ごろ。
問合先／大滝大川県自然公園センター☎ 087-893-0345、香川県みどり保全課☎ 087-832-3214

大生口／大生口駐車場

Google Map
駐車場

地理院地図
駐車場

Google Map
大生口

地理院地図
大生口

大生口／登山道入口

大生口／登山道入口の道標

讃岐山脈（阿讃山脈）・大滝山　三本松口（ウドン谷口）

さぬきさんみゃく（あさんさんみゃく）・おおたきさん　さんぼんまつぐち（うどんだにぐち）

香川県高松市　標高542m（駐車スペース）

登山口概要／大滝山（四国百名山・四国百山）の西側、県道153号沿い。大滝山や苫尾山（とまおやま）、城ヶ丸（じょうがまる）などの起点。※2021年11月の取材時には「中腹遊歩道については、危険箇所が多数あるため当面通行禁止とします」との看板が立っていた。大滝山や苫尾山方面の登山道は通行可能。
緯度経度／[34° 07′ 20″][134° 06′ 40.5″]（駐車スペース）

三本松／駐車スペース

マップコード／228 448 260*50（駐車スペース）
アクセス／高松市市街地（香川県庁前）から市道、県道33号、国道11、193号、県道7、153号経由で33km、約51分。
駐車場／登山道入口に駐車スペースがある。3〜4台・30×3m・舗装・区画なし。
トイレ／手前の大滝山県民いこいの森第1駐車場にある。水洗。水道・TPあり。評価☆☆☆〜☆☆
携帯電話（ドコモ）／通話可。
その他／大滝山周辺案内図、中間遊歩道「中腹線」の通行禁止看板、ベンチ。
取材メモ／大滝山の紅葉は、10月中旬〜下旬が見ごろ。
問合先／大滝大川県自然公園センター☎ 087-893-0345、香川県みどり保全課☎ 087-832-3214

Google Map
駐車スペース

地理院地図
駐車スペース

三本松／登山道入口

讃岐山脈（阿讃山脈）・大滝山　苫尾峠入口

さぬきさんみゃく（あさんさんみゃく）・おおたきさん　とまおとうげいりぐち

香川県高松市　標高506m（登山道入口）

登山口概要／大滝山（四国百名山・四国百山）の西側、県道153号沿い。大滝山や苫尾山（とまおやま）、城ヶ丸（じょうがまる）などの起点。※ 2021年11月の取材時には「中腹遊歩道については、危険箇所が多数あるため当面通行禁止とします」との看板が立っていた。大滝山や苫尾山方面の登山道は通行可能。
緯度経度／[34° 07′ 22.2″][134° 06′ 23.8″]（登山道入口）
マップコード／228 448 303*05（登山道入口）
アクセス／高松市市街地（香川県庁前）から市道、県道33号、国道11、193号、県道7、153号経由で32.5km、約50分。
駐車場／登山道入口の路肩に寄せれば駐車可。約3台・舗装・区画なし。
トイレ／手前の大滝山県民いこいの森第1駐車場にある。水洗。水道・TPあり。評価☆☆☆〜☆☆
携帯電話（ドコモ）／通話可。
その他／大屋敷のケヤキ（森の巨人たち百選）案内板、中間遊歩道「中腹線」の通行禁止看板、ヒノキ人工林展示林解説板。
取材メモ／大滝山の紅葉は、10月中旬〜下旬が見ごろ。
問合先／大滝大川県自然公園センター☎ 087-893-0345、香川県みどり保全課☎ 087-832-3214

Google Map
登山道入口

地理院地図
登山道入口

苫尾峠／駐車スペース

苫尾峠／登山道入口

苫尾峠／大屋敷のケヤキ解説板

讃岐山脈（阿讃山脈）・大谷山　唐谷峠（田野々越）

さぬきさんみゃく（あさんさんみゃく）・おおたにやま　からたにとうげ（たののごえ）

愛媛県四国中央市／香川県観音寺市　標高409.2m（駐車スペース）

登山口概要／大谷山の南東側、県道9号沿い。大谷山の起点。
緯度経度／[34° 01′ 45.7″][133° 38′ 04.1″]（駐車スペース）
マップコード／207 706 103*34（駐車スペース）
アクセス／松山道三島川之江ICから国道11、192号、市道、県道9号経由で13km、約26分。または高松道大野原ICから

唐谷峠／駐車スペース

国道 11 号、市道、県道 8、9 号経由で 14km、約 22 分。
駐車場／登山道入口の 50m 南側に駐車スペースがある。約 4 台
・22 × 7m・舗装・区画なし。
携帯電話（ドコモ）／通話可。
取材メモ／登山道入口には「大谷山遊歩道」と書かれた立派な
石標が立っている。また峠を挟ん
だ香川県観音寺市側には、金見山
の登山道入口がある（次頁参照）。
問合先／四国中央市観光交通課観
光係☎ 0896-28-6187

Google Map
駐車スペース

地理院地図
駐車スペース

唐谷峠／登山道入口

讃岐山脈（阿讃山脈）・大山　大山寺駐車場 MAP047

さぬきさんみゃく（あさんさんみゃく）・おおやま　たいさんじちゅうしゃじょう

徳島県上板町　標高 446.5m

登山口概要／大山の南東側、町道 465 号終点。大山や天狗岳、
鉢伏山などの起点。
緯度経度／ [34° 09′ 35.2″][134° 24′ 01.6″]
マップコード／ 56 543 701*87
アクセス／徳島県土成 IC から県道 139 号、町道 437、696、6、
465 号経由で 12km、約 25 分。大山寺に続く町道は狭くてす
れ違い困難な区間が多い。※ 1 月の第 3 日曜に開催される「力
餅」など、寺の行事がある日は、上り一方通行と下り一方通行の
時間が指定される。行事日程は大山寺の公式サイトで確認できる。
駐車場／寺の前に駐車場、少し手前に駐車スペースがある。駐車
場＝ 23 台・54 × 8m・舗装・区画あり。駐車スペース＝ 50 台
以上・40 × 20m など 3 面・草・区画なし。大山寺に確認すると、
どちらも登山者の利用可とのこと。
トイレ／駐車場にある。水洗。水道・TP あり。評価☆☆☆
携帯電話（ドコモ）／通話可。
取材メモ／大山寺境内には、寿永
3(1184) 年に源義経一行が戦勝
祈願で訪れた際、武蔵坊弁慶が植
えたと伝わるイチョウがあり、11

Google Map
駐車場

地理院地図
駐車場

大山寺／町道入口の大山寺案内看板

大山寺／大山寺駐車場

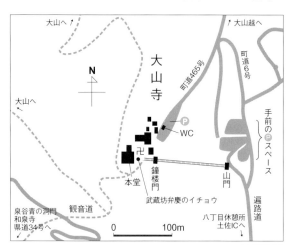
MAP047

大山寺／同駐車場のトイレ

大山寺／同トイレ内部

月中旬～下旬が黄葉の見ごろ。
問合先／上板町産業課☎ 088-694-6806

讃岐山脈（阿讃山脈）・大山　観音道登山口

さぬきさんみゃく（あさんさんみゃく）・おおやま　かんのんどうとざんぐち

徳島県上板町　標高 98.5m（駐車スペース①）

登山口概要／大山の南側、県道 34 号沿い。観音道や遍路道を
経由する大山や天狗岳、鉢伏山などの起点。
緯度経度／[34°08′15.3″][134°23′22.7″]（駐車スペース①）
[34°08′18.1″][134°23′16.8″]（駐車スペース②）
[34°08′25.2″][134°23′34″]（観音道入口）
マップコード／ 56 482 092*08（駐車スペース①）
56 481 206*63（駐車スペース②）
56 482 403*15（観音道入口）
アクセス／徳島道土成 IC から国道 318 号、県道 139 号、町道、
県道 34 号経由で 6km、約 8 分。
駐車場／登山者の駐車可否は不明だが、和泉寺（わせんじ）付近
の県道路肩に駐車スペースが点々とある。例えば駐車スペース①
＝ 2 ～ 3 台・舗装・区画なし。駐車スペース②＝ 3 ～ 4 台・舗
装・区画なし。なるべく地元の人
に確認してから駐車したい。
携帯電話（ドコモ）／通話可。
取材メモ／駐車スペースから観音
道入口に向かう途中、少し寄り道
すると「泉谷青の洞門」がある。
明治 7(1874) 年に地元の石工親
子が、農業用水を確保するために
数年をかけてノミと槌だけで岩盤
を掘り抜いた隧道で、全長は 10m
もあるという。県道 34 号から「泉
谷青の洞門 300m」の標識に従う。
泉谷青の洞門見学のあと、対岸に
上がると観音道入口。
問合先／上板町産業課☎ 088-
694-6806

Google Map
駐車スペース①

地理院地図
駐車スペース①

Google Map
駐車スペース②

地理院地図
駐車スペース②

Google Map
観音道入口

地理院地図
観音道入口

讃岐山脈（阿讃山脈）・金見山　唐谷峠（田野々越）

さぬきさんみゃく（あさんさんみゃく）・かなみやま　からたにとうげ（たののごえ）

香川県観音寺市／愛媛県四国中央市　標高 402.3m（駐車スペース）

登山口概要／金見山の西側、県道 9 号沿い。金見山の起点。
緯度経度／[34°01′49.6″][133°38′01.3″]（駐車スペース）
マップコード／ 207 706 220*48（駐車スペース）
アクセス／高松道大野原 IC から国道 11 号、市道、県道 8、9
号経由で 14km、約 24 分。または松山道三島川之江 IC から国
道 11、192 号、市道、県道 9 号
経由で 13km、約 26 分。
駐車場／登山道入口の 60m 北側
に駐車スペースがある。5 ～ 6 台
・30 × 8m・舗装・区画なし。

Google Map
駐車スペース

地理院地図
駐車スペース

大山寺／手前の駐車スペース

大山寺／大山寺本堂

観音道／県道沿い駐車スペース①

観音道／泉谷青の洞窟入口

唐谷峠／駐車スペース

携帯電話（ドコモ）／通話可。
その他／地蔵。
取材メモ／峠を挟んだ愛媛県四国中央市側には、大谷山の登山道入口がある（P123 参照）。
問合先／観音寺市商工観光課☎ 0875-23-3933、四国中央市観光交通課観光係☎ 0896-28-6187

讃岐山脈（阿讃山脈）・金見山
森林管理道唐谷線入口

さぬきさんみゃく（あさんさんみゃく）・かなみやま　しんりんかんりどうからたにせんいりぐち

香川県観音寺市　標高 286.4m

登山口概要／金見山の北側、県道 9 号沿い。森林管理道唐谷線を経由する金見山の起点。
緯度経度／［34° 01′ 59.5″］［133° 38′ 34.1″］
マップコード／ 207 707 523*37
アクセス／高松道大野原 IC から国道 11 号、市道、県道 8、9 号経由で 13km、約 21 分。
駐車場／森林管理道唐谷線入口の路肩に寄せれば駐車可。左右計 2 台・砂＋落ち葉・区画なし。240m 東側にも 3 〜 4 台分の駐車スペースがある。
携帯電話（ドコモ）／通話可。
取材メモ／金見山登山道入口は、森林管理道唐谷線を 400m 進んだ左側にある。
問合先／観音寺市商工観光課☎ 0875-23-3933

Google Map
森林管理道
唐谷線入口

地理院地図
森林管理道
唐谷線入口

唐谷峠／登山道入口

森林／路肩に寄せれば駐車可

森林／登山口を示す道標

讃岐山脈（阿讃山脈）・金見山
平家慰霊碑庭園（切山分教場跡）

さぬきさんみゃく（あさんさんみゃく）・かなみやま　へいけいれいひていえん（きりやまぶんきょうじょうあと）

愛媛県四国中央市　標高 399.9m

登山口概要／金見山の南西側、県道 9 号沿い。切山越や県境尾根を経由する金見山や大谷山（おおたにやま）の起点。
緯度経度／［34° 01′ 25.9″］［133° 38′ 16.7″］
マップコード／ 207 676 446*56
アクセス／松山道三島川之江 IC から国道 11、192 号、市道、県道 9 号経由で 13km、約 24 分。
駐車場／平家慰霊碑庭園のスペースに駐車できるが、入口に石柱が立っていたりするので、やや入りにくい。約 3 台・10 × 20m・草＋落ち葉・区画なし。この駐車スペースの登山者の利用可否は不明だが、ここに車を停めて登山をしている人も結構いるようだ。現地に「登山者の駐車禁止」看板はないので、おそらく問題はないものと思われる。
携帯電話（ドコモ）／通話可。
その他／金比羅さんの祠、お大師さんの祠、龍王の目玉碑、平家慰霊碑、フジ棚、上水道通水記念碑。
取材メモ／平家慰霊碑庭園から東に 20m ほど先にある変則四差路

Google Map
平家慰霊碑庭園

地理院地図
平家慰霊碑庭園

平家／平家慰霊碑庭園のスペース

平家／平家慰霊碑

へ向かう。ここには「平家遺跡案内図」や「生き木地蔵（いきき じぞう）の由緒」解説板がある。左の道に進み、その 40m 先で左手前方向に大きく曲がる道に入ると、やがて登山道入口に導かれる。変則四差路の右の道でも行けなくもないが、左の方がお勧め。
問合先／四国中央市観光交通課観光係 ☎ 0896-28-6187

讃岐山脈（阿讃山脈）・高仙山
高仙山山頂公園駐車場

MAP048

さぬきさんみゃく（あさんさんみゃく）・こうせんざん　こうせんざんさんちょうこうえんちゅうしゃじょう

香川県三木町　標高 610m

登山口概要／高仙山の北側山頂直下、町道終点付近。高仙山の起点。
緯度経度／ [34°11′46.1″][134°09′03.4″]
マップコード／ 60 108 133*52
アクセス／高松道高松東 IC から県道 147、42、38 号、町道、県道 148 号、町道経由で 21km、約 44 分。
駐車場／約 16 台・24 × 5m など 3 面・舗装・区画あり。
トイレ／近くのテントサイトにあるが、男性個室と女性個室は使用禁止。水道あり。評価☆☆
携帯電話（ドコモ）／通話可。
その他／高仙山山頂公園ご案内、携帯基地局。
取材メモ／高仙山山頂公園の施設は、運営休止中につき、テントサイトやバンガロー等の利用はできない。なお高仙山登山道入口は、緑地広場付近にあるが、道標等はない。
問合先／三木町地域活性課商工観光係（三木町観光協会）☎ 087-891-3320

Google Map
駐車場

地理院地図
駐車場

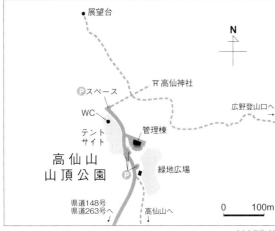

MAP048

平家／変則四差路。左の道へ

山頂公園／山頂公園駐車場

山頂公園／山頂公園案内板

山頂公園／テントサイトのトイレ

山頂公園／同トイレ内部

127

讃岐山脈（阿讃山脈）・高仙山　広野登山口

さぬきさんみゃく（あさんさんみゃく）・こうせんざん　ひろのとざんぐち

香川県三木町　標高 378m(駐車スペース)

登山口概要／高仙山の東側、県道 148 号沿い。高仙山の起点。
緯度経度／[34° 11′ 38.9″][134° 09′ 32.6″](駐車スペース)
[34° 11′ 47.9″][134° 09′ 22.3″](登山道入口)
マップコード／ 60 079 822*51 (駐車スペース)
60 109 181*71 (登山道入口)
アクセス／高松道高松東 IC から県
道 147、42、38 号、町道、県道
148 号経由で 18km、約 33 分。
駐車場／広野登山口付近の県道路
肩に駐車スペースがある。約 5 台
・48 × 7m・舗装・区画あり。
携帯電話（ドコモ）／通話可。
問合先／三木町地域活性課商工観
光係 (三木町観光協会) ☎ 087-
891-3320

Google Map
駐車スペース

地理院地図
駐車スペース

Google Map
登山道入口

地理院地図
登山道入口

広野／駐車スペース

広野／登山道入口に続く舗装路

讃岐山脈（阿讃山脈）・大川山　柞野登山口　MAP049

さぬきさんみゃく（あさんさんみゃく）・だいせんざん　くにぎのとざんぐち

香川県まんのう町　標高 302m(駐車場)

登山口概要／大川山 (四国百名山・四国百山) の北西側、町道
終点。中寺廃寺跡 (なかでらはいじあと) を経由する大川山など
の起点。
緯度経度／[34° 08′ 17.9″][133° 55′ 36.6″](駐車場)
マップコード／ 228 486 196*50 (駐車場)
アクセス／高松道善通寺 IC から国道 319 号、県道 206、47、
199、46 号、国道 438 号、町道経由で 23km、約 38 分。ま
たは高松市市街地 (香川県庁前) から県道 173、33、172 号、
国道 32 号、県道 282、39、182 号、国道 377 号、県道 17 号、

柞野／柞野駐車場

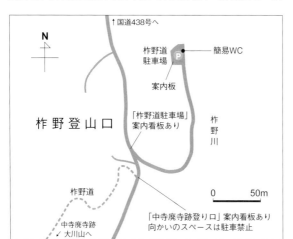

柞野登山口

↑国道438号へ
柞野道
駐車場
P
簡易WC
案内板
「柞野道駐車場」
案内看板あり
柞
野
川
柞野道
中寺廃寺跡
大川山へ
0　　　　50m
「中寺廃寺跡登り口」案内看板あり
向かいのスペースは駐車禁止

柞野／同駐車場の簡易トイレ

MAP049

128

国道 438 号、町道経由で 31km、約 55 分。
駐車場／柞野道駐車場がある。約 15 台・28 × 20m・舗装＋草・区画なし。
トイレ／駐車場に簡易トイレが 1 基ある。水道・TP あり。評価☆☆
携帯電話（ドコモ）／通話可。
その他／中寺廃寺跡登山ルート＋まんのう町の見どころ案内板（パンフレット頒布箱付き）。
取材メモ／国の史跡・中寺廃寺跡は、平安時代の山寺跡だが、文献には登場せず伝承があるのみで「幻の山寺」と呼ばれた。しかし近年の発掘調査で多くの遺物が出土して、大きな勢力を誇った山寺であることが判明したという。
問合先／まんのう町地域振興課☎ 0877-73-0122

Google Map
駐車場

地理院地図
駐車場

柞野／中寺廃寺跡登山案内板

柞野／柞野道入口

讃岐山脈（阿讃山脈）・大川山　随神門入口

さぬきさんみゃく（あさんさんみゃく）・だいせんざん　ずいしんもんいりぐち

香川県まんのう町　標高 410m（駐車帯）

登山口概要／大川山（四国百名山・四国百山）の北東側、町道沿い。随神門を経由する大川山などの起点。中寺廃寺跡（なかでらはいじあと）の起点。
緯度経度／[34° 07′ 52.5″][133° 57′ 02.9″]（駐車帯）
[34° 07′ 47.9″][133° 56′ 56.4″]（登山道入口）
マップコード／ 228 459 312*36（駐車帯）
228 459 185*71（登山道入口）
アクセス／高松道善通寺 IC から国道 319 号、県道 206、47、199、46 号、国道 438 号、町道経由で 25km、約 35 分。または高松市市街地（香川県庁前）から県道 173、33、172 号、国道 32 号、県道 282、39、182 号、国道 377 号、県道 17 号、国道 438 号、町道経由で 33km、約 47 分。
駐車場／路肩に駐車帯がある。約 2 台・舗装・区画なし。手前にも駐車帯がある。
携帯電話（ドコモ）／通話可。
取材メモ／随神門の先ですぐに町道に出る。登山道入口はその 160m 先にある。
問合先／まんのう町地域振興課☎
0877 73-0122

Google Map
駐車帯

地理院地図
駐車帯

Google Map
登山道入口

地理院地図
登山道入口

随神門／駐車帯

随神門／随神門入口

讃岐山脈（阿讃山脈）・大川山　大川山キャンプ場

MAP050

さぬきさんみゃく（あさんさんみゃく）・だいせんざん　だいせんざんきゃんぷじょう

香川県まんのう町　標高 996m（駐車場）

登山口概要／大川山（四国百名山・四国百山）の東側直下、町道大川山線沿い。大川山キャンプ場を経由する大川山などの起点。イヌシデ木道などの起点。中寺廃寺跡（なかでらはいじあと）の起点。
緯度経度／[34° 06′ 52.4″][133° 56′ 29.9″]（駐車場）

キャンプ場／キャンプ場駐車場

あ
か
さ
た
な
は
ま
や
ら
わ

マップコード／ 228 398 309*03(駐車場)

アクセス／高松道善通寺 IC から国道 319 号、県道 206、47、199、46 号、国道 438 号、町道経由で 32km、約 1 時間。または高松市市街地 (香川県庁前) から県道 173、33、172 号、国道 32 号、県道 282、39、182 号、国道 377 号、県道 17 号、国道 438 号、町道経由で 40km、約 1 時間 12 分。随神門の先で、ふたつめの三差路を過ぎると、すれ違い困難な狭い道となる。

駐車場／町営の大川山キャンプ場に駐車場がある。第 1 駐車場＝ 19 台・60 × 10 〜 5m・舗装・区画あり。少し離れたところに第 2、第 3 駐車場もある。

トイレ／駐車場から階段を上がった管理棟にある。非水洗。水道・TP あり。評価☆☆。また大川神社付近にもある。駐車場に隣接する自然学習館地下にもあるが閉鎖されていた。

携帯電話（ドコモ）／通話可。

その他／自然学習館、管理棟、憩いの家、大滝大川県立自然公園案内板、この森で見られる野鳥解説板、この森で楽しめる樹木解説板、コース案内板、森林ミュージアムフィールドマップ、マムシ出没注意。

取材メモ／イヌシデ木道は、山頂北側に広がるイヌシデ林を抜けるコースで、イヌシデやイタヤカエデ、コハウチワカエデなどの自然林を楽しめる。冬期の樹氷も見どころ。

Google Map
駐車場

地理院地図
駐車場

問合先／大川山キャンプ場☎ 0877-84-2165、(一財) ことなみ振興公社☎ 0877-56-0015、まんのう町地域振興課☎ 0877-73-0122

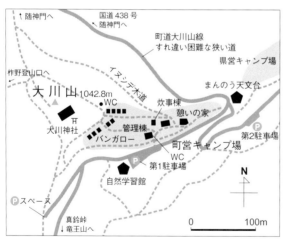

MAP050

キャンプ場／自然学習館

キャンプ場／管理棟入口

キャンプ場／管理棟トイレ入口

キャンプ場／同トイレ内部

大相山／国道路肩の駐車スペース

讃岐山脈（阿讃山脈）・大相山　金毘羅神社

さぬきさんみゃく (あさんさんみゃく)・だいそうやま　こんぴらじんじゃ

香川県三木町／徳島県美馬市　標高 289m (国道駐車スペース)

登山口概要／大相山の北東側、国道 193 号と国道 377 号の交差点沿い。大相山の起点。

緯度経度／[34°09′58.2″][134°09′09.5″](国道駐車スペース)
[34°09′57.3″][134°09′06.8″](金毘羅神社参道入口)
マップコード／160 573 499*86(国道駐車スペース)
160 573 466*08(金毘羅神社参道入口)
アクセス／高松道志度ICから県道141号、町道、県道3、
279、3号、国道377号経由で
21km、約29分。
駐車場／金毘羅神社参道入口付近
の国道路肩に駐車スペースがある。
約10台・34×10m・舗装・区画
なし。勾配のある舗装道路を上が
れば、参道入口前にも駐車スペース
がある。5〜6台・舗装・区画なし。
携帯電話(ドコモ)／通話可。
問合先／三木町地域活性課商工観
光係(三木町観光協会) ☎ 087-
891-3320、美馬市観光交流課 ☎ 0883-52-5610

Google Map
国道駐車スペース

地理院地図
国道駐車スペース

Google Map
金毘羅神社参道入口

地理院地図
金毘羅神社参道入口

大相山／参道入口に上がる道

大相山／参道入口の駐車スペース

讃岐山脈(阿讃山脈)・高尾山 奥宮登り口と平山登り口 MAP051

さぬきさんみゃく(あさんさんみゃく)・たかおやま　おくみやのぼりぐちとひらやまのぼりぐち

徳島県板野町　標高42.7m(奥宮登り口駐車場)、74.6m(平山登り口駐車場)

登山口概要／高尾山の南側、町道沿いと町道終点。高松自動車
道のガードを抜けた先に、少し距離を置いて奥宮登り口と平山登
り口が並んでいる。それぞれ奥宮コースと平山コースを経由する
高尾山や藍染山(あいぞめやま)の起点。※現地標識では、どち
らも「登山口」ではなく「登り口」になっている。
緯度経度／[34°09′12.2″][134°27′51.2″](奥宮登り口駐
車場)
[34°09′13.9″][134°28′01″](平山登り口駐車場)
マップコード／56 551 000*17(奥宮登り口駐車場)
56 551 070*75(平山登り口駐車場)
アクセス／高松道板野ICから県道1、12号、町道経由で2km、

大相山／金毘羅神社参道入口

高尾山／各登り口の道標

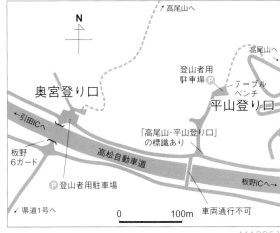

MAP051

高尾山／奥宮登り口駐車場

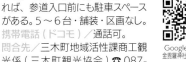

131

約5分。平山登り口までは同2.5km、約6分。

駐車場／どちらにも登山者用駐車場がある。奥宮登り口駐車場＝5台・26×10m・舗装・区画あり。平山登り口駐車場＝約15台・20×20m・砂利＋草・区画なし。

携帯電話（ドコモ）／通話可。

その他／奥宮登り口＝高尾山案内図、ベンチ。平山登り口＝高尾山案内図、テーブル・ベンチ、貸し出し杖。

問合先／板野町産業課☎ 088-672-5994

Google Map
奥宮登り口駐車場

地理院地図
奥宮登り口駐車場

Google Map
平山登り口駐車場

地理院地図
平山登り口駐車場

高尾山／高尾山案内図

讃岐山脈（阿讃山脈）・虎丸山 とらまる公園駐車場

MAP052

さぬきさんみゃく（あさんさんみゃく）・とらまるやま　とらまるこうえんちゅうしゃじょう

香川県東かがわ市　標高 36.2m（南駐車場）

登山口概要／虎丸山の北側、市道沿い。風呂コースや別所・新宮池コースを経由する虎丸山の起点。那智山の起点。

緯度経度／[34°14′20.7″][134°18′54.9″]（南駐車場）
[34°13′26.8″][134°18′37.4″]（風呂コース登山口）
[34°13′48.4″][134°19′18.3″]（別所・新宮池コース登山口）

マップコード／160 863 244*34（南駐車場）
160 802 467*55（風呂コース登山口）
160 833 208*82（別所・新宮池コース登山口）

アクセス／高松道白鳥大内 IC から県道 41 号、市道経由で2.5km、約5分。

とらまる公園／公園自体は出入り自由。施設によって休館日あり・東かがわ市スポーツ財団☎ 0879-24-1810

駐車場／園内には北駐車場と南駐車場があるが、登山利用なら後者の方が登山口に近い。南駐車場＝214台＋大型・62×57m、40×22mなど3面・舗装・区画あり。

駐車場混雑情報／年に何度かあるイベント時は満車になって、停められないことがある。イベント情報はネット上には掲載されていないようだ。

トイレ／とらまる公園の体育館近くにある。温水洗浄便座付き。水洗。水道・TP あり。評価☆☆☆

携帯電話（ドコモ）／通話可。

その他／東かがわ市案内マップ。

取材メモ／虎丸山のモチツツジは、5月上旬が見ごろ。

問合先／東かがわ市スポーツ財団（とらまる公園）☎ 0879-24-1810、東かがわ市地域創生課☎ 0879-26-1276

高尾山／奥宮登り口

Google Map
南駐車場

地理院地図
南駐車場

Google Map
風呂コース登山口

地理院地図
風呂コース登山口

Google Map
別所・新宮池
コース登山口

地理院地図
別所・新宮池
コース登山口

虎丸山／南駐車場

虎丸山／園内のトイレ

虎丸山／同トイレ内部

あ か さ た な は ま や ら わ

MAP052

虎丸山／東かがわ市案内板

虎丸山／とらまる公園園内

讃岐山脈（阿讃山脈）・女体山（長尾女体山） 大窪寺駐車場

MAP053

さぬきさんみゃく（あさんさんみゃく）・にょたいさん（ながおにょたいさん）　おおくぼじちゅうしゃじょう

香川県さぬき市　標高 447m（第 1 駐車場）

登山口概要／女体山（四国百名山）の南側、市道沿い。女体山や矢筈山の起点。大窪寺は、四国八十八ヶ所霊場の第八十八番札所。

緯度経度／[34° 11′ 22.5″][134° 12′ 16.9″]（第 1 駐車場）

マップコード／ 60 084 326*37（第 1 駐車場）

アクセス／高松道志度 IC から県道 141、37、3、279、3 号、国道 377 号、市道経由で 23km、約 34 分。

駐車場／大窪寺に第 1 駐車場と第 2 駐車場があり、どちらも登山者の利用可だが、寺の行事がある日は遠慮してほしいとのこと。行事日程は、四国八十八ヶ所霊場會の公式サイト参照。第 1 駐

大窪寺／第 1 駐車場の看板

大窪寺／第 1 駐車場

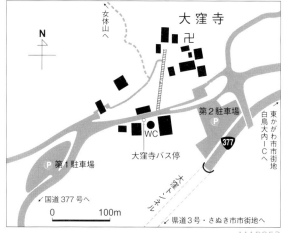

MAP053

大窪寺／散歩道案内板

車場＝ 60 台以上・96 × 30m・舗装・区画なし。第 2 駐車場＝ 54 台・75 × 46m・舗装・区画あり。

駐車場混雑情報／寺の行事がない日に満車になることはない。

トイレ／第 1 駐車場と第 2 駐車場の間にある。

携帯電話（ドコモ）／通話可。

ドリンク自販機／参道入口付近の 商店にある（PB も）。

その他／歴史と自然の散歩道案内 板、大窪寺バス停（さぬき市コミュ ニティバス）など。

Google Map
第 1 駐車場

地理院地図
第 1 駐車場

問合先／さぬき市商工観光課☎ 087-894-1114、さぬき市観光 協会☎ 087-894-1601

道の駅／道の駅駐車場

道の駅／道の駅トイレ

讃岐山脈（阿讃山脈）・女体山（長尾女体山） 道の駅ながお駐車場

さぬきさんみゃく（あさんさんみゃく）・にょたいさん（ながおにょたいさん）　みちのえきながおちゅうしゃじょう

香川県さぬき市　標高 147.7m（ 道の駅駐車場 ）

登山口概要／女体山（四国百名山）の北西側、県道 3 号沿い。 譲波（ゆずりは）休憩所を経由する女体山の起点。

緯度経度／[34°13′16.4″][134°10′27.3″]（道の駅駐車場） [34°12′28.1″][134°11′49.3″]（登山道入口）

マップコード／ 60 201 126*14（道の駅駐車場） 60 143 508*74（登山道入口）

アクセス／高松道志度 IC から県道 141、37、3、279、3 号経 由で 12.5km、約 18 分。

道の駅ながお／売店・青空市 場。年末年始休・8 〜 16 時・☎ 0879-52-1022

駐車場／ 62 台＋大型・80 × 20m など 2 面（西側に第 2 駐車場もあ る）・舗装・区画あり。

Google Map
道の駅駐車場

地理院地図
道の駅駐車場

トイレ／道の駅のトイレ＝水洗。 水道・TP あり。評価☆☆☆。ほか にコース途中の譲波休憩所にもト イレがある。

携帯電話（ドコモ）／通話可。

Google Map
登山道入口

地理院地図
登山道入口

道の駅／同トイレ内部

ドリンク自販機／道の駅の物産館前にある（PB も）。

その他／道の駅ながお案内板、EV 充電スポット、道の駅ながお バス停（さぬき市コミュニティバス）。

問合先／道の駅ながお☎ 0879-52-1022、さぬき市商工観 課☎ 087-894-1114、さぬき市観光協会☎ 087-894-1601

登尾山／登山口駅前の駐車場

讃岐山脈（阿讃山脈）・登尾山 箸蔵山ロープウェイ登山口駅

さぬきさんみゃく（あさんさんみゃく）・のぼりおやま　はしくらやまろーぷうぇいとざんぐちえき

徳島県三好市　標高 159m（ 駐車場 ）

登山口概要／登尾山の南側、県道 5 号沿い。石仏峠（いしぼと けとうげ）を経由する登尾山や箸蔵街道などの起点。四国のみち の起点。

登尾山／登山口駅

緯度経度／［34°02′24″］［133°50′36.8″］（駐車場）
マップコード／357 731 376*51（駐車場）
アクセス／徳島道井川池田 IC から国道 192 号、県道 12、5 号
経由で 4km、約 7 分。
箸蔵山ロープウェイ／通年運行・8 時〜下り最終 17 時 15 分（12
〜 3 月は 9 時〜）・15 分毎（正月は臨時運行あり）・所要 4 分・
往復 1700 円、片道 900 円・☎ 0883-72-0818
駐車場／登山口駅前に駐車場がある。60 台・60 × 45m・舗装・
区画あり。
駐車場混雑情報／正月三が日や秋
の紅葉シーズンは満車になること
がある。
トイレ／登山口駅横に別棟トイレ
がある。水洗。水道・TP あり。評
価☆☆☆。また箸蔵山ロープウェイ箸蔵寺駅前にもトイレがある。
携帯電話（ドコモ）／通話可。
ドリンク自販機／登山口駅向かって右手にある（PB も）。
取材メモ／箸蔵街道は、「こんぴらさん」の名で親しまれる讃岐
の金刀比羅宮（ことひらぐう）と、「こんぴらさんの奥の院」とさ
れる阿波の箸蔵寺（はしくらじ）を結ぶ旧街道。弘法大師ゆかり
の「一斗水」や丁石、あるいは石仏などがあって、歴史を感じさ
せる道だ。石仏峠から登山道をたどれば登尾山に至る。
その他／登山口駅＝売店。箸蔵寺駅＝売店。
問合先／箸蔵山ロープウェイ☎ 0883-72-0818、三好市まる
ごと三好観光戦略課☎ 0883-72-7620、三好市観光案内所☎
0883-76-0877、三好市観光協会事務局☎ 0883-70-5804

Google Map
駐車場

地理院地図
駐車場

讃岐山脈（阿讃山脈）・本宮山
水主コミュニティセンター駐車場

さぬきさんみゃく（あさんさんみゃく）・ほんぐうさん　みずしこみゅにてぃせんたーちゅうしゃじょう

香川県東かがわ市　標高 83.9m（駐車場）

登山口概要／本宮山の北側、市道沿い。本宮山の起点。
緯度経度／［34°13′48.2″］［134°17′07.1″］（駐車場）
［34°13′42.4″］［134°16′59.7″］（登山道入口）
マップコード／160 829 196*16（駐車場）
160 829 009*02（登山道入口）
アクセス／高松道津田東 IC から国道 11 号、市道、県道 10、
132 号、市道経由で 9km、約 12 分。
駐車場／水主コミュニティセンター
駐車場は、空いていれば登山者の
駐車可だが、予約・団体での駐車
は不可。数台・舗装、区画なし。
トイレ／水主コミュニティセンター
に別棟トイレがある。センター閉
館中でも利用可。水洗。水道・TP
あり。評価☆☆☆
携帯電話（ドコモ）／通話可。
問合先／東かがわ市地域創生課☎
0879-26-1276

Google Map
駐車場

地理院地図
駐車場

Google Map
登山道入口

地理院地図
登山道入口

登尾山／同駅横の別棟トイレ

登尾山／箸蔵山ロープウェイ

本宮山／センター駐車場

本宮山／水主コミュニティセンター

本宮山／同センター別棟トイレ

讃岐山脈（阿讃山脈）・竜王山　相栗峠駐車場 MAP054

さぬきさんみゃく（あさんさんみゃく）・りゅうおうざん　あいぐりとうげちゅうしゃじょう

香川県高松市／（徳島県美馬市）　標高 566m

登山口概要／竜王山（四国百名山・四国百山・香川県の最高峰）の東側、県道 7 号と林道竜王塩江線の交差点付近。竜王山や美女山、平帽子山などの起点。

緯度経度／[34° 07′ 04.7″][134° 04′ 29.2″]

マップコード／228 414 668*43

アクセス／高松市市街地(香川県庁前)から県道173、33 号、国道11、193 号、県道 7 号経由で 32.5km、約 55 分。または徳島道美馬 IC から国道 438 号、県道 12、7 号経由で 16km、約 25 分。

駐車場／17 台・32 × 18m・舗装・区画あり。

駐車場混雑情報／満車だった場合は、林道竜王塩江線に入ると、林道路肩に駐車スペースが点々とある。

トイレ／駐車場の北隣にある。非水洗。水道（飲用不可）・TP なし。評価☆☆

携帯電話（ドコモ）／通話可。

その他／大滝竜王周辺案内図、大滝大川県立自然公園案内板、竜王山登山ルートマップ、通信施設。

取材メモ／駐車場を起点に平帽子山方面に向かう場合は、駐車場から県道を右に行くと縦走コースの登山道入口があるが、左に少し下ったところにも登山道入口があり、平帽子山方面登山道に接続できる。また林道沿いの駐車スペースを利用する場合は、林道から竜王山登山道へ上がる道がある。

問合先／高松市塩江支所☎ 087-897-0131、塩江温泉観光協会☎ 087-893-0148、高松市観光交流課観光振興係☎ 087-839-2416

Google Map
駐車場

地理院地図
駐車場

MAP054

相栗峠／相栗峠駐車場

相栗峠／同駐車場北隣のトイレ

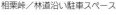

相栗峠／同トイレ内部

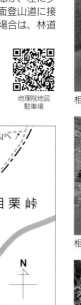

相栗峠／林道沿い駐車スペース

相栗峠／峠の竜王山登山道入口

讃岐山脈（阿讃山脈）・龍王山 あせび公園駐車場

MAP055

さぬきさんみゃく（あさんさんみゃく）・りゅうおうさん　あせびこうえんちゅうしゃじょう

徳島県板野町／（香川県東かがわ市）　標高 391.9m

登山口概要／龍王山の東側、町道 226 号終点。あせび公園を経由する龍王山やビク山の起点。あせび公園展望台や大坂峠展望台の入口。

緯度経度／ [34°11′20.3″][134°26′16″]

マップコード／ 56 667 265*18

アクセス／高松道板野 IC から県道 12 号、町道、県道 1 号、町道経由で 11km、約 22 分。

駐車場／ 24 台・64 × 22m・舗装・区画あり。

Google Map
駐車場

地理院地図
駐車場

駐車場混雑情報／トイレの清掃に来ていた人に聞くと、サクラと紅葉の時期は多いが、満車になることはないとのこと。

トイレ／駐車場にある。水洗。水道・TP あり。評価☆☆☆〜☆☆

携帯電話（ドコモ）／通話可。

その他／大坂峠解説板、あせび公園マップ。

取材メモ／あせび公園のアセビは、3 月中旬〜 4 月下旬が見ごろ。

問合先／板野町産業課☎ 088-672-5994

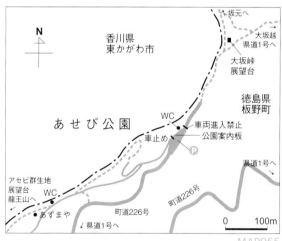

MAP055

讃岐山脈（阿讃山脈）・竜王山 奥の湯ふれあいの里駐車場

MAP056

さぬきさんみゃく（あさんさんみゃく）・りゅうおうざん　おくのゆふれあいのさとちゅうしゃじょう

香川県高松市　標高 390m（駐車場）

登山口概要／竜王山（四国百名山・四国百山・香川県の最高峰）の北東側、県道 7 号から少し入った場所。竜王山の起点。

緯度経度／ [34°07′35.4″][134°04′26″]（駐車場）
[34°07′26.6″][134°04′23.7″]（登山道入口）

あせび／途中の案内看板

あせび／公園駐車場とトイレ

あせび／同トイレ内部

あせび／あせび公園マップ

あせび／公園入口

マップコード／228 444 695*04（駐車場）
228 444 423*21（登山道入口）
アクセス／高松市市街地（香川県庁前）から県道173、33号、国道11、193号、県道7号経由で31.5km、約53分。
駐車場／32台・56×16mなど2面・舗装・区画あり。
トイレ／奥の湯ふれあいの里管理棟とキャンプ場の炊事棟にある。
携帯電話（ドコモ）／通話可。
その他／奥の湯ふれあいの里案内板。
取材メモ／駐車場を出て県道7号を350m南下すると、登山道入口がある（手前方向に斜めに上がって行く道）。「奥の湯温泉←→竜王山」の道標が目印。
問合先／塩江温泉旅館飲食協同組合（奥の湯ふれあいの里）☎087-893-1136、高松市塩江支所☎087-897-0131、塩江温泉観光協会☎087-893-0148、高松市観光交流課観光振興係☎087-839-2416

Google Map
駐車場

地理院地図
駐車場

Google Map
登山道入口

地理院地図
登山道入口

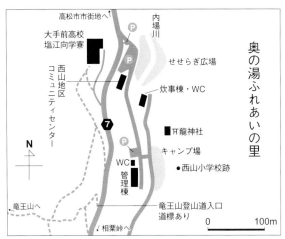

MAP056

奥の湯／ふれあいの里駐車場

奥の湯／ふれあいの里案内板

奥の湯／ふれあいの里

集会場／川奥集会場と駐車場

集会場／同集会場トイレ入口

讃岐山脈（阿讃山脈）・竜王山
川奥集会場駐車場（杉王神社）

さぬきさんみゃく（あさんさんみゃく）・りゅうおうざん　かわおくしゅうかいじょうちゅうしゃじょう（すぎおうじんじゃ）

香川県まんのう町　標高516.1m（駐車場）

登山口概要／竜王山（四国名山・四国百山・香川県の最高峰）の南西側、県道154号沿い。寒風越（さむかぜごえ）を経由する竜王山の起点。
緯度経度／[34°06′24″][134°01′35.9″]（駐車場）
[34°06′21.6″][134°01′37.4″]（登山道入口）
マップコード／228 378 375*60（駐車場）
228 378 286*41（登山道入口）
アクセス／高松市街地（香川県庁前）から県道173、33、172、

282、39 号、国道 438 号、県道 154 号経由で 38.5km、約 1 時間。
駐車場／川奥集会場の駐車場は、登山者の利用可とのこと。約 8
台・14 × 22m・舗装・区画なし。また川奥集会場前の路肩にも
6 ～ 7 台は駐車可。
駐車場混雑情報／イベント時は使
えないこともある。
トイレ／川奥集会場のトイレは登
山者の利用可。入口は外側にある
ので閉館中でも利用できる。水洗。
水道・TP あり。評価☆☆☆～☆☆

Google Map
駐車場

地理院地図
駐車場

携帯電話（ドコモ）／通話可。
その他／琴南地区東谷川奥地域案
内図。杉王神社。
取材メモ／隣の杉王神社には、境

Google Map
登山道入口

地理院地図
登山道入口

内に県の天然記念物に指定された幹周り 9.3m、推定樹齢 800
年の「杉王神社の大杉」がある。
問合先／まんのう町琴南支所☎ 0877-85-2111、まんのう町地
域振興課☎ 0877-73-0122

集会場／同トイレ内部

集会場／杉王神社

讃岐山脈（阿讃山脈）・竜王山　川東地区駐車場

さぬきさんみゃく（あさんさんみゃく）・りゅうおうざん　かわひがしちくちゅうしゃじょう

香川県まんのう町　標高 446m

登山口概要／竜王山（四国百名山・四国百山・香川県の最高峰）
の南西側、国道 438 号沿い。三頭越（さんとうごえ）を経由す
る竜王山の起点。
緯度経度／［34° 05′ 41.1″]［134° 00′ 50″]
マップコード／ 228 316 899*64
アクセス／高松市市街地（香川県庁前）から県道 173、33、
172、282、39 号、国道 438 号経由で 35.5km、約 55 分。
駐車場／約 15 台・66 × 14m・舗装・区画なし。
トイレ／700m 西側に「道の駅ことなみ エピアみかど」がある。
温水洗浄便座付き。水洗。水道・TP あり。評価☆☆☆
携帯電話（ドコモ）／通話可。
公衆電話／駐車場にカード・コイ
ン式公衆電話ボックスがある。
問合先／まんのう町地域振興課☎
0877-73-0122

Google Map
駐車場

地理院地図
駐車場

集会場／登山道入口

川東／川東地区駐車場

讃岐山脈（阿讃山脈）・竜王山　山頂南西側直下

さぬきさんみゃく（あさんさんみゃく）・りゅうおうざん　さんちょうなんせいがわちょっか

徳島県美馬市／香川県まんのう町　標高 998m（登山道入口）

登山口概要／竜王山（四国百名山・四国百山・香川県の最高峰）
の南西側直下、林道竜王塩江線沿い。竜王山の起点。
緯度経度／［34° 06′ 52.3″]［134° 02′ 47.3″]（登山道入口）
マップコード／ 228 410 326*11（登山道入口）
アクセス／高松市市街地（香川県庁前）から県道 173、33、
172、282、39 号、国道 438 号、林道竜王塩江線（舗装）経
由で 46.5km、約 1 時間 21 分。または徳島道美馬 IC から国道
438 号、林道竜王塩江線（舗装）経由で 12km、約 26 分。

南西側／駐車スペース

あ
か
さ
た
な
は
ま
や
ら
わ

駐車場／登山道入口の斜向かいに駐車スペースがある。4～5台・34×22m・草＋石＋砂・区画なし。また登山道入口の路肩に寄せれば駐車可。

携帯電話（ドコモ）／通話可。

問合先／美馬市観光交流課☎ 0883-52-5610、まんのう町地域振興課☎ 0877-73-0122

Google Map 登山道入口

地理院地図 登山道入口

南西側／登山道入口

讃岐山脈（阿讃山脈）・竜王山　山頂南東側直下

さぬきさんみゃく（あさんさんみゃく）・りゅうおうざん　さんちょうなんとうがわちょっか

徳島県美馬市　標高1028m（駐車スペース）

登山口概要／竜王山（四国百名山・四国百山・香川県の最高峰）の南東側直下、林道竜王塩江線沿い。管理道路を経由する竜王山の起点。

緯度経度／[34° 06′ 51.6″][134° 02′ 57″]（駐車スペース）

マップコード／228 411 276*31（駐車スペース）

アクセス／徳島道美馬 IC から国道438号、林道竜王塩江線（舗装）経由で12.5km、約27分。または高松市街地（香川県庁前）から県道173、33、172、282、39号、国道438号、林道竜王塩江線（舗装）経由で47km、約1時間23分。

駐車場／管理道路入口前後に駐車スペースがある。計8～10台・20×6m など3面・砂＋砂利＋草・区画なし。

トイレ／管理道路入口横にトイレがあるが、使用不可。

携帯電話（ドコモ）／通話可。

その他／竜王山生活環境保全林整備事業案内図。

問合先／美馬市観光交流課☎ 0883-52-5610

Google Map 駐車スペース

地理院地図 駐車スペース

南東側／駐車スペース

南東側／山頂に続く道

讃岐山脈（阿讃山脈）・竜王山　鷹山園地駐車場

さぬきさんみゃく（あさんさんみゃく）・りゅうおうざん　たかやまえんちちゅうしゃじょう

香川県高松市／徳島県美馬市　標高876m

登山口概要／竜王山（四国百名山・四国百山・香川県の最高峰）の南東側、林道竜王塩江線沿い。讃岐竜王を経由する竜王山の起点。

緯度経度／[34° 06′ 42″][134° 03′ 38.8″]

マップコード／228 412 018*68

アクセス／高松市街地（香川県庁前）から県道173、33、172、282、39号、国道438号、林道竜王塩江線（舗装）経由で49.5km、約1時間31分。または徳島道美馬 IC から国道438号、林道竜王塩江線（舗装）経由で15km、約39分。

駐車場／約4台・舗装・区画あり。ほかに付近の路肩に寄せれば5～6台は駐車可。

携帯電話（ドコモ）／通話可。

その他／大滝竜王周辺案内図、注意看板、あずまや、テーブル・ベンチ。

問合先／高松市塩江支所☎ 087-897-0131、塩江温泉観光協会☎ 087-893-0148、高松市観光交流課観光振興係☎ 087-839-2416

Google Map 駐車場

地理院地図 駐車場

鷹山／鷹山園地駐車場

鷹山／登山道入口

讃岐山脈（阿讃山脈）・竜王山
道の駅ことなみ エピアみかど駐車場

さぬきさんみゃく（あさんさんみゃく）・りゅうおうざん　みちのえきことなみ えぴあみかどちゅうしゃじょう

香川県まんのう町　標高 441.3m（第 2 駐車場）

道の駅／第 2 駐車場

登山口概要／竜王山（四国百名山・四国百山・香川県の最高峰）の南西側、国道 438 号沿い。三頭越（さんとうごえ）を経由する竜王山の起点。美霞洞渓谷（みかどけいこく）遊歩道の起点。
緯度経度／[34° 05′ 44.1″][134° 00′ 25.2″]（第 1 駐車場）
[34° 05′ 41.5″][134° 00′ 34.3″]（第 2 駐車場）
マップコード／ 228 346 064*73（第 1 駐車場）
228 316 883*47（第 2 駐車場）
アクセス／高松市市街地（香川県庁前）から県道 173、33、172、282、39 号、国道 438 号経由で 36km、約 56 分。
道の駅ことなみ エピアみかど／レストラン・売店・立ち寄り湯。第 2、第 4 火曜休（祝日は営業）・9 〜 20 時（施設により異なる）・☎ 0877-56-0015

道の駅／第 1 駐車場

駐車場／第 1 駐車場＝ 43 台・85 × 25m・舗装・区画あり。第 2 駐車場＝ 80 台・62 × 30m・舗装・区画あり。
トイレ／道の駅にある。温水洗浄便座付き。水洗。水道・TP あり。評価☆☆☆
携帯電話（ドコモ）／通話可。
ドリンク自販機／道の駅にある(PB も)。

Google Map
第 1 駐車場

地理院地図
第 1 駐車場

Google Map
第 2 駐車場

地理院地図
第 2 駐車場

道の駅／売店・レストラン

取材メモ／竜王山の起点とする場合は、通常は川東地区駐車場（P139 参照）の方が登山道入口に近い。満車の場合は、道の駅ことなみ エピアみかど第 2 駐車場を利用する。一方、美霞洞渓谷を散策する場合は、渓谷駐車場（写真参照）のほか、道の駅ことなみ エピアみかど第 1 駐車場も起点にできる。
問合先／道の駅ことなみ エピアみかど☎ 0877-56-0015、まんのう町地域振興課☎ 0877-73-0122

讃岐富士→ P41 飯野山・飯山町登山口駐車場
　　　　→ P42 飯野山・丸亀市野外活動センター付近
　　　　→ P42 飯野山・弥生の広場

皿ヶ嶺 → P57 石鎚山系・皿ヶ嶺　上林森林公園
　　　 → P58 石鎚山系・皿ヶ嶺　上林峠入口
　　　 → P59 石鎚山系・皿ヶ嶺　水の元登山口
　　　 → P60 石鎚山系・皿ヶ嶺　六部堂越コース登山口
　　　 → P221 南嶺・筆山公園駐車場

猿越山・天空の林道登山口→ P253

三本杭→ P88 鬼が城山系・滑床渓谷駐車場

三嶺→ P189 剣山地・白髪避難小屋登山口
　　 → P200 剣山地・名頃登山口
　　 → P201 剣山地・ヒカリ石登山口
　　 → P204 剣山地・峰越

道の駅／道の駅トイレ内部

道の駅／美霞洞渓谷駐車場

紫雲出山・山頂駐車場 MAP057

しうでやま・さんちょうちゅうしゃじょう

香川県三豊市　標高 298.5m（第 1 駐車場）

山頂／県道 232 号入口交差点

登山口概要／紫雲出山（四国百名山）の東側直下、県道 232 号終点付近。紫雲出山の起点。四国のみちの起点。「紫雲出山山頂園地」が森林浴の森 100 選に選定。

緯度経度／[34°14′33.4″][133°35′58.4″]（第 1 駐車場）

マップコード／876 252 637*46（第 1 駐車場）

アクセス／高松道三豊鳥坂 IC から県道 220、221、48、23、231、232 号、市道、県道 234、232 号経由で 20km、約 30 分。

交通規制／紫雲出山山頂は、瀬戸内海の島々を背景にサクラが満開となることから人気が高く、開花シーズン中は、オンライン事前予約制による交通規制が行われ、マイカー入山チケット 1530 円が必要。予約当日は、まず受付所がある大浜漁港へ向かう。早朝であれば規制外なので予約なしで山頂駐車場に入れるが、非常に混雑し、対向車とのすれ違いにも時間を要する。さらに午前 8 時までに下山する必要がある。また徒歩で入山する場合は、旧・大浜小学校に用意される臨時駐車場（8 時〜18 時 30 分）に駐車する。山頂では桜の保全活動のための桜募金（1 人 500 円）に協力したい。年により規制内容が変更される可能性もある。詳しくは行政サイト、および三豊市観光交流局 ☎ 0875-56-5880 へ。

山頂／第 1 駐車場

駐車場／第 1 駐車場＝31 台・76×30m・舗装・区画あり。第 2 駐車場＝約 30 台・64×30m・砂＋草・区画なし。

駐車場混雑情報／サクラの開花シーズン中は、交通規制が実施されるほどに混雑する。

トイレ／第 1 駐車場にある。水洗。水道（飲用不可）・TP あり。評価☆☆☆〜☆☆。また山頂に続く県道 232 号入口交差点と山頂展望台にもある。

携帯電話（ドコモ）／どちらの駐車場も通話可。

その他／第 1 駐車場＝紫雲出山山頂バス停（三豊中央観光バス）、紫雲出山周辺案内図、紫雲出山山頂マップ 紫雲出山の自然解説板、紫雲出山千本桜の由来解説板、貸し出し杖、紫雲出山登山道路完設記念碑。第 2 駐車場＝あずまや。山頂＝紫雲出山遺跡

山頂／同駐車場のトイレ

山頂／同トイレ内部

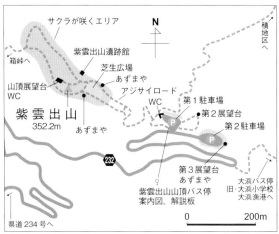

山頂／第 2 駐車場

MAP057

142

館 (弥生時代の土器や石器の展示。喫茶コーナーあり。火曜休、祝日の場合は翌日休・9 時 30 分〜 17 時、季節により変動・☎ 0875-84-7896)、あずまや、山頂展望台など。

取材メモ／紫雲出山山頂のサクラは 3 月末〜 4 月上旬、アジサイは 6 月下旬〜 7 月中旬が見ごろ。なお荘内半島は、浦島太郎伝説の舞台とする説があり、紫雲出山も玉手箱から出た煙が紫の雲となってかかったことが由来といわれ、箱峠東側の箱集落は、浦島太郎が玉手箱を開けた場所とされる。ほかにも付近には伝説との関わりが伝わる場所が点々と残っているという。

問合先／三豊市観光交流局☎ 0875-56-5880、紫雲出山遺跡館 ☎ 0875-84-7896(開花情報の問い合わせ可)、三豊市産業政策課☎ 0875-73-3012

Google Map
第 1 駐車場

地理院地図
第 1 駐車場

紫雲出山・箱峠

しうでやま・はことうげ

香川県三豊市　標高 37.7m(駐車スペース)

登山口概要／紫雲出山 (四国百名山) の北西側、市道からわずかに入った林道沿い。新田 (にった) の城跡を経由する紫雲出山の起点。四国のみちの起点。「紫雲出山山頂園地」が森林浴の森 100 選に選定。

緯度経度／ [34° 15′ 15.3″][133° 35′ 08.2″](駐車スペース)

マップコード／ 465 025 107*12 (駐車スペース)

アクセス／高松道三豊鳥坂 IC から県道 220、221、48、23、231、232 号、市道、県道 234、232 号、市道、林道経由で 20km、約 33 分。

駐車場／登山道入口のすぐ手前に駐車スペースがある。約 5 台・22 × 5m・砂＋草・区画なし。駐車スペース向かいの路肩にも 4 台程度は置ける。

携帯電話 (ドコモ)／通話可。

その他／箱峠解説板、四国のみち掲示板、四国のみち案内板、紫雲出山鳥獣保護区区域図、ベンチ。

Google Map
駐車スペース

地理院地図
駐車スペース

取材メモ／箱峠の駐車スペース入口から市道を 30m 北に進むと、讃岐三崎灯台方面の遊歩道 (四国のみち) 入口がある。紫雲出山山頂のサクラは 3 月末〜 4 月上旬、アジサイは 6 月下旬〜 7 月中旬が見ごろ。なお荘内半島は、浦島太郎伝説の舞台とする説があり、紫雲出山も玉手箱から出た煙が紫の雲となってかかったことが由来といわれ、箱峠東側の箱集落は、浦島太郎が玉手箱を開けた場所とされる。ほかにも付近には伝説との関わりが伝わる場所が点々と残っているという。

問合先／三豊市詫間支所☎ 0875-83-3111、三豊市産業政策課☎ 0875-73-3012

塩塚峰→ P61 石鎚山系・塩塚峰　塩塚高原展望台駐車場
　　　→ P62 石鎚山系・塩塚峰　塩塚高原やすらぎの広場
　　　→ P73 石鎚山系・道の駅霧の森

山頂／駐車場から瀬戸内海を望む

山頂／山頂園地入口

箱峠／駐車スペース

箱峠／箱峠解説板

箱峠／登山道入口

四国カルスト・大野ヶ原　源氏ヶ駄場駐車場　MAP058

しこくかるすと・おおのがはら　けんじがだばちゅうしゃじょう

愛媛県西予市　標高 1325.9m

登山口概要／大野ヶ原三角点（四国百名山・四国百山）の北東側、舗装林道終点。大野ヶ原の起点。

緯度経度／[33°28′30.3″][132°52′13.8″]

マップコード／ 538 209 562*74

アクセス／松山市市街地（愛媛県庁前）から国道 11 号、市道、国道 33、440 号、県道 36、383 号、舗装林道経由で 79km、約 1 時間 56 分。または高知県須崎東 IC から国道 56 号、県道 315 号、国道 197、440 号、県道 383 号、舗装林道経由で 70.5km、約 1 時間 41 分。県道 383 号（四国カルスト公園縦断線）の開通期間は、3 月上旬〜 11 月末頃（凍結や積雪の状況次第で年により変動）。

駐車場／約 20 台・40 × 10m・舗装・区画なし。また手前にも 7 〜 8 台分の駐車スペースがある。

携帯電話（ドコモ）／通話可。

その他／源氏ヶ駄場案内板。

取材メモ／源氏ヶ駄場は、石灰岩の石柱が地表に露出して、まるで羊の群れのように見えるカレンフェルトと呼ばれる地形が広がる。源平の戦いの折にこれを見た平家の落ち武者が「源氏の白馬が無数にいる」と勘違いして退却した故事に因む地名とされる。

問合先／西予市経済振興課観光振興係☎ 0894-62-6408、西予市観光物産協会☎ 0894-62-6437

Google Map
駐車場

地理院地図
駐車場

四国カルスト・大野ヶ原　笹ヶ峠　MAP058

しこくかるすと・おおのがはら　ささがとうげ

愛媛県西予市　標高 1189.9m（駐車スペース）

登山口概要／大野ヶ原三角点（四国百名山・四国百山）の北東側、県道 36 号沿い。源氏ヶ駄場（けんじがだば）を経由する大野ヶ原の起点。小屋山（こややま）や四国のみちの起点。

緯度経度／[33°28′47″][132°52′27.9″]（駐車スペース）

マップコード／ 666 210 157*55（駐車スペース）

アクセス／松山市市街地（愛媛県庁前）から国道 11 号、市道、国道 33、440 号、県道 36 号経由で 77km、約 1 時間 50 分。または高知県須崎東 IC から国道 56 号、県道 315 号、国道 197、440 号、県道 36 号経由で 70km、約 1 時間 33 分。

駐車場／ミルク園前に駐車スペースがある。ミルク園に確認すると、登山者の利用可とのこと。約 15 台・36 × 16m・舗装・区画なし。また登山道入口付近の路肩にも駐車スペースがある。ここも登山者の利用可とのことだ。

駐車場混雑情報／ミルク園に聞くと、以前は登山者の車がよく来ていたが、近年は 1 日 1 台程度らしい。コロナの影響というわけでもなく、以前よりも登山者は減っているそうだ。

トイレ／駐車スペースにある。簡易水洗。水道・TP あり。評価☆☆。また県道を 800m 西進したところ

Google Map
駐車スペース

地理院地図
駐車スペース

源氏／源氏ヶ駄場に続く舗装林道

源氏／源氏ヶ駄場駐車場

源氏／源氏ヶ駄場案内板

源氏／登山道入口

笹ヶ峠／ミルク園前駐車スペース

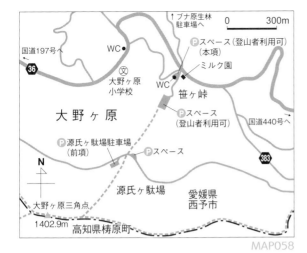

MAP058

笹ヶ峠／同スペースのトイレ

笹ヶ峠／同トイレ内部

にも公衆トイレがある。

携帯電話（ドコモ）／通話可。

その他／ミルク園（カフェ・売店）、大野ヶ原周辺図、四国のみち案内図、ベンチ、あずまや。

取材メモ／前項の源氏ヶ駄場駐車場を起点にして登路を省略するプランも可能。

問合先／西予市経済振興課観光振興係☎ 0894-62-6408、西予市観光物産協会☎ 0894-62-6437

四国カルスト・大野ヶ原　ブナ原生林駐車場

しこくかるすと・おおのがはら　ぶなげんせいりんちゅうしゃじょう

愛媛県西予市　標高 1294.6m

登山口概要／小屋山（こややま）の南側、林道終点。ブナ原生林の遊歩道を経由する小屋山の起点。

緯度経度／[33° 29′ 23.7″][132° 51′ 53.8″]

マップコード／ 538 269 332*47

アクセス／松山市街地（愛媛県庁前）から国道 11 号、市道、国道 33、440 号、県道 36 号、林道（ほとんど舗装されているが、最後の 50m だけ未舗装。路面評価★★★）経由で 79km、約 1 時間 56 分。または高知県須崎東 IC から国道 56 号、県道 315 号、国道 197、440 号、県道 36 号、林道（ほとんど舗装されているが、最後の 50m だけ未舗装。路面評価★★★）経由で 72km、約 1 時間 41 分。

駐車場／約 8 台・58 × 10m・舗装・区画なし。また 170m 手前にも大野ヶ原つつじ公園の駐車場がある（2 台分）。

携帯電話（ドコモ）／通話可。

その他／ブナの原生林案内板、テーブル・ベンチ。

取材メモ／大野ヶ原のブナ原生林は、小屋山の南斜面約 75ha に広がり、その一部は県の自然環境保全地域に指定されている。原生林に続く遊歩道（小屋山登山道）は、

Google Map
駐車場

地理院地図
駐車場

笹ヶ峠／ミルク園

ブナ／登山口に続く舗装林道

ブナ／ブナ原生林駐車場

145

緩やかで歩きやすいので森林浴に最適。駐車場からブナ原生林入口まで徒歩約10分。
問合先／西予市経済振興課観光振興係☎0894-62-6408、西予市観光物産協会☎0894-62-6437

四国カルスト・五段高原　ケヤキ平駐車場

しこくかるすと・ごだんこうげん　けやきだいらちゅうしゃじょう

愛媛県久万高原町　標高1175.1m

登山口概要／五段城（ごだんじょう）の北西側、舗装林道終点。ケヤキ平や猪伏（いぶし）大トチ遊歩道の起点。猪伏の大トチ（森の巨人たち百選）入口。五段高原は四国百名山。
緯度経度／[33°28′37.2″][132°58′37.1″]
マップコード／666 192 766*54
アクセス／松山市市街地（愛媛県庁前）から国道11号、市道、国道33、440号、県道36、383号、舗装林道経由で78km、約1時間56分。または高知道須崎東ICから国道56号、県道315号、国道197、439号、県道304、48、383号、舗装林道経由で59km、約1時間27分。姫鶴荘の300m先、駐車場がある交差点を左折する。県道383号（四国カルスト公園縦断線）の開通期間は、3月上旬〜11月末頃（凍結や積雪の状況次第で年により変動）。
駐車場／約10台・42×10m・舗装・区画なし。
トイレ／駐車場にある。簡易水洗。水道（飲用不可）・TPなし。評価☆☆。
携帯電話（ドコモ）／通話可。
水場・水道設備／猪伏大トチ遊歩道の途中に湧水がある。
その他／猪伏の大トチ案内板。
取材メモ／猪伏の大トチは、幹周

Google Map
駐車場

地理院地図
駐車場

り6.3m、推定樹齢600年のトチノキで、駐車場から徒歩約40分。
問合先／久万高原町観光協会☎0892-21-1192、久万高原町ふるさと創生課☎0892-21-1111

四国カルスト・五段高原　五段城登山口

しこくかるすと・ごだんこうげん　ごだんじょうとざんぐち

高知県梼原町／（愛媛県久万高原町）　標高1380.2m(駐車スペース)

登山口概要／五段城の西側、県道383号沿い。五段高原（四国百名山）・五段城の起点。
緯度経度／[33°28′19.8″][132°58′50.6″]（駐車スペース）
[33°28′20.2″][132°58′50.4″]（登山道入口）
マップコード／666 192 239*40（駐車スペース）
666 192 269*64（登山道入口）
アクセス／松山市市街地（愛媛県庁前）から国道11号、市道、国道33、440号、県道36、383号経由で78km、約1時間52分。または高知道須崎東ICから国道56号、県道315号、国道197、439号、県道304、48、383号経由で55km、約1時間15分。県道383号（四国カルスト公園縦断線）の開通期間は、3月上旬〜11月末頃（凍結や積雪の状況次第で年により変動）。

ブナ／ブナの原生林案内板

ケヤキ／駐車場に続く舗装林道

ケヤキ／ケヤキ平駐車場

ケヤキ／同駐車場のトイレ

ケヤキ／猪伏の大トチ案内板

あ
か
さ
た
な
は
ま
や
ら
わ

駐車場／登山道入口向かいに駐車スペースがある。約15台・80×8m・舗装・区画なし。
携帯電話（ドコモ）／通話可。
取材メモ／登山道入口には道標もなく、わかりにくいのでQRコードを参照のこと。あとは放牧場の有刺鉄線柵沿いに登る。
問合先／梼原町産業振興課☎0889-65-1250、久万高原町観光協会☎0892-21-1192、久万高原町ふるさと創生課☎0892-21-1111

Google Map
駐車スペース

地理院地図
駐車スペース

Google Map
登山道入口

地理院地図
登山道入口

五段城／駐車スペース

四国カルスト・五段高原　姫鶴平 MAP059

しこくかるすと・ごだんこうげん　めづるだいら

愛媛県久万高原町／高知県梼原町　標高1295.7m(姫鶴平駐車場)

登山口概要／五段城(ごだんじょう)の西側、県道383号沿い。五段高原(四国百名山)・五段城などの起点。
緯度経度／[33°28′00.7″][132°57′38.9″](姫鶴平駐車場)
マップコード／666 160 558*25(姫鶴平駐車場)
アクセス／松山市市街地(愛媛県庁前)から国道11号、市道、国道33、440号、県道36、383号経由で76km、約1時間48分。または高知道須崎東ICから国道56号、県道315号、国道197、439号、県道304、48、383号経由で57km、約1時間19分。県道383号(四国カルスト公園縦断線)の開通期間は、3月上旬〜11月末頃(凍結や積雪の状況次第で年により変動)。
駐車場／姫鶴平に駐車場や駐車スペースがある。登山者の利用可。姫鶴荘前の姫鶴平駐車場＝12台・36×8m・舗装・区画あり。ケヤキ平入口交差点の駐車場＝70台・95×14m・舗装・区画あり。姫鶴荘西側の駐車スペース＝計約

姫鶴平／姫鶴平の標識

姫鶴平／姫鶴平駐車場

Google Map
姫鶴平駐車場

地理院地図
姫鶴平駐車場

姫鶴平／姫鶴荘

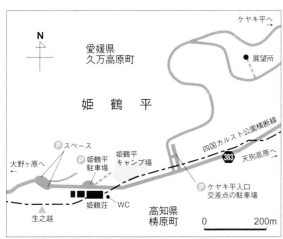

MAP059

姫鶴平／西側の駐車スペース

30台・72×12m、50×3m・砂利＋草・区画なし。
トイレ／姫鶴荘向かって左奥にある。登山者の利用可。
携帯電話（ドコモ）／通話可。
ドリンク自販機／姫鶴荘玄関外側向かって左手にある（PB も）。
その他／姫鶴荘（町の施設。宿泊・レストラン・売店。☎ 0892-55-0057）、携帯基地局、四国カルスト案内板、展望案内板。
問合先／久万高原町観光協会☎ 0892-21-1192、久万高原町ふるさと創生課☎ 0892-21-1111、梼原町産業振興課☎ 0889-65-1250

姫鶴平／交差点の駐車場

四国カルスト・天狗高原 星ふるヴィレッジ TENGU 駐車場　MAP060

しこくかるすと・てんぐこうげん・ほしふるびれっじてんぐちゅうしゃじょう

高知県津野町／愛媛県久万高原町　標高 1359.9m

登山口概要／天狗ノ森（天狗高原三角点）（四国百名山・四国百山）の西側、県道 48 号沿い。四国のみち遊歩道・セラピーロードなどを経由する天狗高原（花の百名山）の起点。天狗ノ森や黒滝山の起点。天狗高原は、「天狗高原自然休養林」として森林浴の森 100 選に選定。
緯度経度／[33°28′38.4″][133°00′18.6″]
マップコード／445 180 807*16
アクセス／松山市市街地（愛媛県庁前）から国道 11 号、市道、国道 33、440 号、県道 36、383、48 号経由で 81km、約 2 時間。または高知道須崎東 IC から国道 56 号、県道 315 号、国道 197、439 号、県道 304、48 号経由で 53km、約 1 時間 10 分。県道 383 号（四国カルスト公園縦断線）の開通期間は、3 月上旬〜 11 月末頃（凍結や積雪の状況次第で年により変動）。
駐車場／星ふるヴィレッジ TENGU に駐車場があり、登山者やハイカーの利用可。計 100 台・78×28m など 2 面・舗装・区画あり。※車中泊は禁止。また県道 383 号の 500m 西側に駐車帯、1.3km 西側に駐車場がある。駐車帯＝ 2 台・舗装・区画なし。駐車場＝約 15 台・65×8m・舗装・区画なし。

天狗／TENGU 駐車場

駐車場混雑情報／GW やお盆休み、秋の連休など、年に何度も満車になり、道路路肩に車が並ぶこともある。天狗高原のほかの駐車場や駐車帯も同様。
トイレ／駐車場の奥にある。水洗。水道・TP あり。評価☆☆☆。ほかにカルスト学習館付近にもある。
携帯電話（ドコモ）／通話可。
その他／星ふるヴィレッジ TENGU（宿泊・レストラン・立ち寄り湯・天文台・プラネタリウム。不定休・☎ 0889-62-3188）、カルストテラス（四国カルストの歴史と自然に関する展示施設。2022 年にリニューアルオープン。月・火曜休、祝日の場合は振り替え、臨時休館することもある。9 〜 17 時。☎ 0889-62-3371）、大引割・小引割解説板、ふるさと自然公園案内板、津野町観光案内板、天狗高原周辺案内板、あずまや、テーブル・ベンチなど。

天狗／同駐車場奥のトイレ

取材メモ／天狗高原のハンカイソウとヒメユリは、7 月下旬〜 8 月上旬が見ごろ。なお「高原ふれあいの宿・天狗荘」は、2021 年 7 月にリニューアルして「星ふるヴィレッジ TENGU」と改称された。また大引割・小引割は、黒滝山の

Google Map
駐車場

地理院地図
駐車場

天狗／同トイレ内部

天狗／星ふるヴィレッジ TENGU

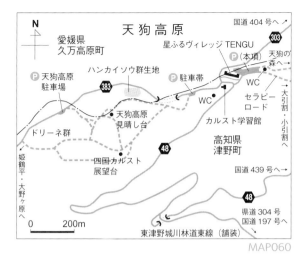

MAP060

中腹にある長さ 60 〜 70m、深さ 40m もの巨大な岩の裂け目。小引割は国の天然記念物に指定されている。

問合先／星ふるヴィレッジ TENGU ☎ 0889-62-3188、津野町産業課☎ 0889-55-2021、久万高原町観光協会☎ 0892-21-1192、久万高原町ふるさと創生課☎ 0892-21-1111

天狗／登山道入口

七宝山 (南七宝山)・北登山口→ P253

天狗／セラピーロード入口

七宝山 (南七宝山)・不動の滝カントリーパーク　MAP061

しっぽうさん (みなみしっぽうさん)・ふどうのたきかんとりーぱーく

香川県三豊市　標高 42.2m(手前の駐車場)

登山口概要／七宝山 (南七宝山) の南側、市道沿い。林道豊中七宝山線を経由する七宝山 (南七宝山) や稲積山などの起点。
緯度経度／[34° 08′ 57.9″][133° 40′ 26.3″](手前の駐車場)
[34° 09′ 12.7″][133° 40′ 10.4″](登山道入口)
マップコード／ 77 216 485*70 (手前の駐車場)
77 245 019*43 (登山道入口)
アクセス／高松道さぬき豊中 IC から国道 11 号、市道、県道224 号、市道経由で 4km、約 9 分。

不動／手前の駐車場

駐車場／不動の滝カントリーパークの手前と奥の駐車場は、どちらも登山者の利用可だが、団体利用の際は事前に豊中コミュニティーセンターへ連絡してほしいとのこと。手前の駐車場＝ 40 台・36 × 26m・舗装・区画あり。奥の駐車場＝ 12 台・舗装・区画あり。登山道入口にも駐車スペースがあるようだが、林道工事のため確認できなかった。コミュニティーセンターによると、30台くらい停められるらしい。

不動／奥の駐車場

駐車場混雑情報／カントリーパークの駐車場は、3 月下旬〜 4 月上旬の花見シーズンには満車になり、徒歩 5 〜 6 分のところに臨時駐車場も用意される。また春か秋に年に一度行われる滝まつりの日とグランドゴルフ大会の日も満車になる。
トイレ／コミュニティセンターの向かって右隣と左手に進んだマ

不動／豊中コミュニティセンター

レットゴルフ場の先にある。右隣のトイレ＝水洗。水道・TP あり。評価☆☆☆〜☆☆。マレットゴルフ場先のトイレ＝水洗。水道・TP あり。評価☆☆☆〜☆☆

携帯電話（ドコモ）／どちらの駐車場も通話可。登山道入口は不明。

ドリンク自販機／手前の駐車場と豊中コミュニティーセンター玄関外側左右にある（PB も）。

その他／豊中コミュニティーセンター（月曜休、祝日の場合も休・9〜 17 時・☎ 0875-62-5205）、七宝山緑地環境保全地域案内板、滝不動明王堂。

取材メモ／不動の滝は、コミュニティーセンター前から望める。落差 50m。滝壺に続く遊歩道もある（駐車場の入口から約 30m）。またコミュニティーセンターから登山道入口までは徒歩約 15 分。

問合先／豊中コミュニティーセンター☎ 0875-62-5205、三豊市産業政策課☎ 0875-73-3012

Google Map
手前の駐車場

地理院地図
手前の駐車場

Google Map
登山道入口

地理院地図
登山道入口

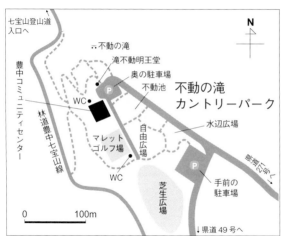

MAP061

七宝山・林道豊中七宝山線→ P253

自念子ノ頭→ P53 石鎚山系・神鳴池付近
　　　　　→ P62 石鎚山系・自念子ノ頭登山口

柴小屋山→ P186 剣山地・高根山　林道大川原旭丸線
　　　　　→ P188 剣山地・柴小屋山　町道野間殿川内線

城ヶ丸→ P121 讃岐山脈・大滝山　大滝山県民いこいの森
　　　　→ P122 讃岐山脈・大滝山　大生口駐車場
　　　　→ P122 讃岐山脈・大滝山　三本松口（ウドン谷口）
　　　　→ P123 讃岐山脈・大滝山　苫尾峠入口

小豆島・碁石山　小豆島霊場第一番洞雲山駐車場→ P253

不動／同センター隣のトイレ

不動／同トイレ内部

不動／マレットゴルフ場奥トイレ

不動／同トイレ内部

不動／不動の滝

小豆島・碁石山
小豆島霊場第二番碁石山駐車場

しょうどしま・ごいしやま　しょうどしまれいじょうだいにばんごいしざんちゅうしゃじょう

MAP062

香川県小豆島町　標高 264.6m (碁石山駐車場)

登山口概要／碁石山の南西側、林道苗羽線 (りんどうのうません)
沿い。碁石山や洞雲山 (どううんざん) の起点。
緯度経度／ [34°27′37″][134°19′58″](碁石山駐車場)
[34°27′30.2″][134°19′53.7″](洞雲山登山道入口)
マップコード／ 364 745 757*72 (碁石山駐車場)
364 745 543*08 (洞雲山登山道入口)
アクセス／小豆島坂手港から県道 28 号、町道、林道苗羽線 (舗
装) 経由で5km、約 15 分。※隼山大師堂を経由するルートでは、
小豆島霊場第一番洞雲山下の道路が車両進入禁止になっている
ため、車で本項駐車場に達することはできないので注意したい。

駐車場／碁石山 (常光寺) に確認
すると、碁石山入口左側の駐車場
は、登山者の利用可だが、正月三
が日と夏至観音 (6 月の夏至前後
1 ヶ月間) の時期は、参拝者の車
で満車になることもあるので、遠
慮してほしいとのこと。約 15 台
・14 × 10m など 2 面・砂利・区
画なし。上記の期間中は、400m
手前の林道苗羽線路肩にある 4 ～
5 台分の駐車スペースを利用する。

Google Map
碁石山駐車場

地理院地図
碁石山駐車場

Google Map
洞雲山登山道入口

地理院地図
洞雲山登山道入口

※小豆島霊場第一番洞雲山入口にある砂利敷きの洞雲山駐車場
は、参拝者専用につき登山者の利用不可。
携帯電話 (ドコモ)／通話可。
問合先／小豆島町商工観光課☎ 0879-82-7021

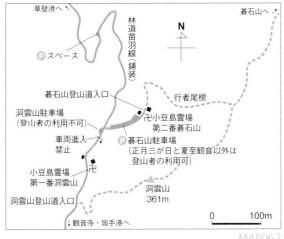

MAP062

碁石山／碁石山駐車場

碁石山／洞雲山駐車場は利用不可

碁石山／林道路肩の駐車スペース

碁石山／洞雲山付近の道路

碁石山／洞雲山登山道入口

小豆島・千羽ヶ嶽　橘地区

しょうどしま・せんばがだけ　たちばなちく

香川県小豆島町　標高 22.1m(駐車スペース)

登山口概要／千羽ヶ嶽の南東側、国道 436 号沿い。千羽ヶ嶽の起点。
緯度経度／[34° 29′ 30.8″][134° 20′ 46.2″](駐車スペース)
[34° 29′ 33.6″][134° 20′ 24.9″](登山道入口)
マップコード／ 364 866 595*71 (駐車スペース)
364 866 634*34 (登山道入口)
アクセス／小豆島坂手港から県道 28 号、国道 436 号経由で 7.5km、約 13 分。
駐車場／橘地区東側に駐車スペースがある。約 8 台・32 × 14m・舗装・区画なし。
携帯電話 (ドコモ)／通話可。
ドリンク自販機／付近の商店にある (PB も)。
問合先／小豆島町商工観光課☎ 0879-82-7021

Google Map
駐車スペース

地理院地図
駐車スペース

Google Map
登山道入口

地理院地図
登山道入口

千羽／駐車スペース

千羽／登山道入口はここから入る

小豆島・星ヶ城山 (嶮岨山・星ヶ城跡) 星ヶ城園地駐車場

しょうどしま・ほしがじょうさん (けんそざん・ほしがじょうあと)　ほしがじょうえんちちゅうしゃじょう

香川県小豆島町　標高 743.3m

登山口概要／星ヶ城山 (四国百名山・四国百山) の北側、町道終点。星ヶ城山や三笠山の起点。
緯度経度／[34° 31′ 04.7″][134° 19′ 00.8″]
マップコード／ 758 053 700*66
アクセス／小豆島坂手港から県道 28 号、国道 436 号、ブルーライン (県道 29 号)、町道経由で 18.5km、約 30 分。
駐車場／ 25 台＋大型・44 × 24m・舗装・区画あり。
携帯電話 (ドコモ)／通話可。
その他／県指定史跡・星ヶ城跡解説板、貸し出し杖。
取材メモ／星ヶ城跡は、南北朝時代の武将・佐々木信胤 (ささきのぶたね) の山城で、星ヶ城山東峰と西峰に居館跡や鍛冶場跡などの遺構が残っている。
問合先／小豆島町商工観光課☎ 0879-82-7021

Google Map
駐車場

地理院地図
駐車場

星ヶ城／星ヶ城園地駐車場

星ヶ城／寒霞渓周辺案内図

星ヶ城／登山道入口

小豆島・三笠山 寒霞渓ロープウェイこううん駅

MAP063

しょうどしま・みかさやま　かんかけいろーぷうぇいこううんえき

香川県小豆島町　標高 279.2m(駐車場)

登山口概要／三笠山の南西側、町道沿い。寒霞渓ロープウェイや寒霞渓登山道 (表十二景遊歩道) を経由する三笠山や星ヶ城山

（ほしがじょうさん）の起点。寒霞渓は国の名勝。

緯度経度／[34°30′29.7″][134°17′46.4″]（駐車場）

マップコード／758 020 566*56（駐車場）

アクセス／小豆島坂手港から県道28号、国道436号、ブルーライン（県道29号）、町道経由で11km、約20分。

駐車場／こううん駅前に駐車場がある。40台・114×10m・舗装・区画あり。手前にも15台分の駐車スペースがある。

駐車場混雑情報／GWと11月の紅葉シーズンの土・日曜、祝日は満車になる。

トイレ／こううん駅内にある。温水洗浄便座付き。水洗。水道・TPあり。評価☆☆☆。取材時は駐車場にも簡易トイレ6基が設置されていた。評価☆☆

Google Map
駐車場

地理院地図
駐車場

携帯電話（ドコモ）／通話可。

ドリンク自販機／駐車場のバス停にある（PBも）。

寒霞渓ロープウェイ／通年運行（点検のための運休あり）・8〜17時（時期により変動）・12分または6分毎・所要5分・往復1890円、片道950円・☎0879-82-2171

その他／うちのみ歩く道案内板、瀬戸内海国立公園寒霞渓周辺案内図、紅雲亭（こううんてい・あずまや）、紅雲亭バス停（小豆島オリーブバス）、中桐絢海顕彰之碑、サル注意看板、レンタルサイクルステーションなど。

取材メモ／寒霞渓は島の渓谷とも思えないほど深く、登山道沿いには奇岩が多い。瀬戸内海国立公園を代表する景勝地として知られ、古くは日本書紀にも記述があるという。イロハカエデやヤマモミジなどが渓谷を鮮やかに染める秋は、特に見どころだ。なお、寒霞渓のヤマザクラは4月中旬〜下旬、新緑は4月下旬〜5月上旬、ミセバヤは11月上旬、紅葉は11月上旬〜下旬が見ごろ。

問合先／寒霞渓ロープウェイ☎0879-82-2171、小豆島町商工観光課☎0879-82-7021

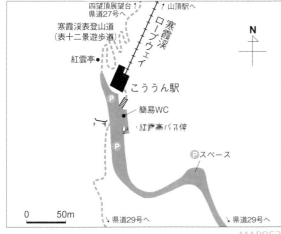
MAP063

こううん／こううん駅前駐車場

こううん／こううん駅

こううん／同駅のトイレ内部

こううん／紅雲亭

こううん／寒霞渓表登山道入口

小豆島・三笠山　寒霞渓ロープウェイ山頂駅　MAP064

しょうどしま・みかさやま　かんかけいろーぷうぇいさんちょうえき

香川県小豆島町 ·(土庄町)　標高 611.7m(駐車場)

登山口概要／三笠山の南西側、ブルーライン (県道 29 号) 沿い。三笠山や星ヶ城山 (ほしがじょうさん) の起点。寒霞渓表登山道 (表十二景遊歩道) や寒霞渓裏登山道 (裏八景遊歩道) の起点。寒霞渓は国の名勝。

緯度経度／[34° 30′ 58.5″][134° 18′ 04″](駐車場)

マップコード／ 758 051 493*48 (駐車場)

アクセス／小豆島坂手港から県道 28 号、国道 436 号、ブルーライン (県道 29 号) 経由で 20km、約 35 分。

駐車場／100 台以上・50 × 40m など 6 面・舗装・区画あり (砂＋草・区画なしの駐車場も)。

駐車場混雑情報／GW と 11 月の紅葉シーズンの土・日曜、祝日は満車になる。

トイレ／山頂駅前のトイレ＝温水洗浄便座付き。水洗。水道・TPあり。評価☆☆☆。駐車場のトイレ (三笠便所)＝非水洗。水道あり。TP なし。評価☆☆～☆

携帯電話 (ドコモ)／通話可。

公衆電話／駐車場入口にカード・コイン式公衆電話ボックスがある。

Google Map
駐車場

地理院地図
駐車場

寒霞渓ロープウェイ／通年運行 (点検のための運休あり)・8 ～ 17 時(時期により変動)・12 分または 6 分毎・所要 5 分・往復 1890円、片道 950 円・☎ 0879-82-2171

その他／売店・レストラン、第 1 展望台、第 2 展望台、鷹取展望台、神懸山 (寒霞渓) 解説板、星ヶ城跡へのご案内、瀬戸内海国立公園寒霞渓周辺案内図、国立公園寒霞渓解説板、展望盤、小豆島歩く道案内板、あずまや、有料観光望遠鏡、ベンチ、EV 充電スポットなど。

取材メモ／寒霞渓のヤマザクラは 4 月中旬～下旬、新緑は 4 月下旬～ 5 月上旬、ミセバヤは 11 月上旬、紅葉は 11 月上旬～下旬が見ごろ。

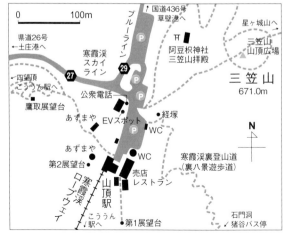

山頂駅／山頂駅前の駐車場

山頂駅／同駐車場の三笠便所

山頂駅／山頂駅前のトイレ

山頂駅／同トイレ内部

山頂駅／山頂駅ロープウェイ乗り場

MAP064

154

問合先／寒霞渓ロープウェイ☎ 0879-82-2171、小豆島町商工観光課☎ 0879-82-7021

菖蒲権現→ P188 剣山地・菖蒲権現登山口

白皇山・足摺スカイライン登山口

しらおさん・あしずりすかいらいんとざんぐち

高知県土佐清水市　標高 325.9m (駐車スペース)

登山口概要／白皇山の南西側、足摺スカイライン (県道 348 号) 沿い。白皇山の起点。
緯度経度／[32°44′30.1″][132°59′56.0″](駐車スペース)
[32°44′28″][132°59′54.3″](登山道入口)
マップコード／907 255 515*20 (駐車スペース)
907 255 453*35 (登山道入口)
アクセス／高知道四万十町中央 IC から国道 56 号、県道 42 号、国道 321 号、県道 27 号、足摺スカイライン (県道 348 号) 経由で 84.5km、約 1 時間 45 分。
駐車場／登山道入口の 90m 北側に駐車スペースがある。約 5 ～ 6 台 (奥にも広いスペースがある)・舗装・区画なし。

Google Map
駐車スペース

Google Map
登山道入口

地理院地図
駐車スペース

地理院地図
登山道入口

携帯電話 (ドコモ)／通話可。
その他／佐田山 (シイ) 保護林解説板。
取材メモ／白皇山のヤッコソウは、10 月下旬～ 12 月上旬が見ごろ。
問合先／土佐清水市観光商工課観光係☎ 0880-82-1212、土佐清水市観光協会☎ 0880-82-3155

白髪山→ P252 石鎚山系・白髪山　縦走コース登山口
　　　→ P252 石鎚山系・白髪山　冬の瀬 (汗見川コース) 登山口
　　　→ P189 剣山地・白髪避難小屋登山口
　　　→ P201 剣山地・ヒカリ石登山口
　　　→ P204 剣山地・峰越

白滝→ P171 壺神山・白滝公園駐車場

白滝山→ P176 剣山地・石の小屋跡

白峰山→ P112 五色台・白峰パークセンター周辺

尻割山→ P91 鬼が城山系・丸山公園駐車場

次郎笈→ P178 剣山地・奥槍戸山の家
　　　→ P204 剣山地・丸石登山口
　　　→ P205 剣山地・見ノ越
　　　→ P207 剣山地・見ノ越第 2 駐車場

山頂駅／第 1 展望台

山頂駅／三笠山登山道入口

白皇山／駐車スペース

白皇山／佐田山シイ保護林解説板

白皇山／登山道入口

城山／森林公園駐車場

城山・綾歌森林公園駐車場

しろやま・あやうたしんりんこうえんちゅうしゃじょう

香川県丸亀市　標高 140m(本項駐車場)

登山口概要／城山の北西〜北側、市道沿い。第 2 あずまやを経由する城山や猫山 (ねこやま) の起点。
緯度経度／[34°12′38.9″][133°51′46.7″](本項駐車場)
[34°12′39.6″][133°51′57.7″](東側の駐車場)
マップコード／ 77 448 836*51 (本項駐車場)
77 449 817*21 (東側の駐車場)
アクセス／高松道善通寺 IC から国道 319 号、県道 22、206、47 号、国道 438 号、市道経由で 12km、約 19 分。
駐車場／28 台 ·46 × 22m· 舗装・区画あり。また 300m 東側にも森林公園の駐車場 (約 20 台) がある。
トイレ／駐車場に隣接する多目的研修棟を挟んだところにある。センサーライト付き。水洗。水道・TP あり。評価☆☆
携帯電話 (ドコモ)／通話可。
その他／多目的研修棟、綾歌森林公園ガイドマップ。
取材メモ／綾歌森林公園のどちらの駐車場を起点にしても、それぞれ第 2 あずまやに続く登山道がある。綾歌森林公園のコバノミツバツツジやオンツツジは、3 月下旬〜 4 月中旬が見ごろ。

Google Map
本項駐車場

地理院地図
本項駐車場

Google Map
東側の駐車場

地理院地図
東側の駐車場

問合先／丸亀市都市計画課公園担当 (綾歌森林公園の管理)☎
0877-24-8843、丸亀市産業観光課観光担当☎ 0877-24-8816

陣ヶ丸遊歩道→ P170 津峯山 (津乃峰山)・津峯スカイライン駐車場

陣ヶ森→ P58 石鎚山系・皿ヶ嶺　上林峠入口

新九郎山→ P178 剣山地・奥槍戸山の家

城山／付近のトイレ

城山／同トイレ内部

城山／多目的研修棟

翠波峰・翠波高原駐車場　MAP065

すいはみね・すいはこうげんちゅうしゃじょう

愛媛県四国中央市　標高 749m

登山口概要／翠波峰 (四国百名山・四国百山) の南側、市道沿い。翠波峰や翠波峰東峰の起点。
緯度経度／[33°56′23.5″][133°32′15.5″]
マップコード／ 207 364 354*47
アクセス／松山道土居 IC から国道 11、319 号、市道経由で 18km、約 37 分。
駐車場／170 台 ·100 × 50m· 舗装・区画あり。
駐車場混雑情報／ナノハナが咲く時期など、イベント時は混雑する。満車になることはほぼない。

Google Map
駐車場

地理院地図
駐車場

高原／翠波高原駐車場

トイレ／駐車場の奥にある。簡易水洗。水道・TP あり。評価☆☆。
ほかに駐車場入口と園内にも古いトイレがある。
携帯電話（ドコモ）／通話可。
取材メモ／翠波高原のナノハナは 4 月中旬〜 5 月上旬、ソメイヨ
シノや山桜、八重桜は 4 月中旬〜 5 月中旬、早咲きコスモスは 8
月中旬〜 9 月上旬が見ごろ。
問合先／四国中央市観光交通課観光係☎ 0896-28-6187

翠波峰・翠波の広場駐車場　MAP065

すいはみね・すいはのひろばちゅうしゃじょう

愛媛県四国中央市　標高 894m

登山口概要／翠波峰（四国百名山・四国百山）の西側直下、市
道終点。翠波峰や翠波峰東峰の起点。
緯度経度／[33°56′34.8″][133°32′12.6″]
マップコード／ 207 364 682*22
アクセス／松山道土居 IC から国道 11、319 号、市道経由で
20km、約 43 分。
駐車場／約 20 台・60 × 20m・石
＋砂・区画なし。
駐車場混雑情報／元旦は、初日の
出目的の人が多いので混雑する。
それ以外で混雑することはない。

Google Map
駐車場　　　地理院地図
　　　　　　駐車場

トイレ／駐車場手前にある。非水洗。TP あり。評価☆☆
携帯電話（ドコモ）／通話可だが、つながるまで数十秒を要した。
その他／テーブル・ベンチ、あずまや、観光双眼鏡など。
問合先／四国中央市観光交通課観光係☎ 0896-28-6187

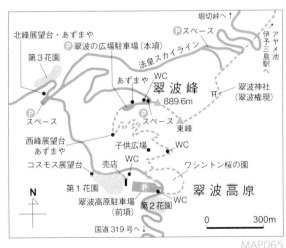

MAP065

住友の森フォレスターパーク遊歩道
　　→ P65 石鎚山系・住友の森フォレスターパーク付近

世田山→ P94 笠松山・野々瀬上登山口駐車場
　　→ P94 笠松山・野々瀬下登山口

高原／同駐車場奥のトイレ

高原／同トイレ内部

高原／コスモス展望台

広場／翠波の広場駐車場

広場／翠波の広場

瀬戸川／駐車スペースの標識

瀬戸川渓谷駐車スペース

せとがわけいこくちゅうしゃすぺーす

高知県土佐町　標高 625.3m

登山口概要／瀬戸川渓谷の下流側、町道沿い。瀬戸川渓谷遊歩道の起点。アメガエリの滝の入口。
緯度経度／[33°43′20.7″][133°24′09.7″]
マップコード／558 498 259*28
アクセス／高知市市街地 (高知県庁前) から市道、国道 33 号、県道 6 号、町道経由で 43.5km、約 1 時間 22 分。「瀬戸川渓谷専用駐車スペース」の表示に従って右手に上がる。
駐車場／約 18 台・32 × 14m・舗装・区画なし。
トイレ／駐車場の 550m 先にある。
携帯電話 (ドコモ) ／通話可。
取材メモ／アメガエリの滝は、落差 30m の二段の滝で渓谷の見どころ。瀬戸川渓谷の紅葉は、10 月下旬〜11 月中旬が見ごろ。

Google Map 駐車スペース　地理院地図 駐車スペース

問合先／土佐町企画推進課地域振興係☎ 0887-82-2450

瀬戸川／駐車スペース

善光寺山→ P238 二子山・公渕森林公園第 8 駐車場

千羽ヶ嶽→ P152 小豆島・千羽ヶ嶽　橘地区

千羽ヶ岳・白沢地区

せんばがたけ・はくさわちく

徳島県美波町　標高 115.5m (登山道入口)

登山口概要／千羽ヶ岳 (四国百名山) の西側、町道沿い。千羽ヶ岳の起点。四国のみちの起点。
緯度経度／[33°42′23″][134°29′38″](登山道入口)
マップコード／427 749 347*75 (登山道入口)
アクセス／日和佐道路日和佐 IC から国道 55 号、町道経由で 11km、約 20 分。
駐車場／登山道入口に駐車スペースがある。約 2 台・舗装・区画なし。
携帯電話 (ドコモ) ／通話可。
その他／ベンチ。

千羽／駐車スペース

問合先／美波町産業振興課☎ 0884-77-3617

Google Map 登山道入口　地理院地図 登山道入口

千羽／登山道入口

千本山登山口 (千年橋)

せんぼんやまとざんぐち (せんねんばし)

高知県馬路村　標高 545m (千年橋駐車スペース)

登山口概要／千本山 (四国百名山・四国百山) の南西側、県道 370 号終点。親子杉や傘杉堂を経由する千本山の起点。
緯度経度／[33°39′13.8″][134°04′58.4″](千年橋駐車スペース)

千本山／途中の「千本山」標識

マップコード／ 647 550 037*41（千年橋駐車スペース）
アクセス／高知東部道芸西西 IC から国道 55 号、県道 12、54、370 号経由で 70km、約 1 時間 50 分。魚梁瀬（やなせ）地区の先は、県道も狭くなり、すれ違い困難な道となる。
駐車場／登山道入口に駐車スペースがある。10 〜 12 台・28 × 7m・砂利＋落ち葉・区画なし。また 800m 手前のケヤキの広場に広い駐車スペースがある。
トイレ／登山道入口の駐車スペースにある。非水洗。水道・TP なし。評価☆☆
携帯電話（ドコモ）／通話不可。
その他／千本山案内板、千本山保護林案内図、千本山風景林案内図、国有林からのお願い、国有林を利用される皆様へ、熊出没注意看板、貸し出し杖、ベンチ。
取材メモ／登山道入口に現在地の緯度経度を示す「N33° 39′02″ E134° 05′ 08″」と書かれた看板が立っており、本項緯度経度と異なるが、看板は日本測地系の数値、一方本項は世界測地系の数値という違いがある。また吊り橋の千年橋を渡った先には、幹周り 6.8m、推定樹齢 200 〜 290 年で森の巨人たち百選に選定された「千本山橋の大杉」があるほか、山中には魚梁瀬杉の巨木が多い。魚梁瀬杉といえば、天正 14(1586) 年に長宗我部元親（ちょうそかべもとちか）が、京都の仏光寺大仏殿建立のため、豊臣秀吉に献上したとも伝わる。なお千本山のウンゼンツツジやフジツツジ、ヒカゲツツジなどのツツジ類は、4 月中旬〜 5 月下旬が見ごろ。
問合先／馬路村地域振興課 ☎ 0887-44-2114

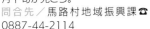

Google Map
千年橋駐車スペース

地理院地図
千年橋駐車スペース

雑誌山・津江登山口→ P253

総津権現山登山口→ P238 広田石鎚登山口

添蚯蚓遍路道・七子峠駐車場　MAP066

そえみみずへんろみち・ななことうげちゅうしゃじょう

高知県四万十町・中土佐町　標高 291.5m

登山口概要／添蚯蚓遍路道の南西側、国道 56 号沿い。添蚯蚓遍路道の起点。
緯度経度／[33° 18′ 26.5″][133° 10′ 46.7″]
マップコード／ 362 501 445*17
アクセス／高知道中土佐 IC から国道 56 号経由で 9km、約 12 分。
駐車場／ 13 台・44 × 42m・舗装・区画あり。
トイレ／駐車場に隣接。温水洗浄便座付き。水洗。水道・TP あり。評価☆☆☆
携帯電話（ドコモ）／通話可。
公衆電話／なゝこ茶屋向かって右側にカード・コイン式公衆電話ボックスがある。
ドリンク自販機／なゝこ茶屋の外側にある (PB も)。
その他／なゝこ茶屋、展望台、お遍路さん休憩マップ。

Google Map
駐車場

地理院地図
駐車場

千本山／登山口に続く県道 370 号

千本山／駐車スペースとトイレ

千本山／同トイレ内部

千本山／ケヤキの広場駐車スペース

千本山／登山道入口

取材メモ／添蚯蚓遍路道は、弘法大師や坂本龍馬も歩いたとされ
る全長5kmの古道で、中土佐町久礼長沢と四万十町床鍋（七子
峠）を結ぶ。土佐の難所として「かどや、やけざか、そえみみず」（か
どや＝角谷峠、やけざか＝焼坂峠）ともいい、ぐねぐねと続く道
をミミズが這って進む様子にたとえた名前だという。
問合先／四万十町にぎわい創出課☎ 0880-22-3281、中土佐
町まちづくり課☎ 0889-52-2365

MAP066

添蚯蚓／七子峠駐車場

添蚯蚓／同駐車場隣接のトイレ

添蚯蚓／同トイレ内部

添蚯蚓／不動の滝方面の道入口

鷺の里／鷺の里駅駐車場

鷺の里／同駐車場の別棟トイレ

鷺の里／同トイレ内部

鷺の里／鷺の里駅

鷺の里／太龍寺ロープウェイ

た 行

大川山 → P128 讃岐山脈・大川山　柞野登山口
　　　 → P253 讃岐山脈・大川山　琴南公民館駐車場
　　　 → P129 讃岐山脈・大川山　随神門入口
　　　 → P129 讃岐山脈・大川山　大川山キャンプ場

大道丸 → P186 剣山地・高根山　林道大川原旭丸線
　　　 → P188 剣山地・柴小屋山　町道野間殿川内線

太竜寺山・太龍寺ロープウェイ鷺の里駅（道の駅鷺の里）

たいりゅうじさん (やま)・たいりゅうじろーぷうぇいわしのさとえき (みちのえきわしのさと)

徳島県那賀町　標高 52m（駐車場）

登山口概要／太竜寺山（四国百名山・四国百山）の南西側、県道 19 号沿い。太龍寺ロープウェイを経由する太竜寺山の起点。太龍寺は、四国八十八ヶ所霊場の二十一番札所。
緯度経度／[33°51′48.1″][134°30′04.7″]（駐車場）
マップコード／ 217 390 194*68（駐車場）
アクセス／徳島市市街地 (徳島県庁前) から市道、国道 55 号、県道 16、22、28 号、国道 195 号、県道 19 号経由で 34km、約 54 分。
道の駅鷺の里／宿泊・売店・軽食・喫茶・入浴・展示ホール。不定休・7 時 20 分～ 17 時 (施設・時期により異なる)・☎ 0884-62-3109
駐車場／ 150 台＋大型・96 × 32m など 2 面・舗装・区画あり。
駐車場混雑情報／正月三が日と GW は満車近くになるが、満車になることは滅多にない。
トイレ／道の駅別棟トイレ＝温水洗浄便座付き。水洗。水道・TP あり。評価☆☆☆。ほかに鷺の里駅内と太龍寺境内に 2 ヶ所ある。
携帯電話 (ドコモ)／通話可。
公衆電話／駐車場にカード・コイン式公衆電話ボックスがある。
ドリンク自販機／駐車場にある (PB も)。
太龍寺ロープウェイ／通年運行・8 時～ 16 時 40 分・20 分毎・所要 10 分・往復 2600 円・片道 1300 円・☎ 0884-62-3100
その他／駐車場＝郵便ポスト、EV 充電スポット。鷺の里駅＝売店・軽食・レストラン。太龍寺駅＝売店。
取材メモ／太竜寺山の山頂北側には、「西の高野」とも称される太龍寺があり、かも道、太龍寺道、いわや道などの阿波遍路路が山麓からのびている。「一に焼山、二にお鶴、三に太龍」とも称される難所だったが、ロープウェイの開通で訪問が容易になった。
問合先／太龍寺ロープウェイ☎ 0884-62-3100、道の駅鷺の里 ☎ 0884-62-3109

Google Map
駐車場

地理院地図
駐車場

太竜寺山・道の駅わじき

たいりゅうじさん (やま)・みちのえきわじき

徳島県那賀町・阿南市 標高 138.6m(道の駅第 2 駐車場)

登山口概要／太竜寺山 (四国百名山・四国百山) の東側、国道 195 号沿い。阿波遍路道 (平等寺道) を経由する太竜寺山の起点。太龍寺は、四国八十八ヶ所霊場の二十一番札所。

緯度経度／[33° 52′ 11.3″][134° 33′ 18.5″](道の駅第 2 駐車場)

[33° 52′ 12.9″][134° 33′ 08″](阿波遍路道入口)

マップコード／ 217 396 898*87 (道の駅第 2 駐車場)

217 426 017*42 (阿波遍路道入口)

アクセス／徳島市市街地 (徳島県庁前) から市道、国道 55 号、県道 16、22、28 号、国道 195 号経由で 29km、約 48 分。

道の駅わじき／売店・軽食・喫茶。木曜休、年末年始休 ·9 〜 17 時 ·☎ 0884-62-3553。

駐車場／第 1 〜第 3 駐車場があり、登山に利用しやすいのは第 2 駐車場。10 台 ·24 × 5m· 舗装・区画あり。

トイレ／別棟トイレがある。水洗。水道・TP あり。評価☆☆☆

携帯電話 (ドコモ)／通話可。

公衆電話／のぎくの館前にカード・コイン式公衆電話ボックスがある。

ドリンク自販機／のぎくの館入口外側にある (PB も)。

その他／のぎくの館 (食堂・売店。木 曜 休 ·9 〜 17 時 ·☎ 0884-62-3553)、道の駅案内図、阿南室戸歴史文化道案内板、EV 充電スポット、郵便ポスト。

取材メモ／道の駅から阿波遍路道 (平等寺道) 入口まで徒歩約 4 分。

問合先／道の駅わじき☎ 0884-62-3553、那賀町にぎわい推進課 (那賀町観光協会) ☎ 0884-62-1198

Google Map
登山道入口

地理院地図
登山道入口

Google Map
道の駅第 2 駐車場 / 地理院地図 道の駅第 2 駐車場

高尾山→ P131 讃岐山脈・高尾山 奥宮登り口と平山登り口

高城山→ P181 剣山地・樫戸丸 風の広場
　　　 → P189 剣山地・高城山登山口①
　　　 → P190 剣山地・高城山登山口②
　　　 → P190 剣山地・高城山登山口③
　　　 → P191 剣山地・高城山登山口④
　　　 → P191 剣山地・高城山 ファガスの森高城

高月山→ P87 鬼が城山系・梅ヶ成峠入口
　　　 → P88 鬼が城山系・滑床渓谷駐車場
　　　 → P90 鬼が城山系・成川渓谷駐車場

高縄山・石ヶ峠→ P83 大月山・石ヶ峠

わじき／第 1 駐車場

わじき／第 2 駐車場

わじき／道の駅の別棟トイレ

わじき／同トイレ内部

わじき／のぎくの館

高縄山・院内登山口

たかなわさん・いんないとざんぐち

愛媛県松山市　標高 94.6m(駐車場)

登山口概要／高縄山 (四国百名山・四国百山) の北西側、市道沿い。院内コースを経由する高縄山の起点。

緯度経度／ [33° 57′ 34.9″][132° 49′ 01″](駐車場)

マップコード／ 53 743 700*50 (駐車場)

アクセス／松山市市街地 (愛媛県庁前) から国道 11、196 号、県道 339、17 号、市道経由で 20km、約 43 分。

駐車場／登山者用駐車場がある。8 ～ 10 台・22 × 14m・舗装・区画なし。近くに 4 ～ 5 台分の登山者用駐車スペースもある (「駐車場」の看板が立っている)。※東頭神社 (とうとうじんじゃ) 前にある砂地の空き地は、私有地なので登山者の利用不可。

取材メモ／高縄山のアワコバイモは、3 月中旬～ 4 月中旬が見ごろ。

携帯電話 (ドコモ)／通話可。

問合先／松山市観光・国際交流課
☎ 089-948-6556

Google Map
駐車場

地理院地図
駐車場

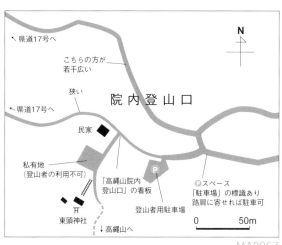

MAP067

県道17号へ
こちらの方が若干広い
狭い
院内登山口
県道17号へ
民家
私有地（登山者の利用不可）
「高縄山院内登山口」の看板
登山者用駐車場
東頭神社
↓高縄山へ
Pスペース
「駐車場」の標識あり路肩に寄せれば駐車可
0　　　50m
N

高縄山・高縄山総合作業施設前駐車場

たかなわさん・たかなわさんそうごうさぎょうしせつまえちゅうしゃじょう

愛媛県松山市　標高 829m

登山口概要／高縄山 (四国百名山・四国百山) の東側、市道沿い。高縄山遊歩道と高縄寺を経由する高縄山の起点。

緯度経度／ [33° 56′ 41.3″][132° 51′ 26.1″]

マップコード／ 53 688 875*81

アクセス／松山市市街地 (愛媛県庁前) から国道 11 号、県道 20、188 号、国道 317 号、県道 178 号、市道経由で 26km、約 49 分。

Google Map
駐車場

地理院地図
駐車場

院内／登山者用駐車場

院内／駐車スペース

院内／東頭神社

院内／登山道入口

作業／作業施設前駐車場

駐車場／15〜16台・42×22m・舗装＋砂＋草・区画なし。総合作業施設前にも2台分の駐車スペースがある。
トイレ／総合作業施設内にトイレがあるようだが、取材時は故障のため利用不可だった。
携帯電話（ドコモ）／通話可。
水場・水道設備／総合作業施設前に水道があるが、コックがなく利用不可。
その他／高縄山遊歩道案内板、ベンチ。
取材メモ／高縄山のアワコバイモは、3月中旬〜4月中旬が見ごろ。
問合先／松山市農林土木課（高縄山総合作業施設の管理）☎089-948-6576

作業／総合作業施設

高縄山・高縄寺付近駐車場　MAP068

たかなわさん・たかなわじふきんちゅうしゃじょう

愛媛県松山市　標高903.8m

登山口概要／高縄山（四国百名山・四国百山）の南東側、市道沿い。高縄寺を経由する高縄山の起点。林道を経由する北三方ヶ森の起点。四国のみちの起点。
緯度経度／[33°56′33.6″][132°51′11.3″]
マップコード／53 687 650*30
アクセス／松山市街地（愛媛県庁前）から国道11号、県道20、188号、国道317号、県道178号、市道経由で25km、約46分。
駐車場／20〜30台・86×32m・砂＋細砂利＋草・区画なし。トイレ前にも駐車場がある。3台＋障害者用2台・砂利・区画あり。
駐車場混雑情報／10月第4日曜に開催される「河野氏まつり」（高縄山ブナ林もみじまつり）は、混雑する程度。
トイレ／駐車場にある。水洗。水道（飲用不可）・TPあり。評価☆☆☆
携帯電話（ドコモ）／通話可。
その他／あずまや、高縄山案内板。
取材メモ／市道を400m東進すると林道入口があり、北三方ヶ森へ至る。高縄山のアワコバイモは、3

高縄寺／高縄寺付近駐車場

Google Map
駐車場

地理院地図
駐車場

高縄寺／同駐車場のトイレ

高縄寺／同トイレ内部

高 縄 山
993.2m
院内登山口へ
卍 高縄寺
市道
総合作業施設
(P)（前項）
河野川源流碑
WC
北三方ヶ森へ
(P)（本項）
国道196号へ
林道
176
林道入口
路肩に寄せれば駐車可
道標なし
（取材メモ参照）
(P)スペース（2台分）
石ヶ峠（P83）
(P)スペース
（1台分）
大月山へ
国道317号へ
0　　300m

高縄寺／高縄山案内板

MAP068

月中旬〜4月中旬が見ごろ。
問合先／松山市観光・国際交流課☎089-948-6556

高縄山・柳谷登山口→ P84 大月山・柳谷登山口

波川／東側の駐車場

高峰ノ森・波川公園駐車場
たかねのもり・はかわこうえんちゅうしゃじょう

高知県いの町　標高 16.6m (駐車場)

登山口概要／高峰ノ森の南側、町道沿い。仏ヶ峠 (ほとけがとうげ) を経由する高峰ノ森や加茂山の起点。※伊野公民館駐車場は、登山者の利用不可なので、こちらを利用する。
緯度経度／ [33° 32′ 58.2″][133° 24′ 52.7″](駐車場)
[33° 33′ 22.6″][133° 25′ 03.9″](仏ヶ峠入口)
マップコード／ 181 770 482*52 (駐車場)
181 800 313*84 (仏ヶ峠入口)
アクセス／高知西バイパス天神 IC から町道経由で 2.5km、約 5 分。
駐車場／計約 80 台 (区画は 47 台)・110 × 20 〜 10m、26 × 20m・舗装・区画あり (東側の駐車場は区画なし)。
駐車場混雑情報／ GW は、「紙のこいのぼり」のイベントがあるので満車になる。夏休みも川遊びをする人が多くて満車になる。
携帯電話 (ドコモ)／通話可。
問合先／いの町産業経済課☎ 088-893-1115、いの町観光協会☎ 088-893-1211

Google Map
駐車場

地理院地図
駐車場

Google Map
仏ヶ峠入口

地理院地図
仏ヶ峠入口

波川／西側の駐車場

波川／伊野公民館駐車場は利用不可

高峰ノ森・伊野公民館駐車場→ P253

高野山・林道終点→ P253

鷹羽ヶ森・北谷登山口 (勝賀瀬登山口)　MAP069
たかばがもり・きただにとざんぐち (しょうがせとざんぐち)

高知県いの町　標高 28.4m (駐車スペース)

登山口概要／鷹羽ヶ森の南東側、県道 292 号沿い。鷹羽ヶ森の起点。
緯度経度／ [33° 34′ 59.4″][133° 21′ 30″](駐車スペース)
マップコード／ 181 883 519*87 (駐車スペース)
アクセス／高知西バイパス天神 IC から県道 36 号、国道 194 号、県道 292 号経由で 10km、約 14 分。
駐車場／県道沿いに駐車スペースがある。計約 13 〜 15 台・28 × 5m など 2 面・細砂利＋草・区画なし。地区住民に確認すると、ゴミ置き場がある駐車スペースは、登山

Google Map
駐車スペース

地理院地図
駐車スペース

北谷／駐車スペース

北谷／ここを入る

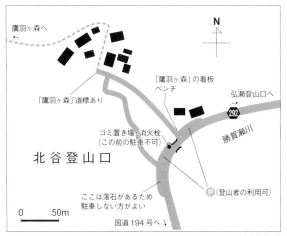

「鷹羽ヶ森」の看板
ベンチ

弘瀬登山口へ

「鷹羽ヶ森」道標あり

ゴミ置き場・消火栓
(この前の駐車不可)

勝賀瀬川

北谷登山口

P(登山者の利用可)

ここは落石があるため
駐車しない方がよい

0　50m

国道194号へ

MAP069

北谷／鷹羽ヶ森の看板

北谷／登山道入口

者の利用可だが、ゴミ置き場と消火栓前には停めないでほしいとのこと。また橋を渡った先の駐車スペースは、取材時は工事事務所が置かれていたが、通常はここも登山者の利用可。一方、南側の駐車スペースは、時々落石があるため(取材時も複数の大きな石が路面にあった)、駐車はしない方がよいとのアドバイスを頂いた。
携帯電話(ドコモ)／通話可。
その他／ベンチ。
問合先／いの町産業経済課☎ 088-893-1115、いの町観光協会☎ 088-893-1211

鷹羽ヶ森・弘瀬登山口

たかばがもり・ひろせとざんぐち

高知県いの町　標高 37.8m(駐車スペース)

登山口概要／鷹羽ヶ森の南東側、県道 292 号沿い。鷹羽ヶ森の起点。
緯度経度／[33° 35′ 26″][133° 21′ 51.8″](駐車スペース)
マップコード／558 014 421*56 (駐車スペース)
アクセス／高知西バイパス天神 IC から県道 36 号、国道 194 号、県道 292 号経由で 11.5km、約 16 分。
駐車場／弘瀬橋の北側たもとに駐車スペースがある。約 7 台・30 × 5m・舗装・区画なし。
携帯電話(ドコモ)／通話可。
その他／携帯基地局。

弘瀬／駐車スペース

Google Map
駐車スペース

地理院地図
駐車スペース

取材メモ／駐車スペースから弘瀬橋を渡って、まっすぐのびる細い小径に入る。20m 先の民家前から斜め右方向にのびる道が、登山道に続く。ただ、まるで庭の中にのびる私道のように見えるので、ちょっと進入を躊躇する。また登山道自体も、やや荒れ気味でわかりにくいとの情報もある。
問合先／いの町産業経済課☎ 088-893-1115、いの町観光協会☎ 088-893-1211

弘瀬／ここを入る

弘瀬／私道のような民家前の道

高鉢山（綾上富士）登山口

たかはちやま（あやかみふじ）とざんぐち

香川県綾川町　標高 357.7m（駐車スペース）

登山口概要／高鉢山の北側、町道沿い。高鉢山の起点。
緯度経度／ [34°11′30″][133°56′26.6″]（駐車スペース）
マップコード／ 228 668 546*53（駐車スペース）
アクセス／高松道府中湖スマート IC から県道 184 号、町道、県
道 17 号、町道経由で 14km、約 25 分。
駐車場／管理棟前に駐車スペースがある。約 3 台・細砂利・区画
なし。また 40m 手前の林道入口路肩に寄せれば約 5 台は駐車可。
トイレ／駐車スペースに簡易トイレ 1 基あり。水道・TP あり。評
価☆☆
携帯電話（ドコモ）／通話可。
その他／管理棟、高鉢山案内図。

Google Map
駐車スペース

地理院地図
駐車スペース

取材メモ／登山道入口は、駐車ス
ペースの 36m 南側にあり、「絶景
山頂まで 470m」の看板が立って
いる。また近くのキャンプ場には、かつて農産物の貯蔵所として
利用された高鉢山風穴があるので、立ち寄ってみたい。真夏でも
約 10℃の冷風が吹き出す天然のクーラーだ。町道を徒歩で西進
し、キャンプ場・炊事棟先の階段を上がる。
問合先／綾川町役場経済課☎ 087-876-5282

高鉢山→ P173 剣山地・旭ヶ丸　大川原高原駐車場
　　　→ P174 剣山地・旭ヶ丸　林道大川原旭丸線
　　　→ P192 剣山地・高鉢山　林道大川原旭丸線

高丸山→ P193 剣山地・高丸山　千年の森広場

高森山・トンボ自然公園駐車場　MAP070

たかもりやま・とんぼしぜんこうえんちゅうしゃじょう

高知県四万十市　標高 6m

登山口概要／高森山の東側、市道沿い。高森山の起点。トンボ
自然公園遊歩道の起点。
緯度経度／ [32°59′23.6″][132°54′57″]
マップコード／ 276 860 336*86
アクセス／高知道四万十町中央 IC から国道 56 号、県道 342、
346 号、市道経由で 50km、約 1 時間 3 分。
駐車場／公園といっても四万十川学遊館あきついおの敷地らしい
が、登山者の利用可とのこと。ただし団体で利用する場合は事前
にあきついおに連絡すること。計約 70 台・58 × 32m、40 ×
18m・砂利・区画なし。※夜間は駐車禁止。
駐車場混雑情報／付近の学校の運動会がある時は混雑する。
トイレ／北側の駐車場にある。温水洗浄便座付き。水洗。水道・TP
あり。評価☆☆☆
携帯電話（ドコモ）／通話可。
ドリンク自販機／北側の駐車場入口とあきついおの外側にある
（PB も）。

高鉢山／駐車スペース

高鉢山／同スペースの簡易トイレ

高鉢山／登山道入口

高鉢山／高鉢山風穴

トンボ／北側の駐車場

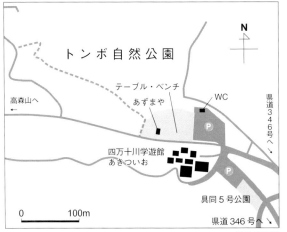

トンボ自然公園

高森山へ
←

テーブル・ベンチ
あずまや

WC

県道346号へ→

四万十川学遊館
あきついお

P

P

具同5号公園

0　　　100m

県道346号へ→

MAP070

トンボ／同駐車場のトイレ

トンボ／同トイレ内部

トンボ／南側の駐車場

トンボ／四万十川学遊館あきついお

トンボ／トンボ自然公園案内板

その他／四万十川学遊館あきついお（月曜休、祝日の場合は翌日。GW や夏休みなどは無休。9 〜 17 時・入館料 880 円・☎ 0880-37-4110）、トンボ自然公園案内板、トンボ公園バス停（中村まちバス）、土佐の小京都・中村観光案内マップ、四万十・足摺エリア広域観光案内マップ、あずまや、テーブル・ベンチなど。
取材メモ／トンボ自然公園は、世界初のトンボ保護区として整備され、これまでに 77 種のトンボが確認されている。園内にある「四万十川学遊館あきついお」は、「あきつ＝とんぼ」と「いお＝さかな」に由来し、トンボ館では、世界のトンボ標本約 1000 種の展示、さかな館では、四万十川産魚類を含む約 300 種が飼育展示されている。
問合先／四万十川学遊館あきついお☎ 0880-37-4110、四万十市観光商工課観光係☎ 0880-34-1783、四万十市観光協会☎ 0880-35-4171

Google Map
駐車場

地理院地図
駐車場

高森山・野福トンネル西口

たかもりやま・のふくとんねるにしぐち

愛媛県西予市　標高 257.1m（駐車スペース）

登山口概要／高森山（四国百名山）の西側、県道 45 号沿い。法華津峠（ほけづとうげ）を経由する高森山の起点。
緯度経度／[33° 19′ 57.5″][132° 30′ 15.3″]（駐車スペース）[33° 19′ 59.5″][132° 30′ 40.6″]（登山道入口）
マップコード／ 176 570 474*81（駐車スペース）
176 571 529*01（登山道入口）
アクセス／松山道西予宇和 IC から県道 45 号、国道 56 号、県道 45 号経由で 4.5km、約 7 分。
駐車場／野福トンネル西口の交差点に駐車スペースがある。5 〜 6 台・15 × 10m・細砂利＋石＋草・区画なし。
携帯電話（ドコモ）／通話可。
その他／ベンチ。

あ　か　さ　た　な　は　ま　や　ら　わ

取材メモ／林道を 500m 入った七本松にも駐車スペースがある。また別の林道を経由して法華津峠方面に向かうと、四国電力無線施設付近の路肩 (峠の手前) に駐車スペースがある。さらに峠の先にある登山道入口まで入ると、付近の路肩に寄せれば駐車可。

問合先／西予市経済振興課観光振興係☎ 0894-62-6408、西予市観光物産協会☎ 0894-62-6437

Google Map
駐車スペース

地理院地図
駐車スペース

Google Map
登山道入口

地理院地図
登山道入口

野福／野福トンネルと駐車スペース

高森山・歯長峠入口

たかもりやま・はながとうげいりぐち

愛媛県西予市　標高 205.1m (駐車スペース)

登山口概要／高森山 (四国百名山) の北東側、県道 31 号沿い。歯長峠を経由する高森山の起点。
緯度経度／ [33° 20′ 11.6″][132° 33′ 27.8″](駐車スペース)
マップコード／ 176 577 876*13 (駐車スペース)
アクセス／松山道西予宇和 IC から県道 29、31 号経由で 5km、約 7 分。
駐車場／登山道入口手前に駐車スペースがある。約 12 台・70 × 8m・舗装・区画なし。
携帯電話 (ドコモ)／通話可。
取材メモ／登山道入口は、駐車スペースすぐ南側の県道へアピンカーブにある。
問合先／西予市経済振興課観光振興係☎ 0894-62-6408、西予市観光物産協会☎ 0894-62-6437

Google Map
駐車スペース

地理院地図
駐車スペース

歯長峠／駐車スペース

ちち山 → P35 赤石山系・大永山トンネル東口
　　　 → P57 石鎚山系・笹ヶ峰　南尾根登山口

塚地／塚地休憩所駐車場

茶臼山・塚地休憩所駐車場

ちゃうすやま・つかじきゅうけいしょちゅうしゃじょう

高知県土佐市　標高 29.2m

登山口概要／茶臼山の北東側、県道 39 号沿い。塚地峠を経由する茶臼山や横瀬山の起点。四国のみち、土佐遍路道 (青龍寺道) の起点。
緯度経度／ [33° 28′ 09.6″][133° 26′ 15.8″]
マップコード／ 181 472 835*83
アクセス／高知道土佐 IC から国道 56 号、県道 39 号経由で 6km、約 9 分。
駐車場／ 4 台＋軽 2 台・28 × 20m・舗装・区画あり。
駐車場混雑情報／駐車可能台数が限られる上に、一般ドライバーが休憩に利用することも多く、タイミングによっては満車になる可

Google Map
駐車場

地理院地図
駐車場

塚地／同駐車場のトイレ

塚地／同トイレ内部

能性がある。
トイレ／駐車場にある。水洗。水道（飲用不可）・TP あり。評価☆☆
携帯電話（ドコモ）／通話可。
ドリンク自販機／駐車場にある（PB も）。
その他／あずまや、水車、遍路道解説板、くらしの道解説板、か
つおと石・石工の里解説板、貸し出し杖、四国のみち案内板。
問合先／土佐市産業振興課商工観光係☎ 088-852-7679

津志嶽→ P194 剣山地・津志嶽　久藪登山口

筒上山→ P49 石鎚山系・大瀧登山口
　　　→ P67 石鎚山系・土小屋
　　　→ P70 石鎚山系・名野川登山口

ツナクリ山→ P35 赤石山系・大永山トンネル東口

綱附森→ P201 剣山地・ヒカリ石登山口

塚地／あずまや

津峯山（津乃峰山）・津峯スカイライン駐車場　MAP071

つのみねさん・つのみねすかいらいんちゅうしゃじょう

徳島県阿南市　標高 223m

塚地／登山道入口

登山口概要／津峯山の東側直下、津峯スカイライン終点。津峯神
社参道、もしくは津峯山参詣リフトを経由する津峯山の起点。陣ヶ
丸遊歩道の起点。
緯度経度／ [33° 53′ 43.4″][134° 38′ 47.9″]
マップコード／ 217 527 057*18
アクセス／徳島市市街地（徳島県庁前）から市道、国道 55 号、
市道、県道 193、130 号、市道、津峯スカイライン（有料）経
由で 29km、約 50 分。
津峯スカイライン／無休・6 ～ 22 時・600 円・☎ 0884-22-
1680。往路の料金所で自動精算機による支払い。※五千円札や
一万円札の受入不可。

津峯山／スカイライン駐車場

津峯山／同駐車場のトイレ

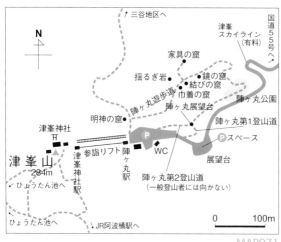

MAP071

津峯山／同トイレ内部

駐車場／118 台・140 × 38m・舗装・区画あり。手前の展望台にも広い駐車スペースがある。

駐車場混雑情報／正月三が日は初詣客で満車になる。

トイレ／駐車場にある。水洗。水道・TP あり。評価☆☆☆

携帯電話（ドコモ）／通話可。

ドリンク自販機／参詣リフト陣ヶ丸駅前にある（PB も）。

その他／岩窟への案内、津峯山岩窟案内、津峯山の岩窟案内板、阿南市民リゾートガイドマップ、陣ヶ丸解説板。

津峯山参詣リフト／不定休（点検運休あり）・9 〜 17 時・往復 500 円、片道上り 350 円、下り 200 円・所要 5 分・☎ 0884-27-0610

取材メモ／駐車場北側には、明神の窟や巾着の窟など、6 つの岩窟がある。標高 180m という高所に残る貴重な海蝕洞（かいしょくどう）で、古くは行場として利用されたらしい。駐車場に岩窟群を結ぶ陣ヶ丸遊歩道の入口が 3 ヶ所あるが、陣ヶ丸第 2 登山道は一般登山者には危険。陣ヶ丸は、安土桃山時代の天正年間に土佐の戦国大名・長宗我部元親（ちょうそかべもとちか）が牛岐城（うしきじょう）攻略の際に陣を置いた場所と伝わる。

問合先／津峯スカイライン☎ 0884-22-1680、阿南市商工政策課 ☎ 0884-22-3290、光のまちステーションプラザ☎ 0884-24-3141

Google Map
駐車場

地理院地図
駐車場

椿山→ P68 石鎚山系・椿山登山口（椿山林道）

津峯山／参詣リフト陣ヶ丸駅

津峯山／津峯神社参道入口

壺神山・白滝公園駐車場 　MAP072

つぼがみさん・しらたきこうえんちゅうしゃじょう

愛媛県大洲市　標高 17.4m

登山口概要／壺神山（四国百名山）の南西側、市道沿い。白滝公園を経由する壺神山の起点。白滝の入口。

緯度経度／[33°34′49″][132°31′44.9″]

マップコード／ 204 588 204*32

アクセス／松山道大洲 IC から国道 56 号、県道 232、24 号、市道経由で 10km、約 16 分。

駐車場／計 88 台・80 × 5m、62 × 22m・舗装・区画あり。2 面とも公共の駐車場ではなく、11 〜 12 月の紅葉シーズン中（期間は年により変動）の土、日曜、祝日は有料 1 回 300 円となる。係員による徴収。それ以外の時期は無料。※駐車場奥に個人所有区画があり、ここは駐車不可なので注意（MAP と現地看板参照）。

駐車場混雑情報／滝まつりが開催される 11 月第 3 日曜日と、るり姫まつりが開催される 11 月 23 日は満車になる。

トイレ／駐車場手前にある。水洗。水道・TP あり。評価☆☆。ほか白滝公園の上部にも 2 ヶ所ある。

携帯電話（ドコモ）／通話可。

ドリンク自販機／錦橋にある（PB も）。

その他／観光案内所（紅葉シーズンのみ）、白滝公園案内板（観光マップ頒布箱付き）、るり姫伝説紙芝居板、ベンチなど。

取材メモ／白滝公園の紅葉は、11 月中旬〜下旬が見ごろ。園内には 7 つの滝があり、最大の雌滝は落差 85m、雄滝は落差

白滝／東側の駐車場

白滝／西側の駐車場

白滝／駐車場手前のトイレ

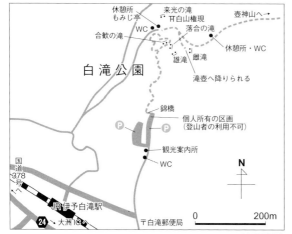

白滝公園

休憩所 もみじ亭
来光の滝
干白山権現
壺神山へ→
WC
合歓の滝
落合の滝
休憩所・WC
雄滝 雌滝
滝壺へ降りられる

錦橋

P
P
個人所有の区画
（登山者の利用不可）

観光案内所
WC

国道378号へ

JR伊予白滝駅

24 大洲IC

〒白滝郵便局

0 200m

N

MAP072

白滝／同トイレ内部

80m。駐車場から雌滝まで徒歩7分。なお白滝公園から続く登山コース途中で県道330号を横断するが、その路肩に1台分の駐車スペースがある。白滝公園を省略してもよい場合は、ここまで車でアクセスする方法もある。

Google Map
駐車場

地理院地図
駐車場

問合先／大洲市役所長浜支所地域振興課（大洲市観光協会長浜支部）☎ 0893-52-1111、大洲市観光まちづくり課☎ 0893-24-1717、大洲市観光協会☎ 0893-24-2664

剣山→ P178 剣山地・奥槍戸山の家
　　→ P187 剣山地・垢離取橋
　　→ P204 剣山地・丸石登山口
　　→ P205 剣山地・見ノ越
　　→ P207 剣山地・見ノ越第2駐車場

白滝／白滝公園案内板

剣山地・青ノ塔登山口

つるぎさんち・あおのとうとざんぐち

徳島県那賀町　標高635.7m（登山道入口）

登山口概要／青ノ塔の南東側、上用知（かみようち）林道沿い。青ノ塔や夏切山（なつきりやま）などの起点。
緯度経度／ [33°49′34.2″][134°14′28″]（登山道入口）
マップコード／ 497 269 667*64（登山道入口）
アクセス／徳島市街地（徳島県庁前）から市道、国道55号、県道16、22、28号、国道195、193、195号、上用知林道（舗装）経由で78km、約1時間54分。手前の林谷（はやしだに）地区の三差路で、左に道をとれば、あとは一本道。上用知林道では、落石由来の路面の石に注意したい。※ Google Map のナビでは、上用知林道の後半がアクセスルートとして認識されず、林谷地区までしかナビができない。国道195号の那賀町清掃センターから登山口まで3.4km、約16分。

白滝／錦橋

白滝／遊歩道入口

青ノ塔／清掃センターが目印

駐車場／登山道入口に駐車スペースがある。約2台・小石＋草＋落ち葉・区画なし。

駐車場混雑情報／林谷地区で尋ねると、以前は登山者がよく来ていたが、最近はあまり見ないとのこと。

携帯電話（ドコモ）／通話可。

取材メモ／橋と民家があり、その

Google Map
登山道入口

地理院地図
登山道入口

手前が登山口。登山道入口には「青ノ塔」とだけ書かれた小さな看板が立っている。

問合先／那賀町にぎわい推進課（那賀町観光協会）☎ 0884-62-1198

青ノ塔／登山口に続く上用知林道

剣山地・旭ヶ丸　大川原高原駐車場　MAP073

つるぎさんち・あさひがまる　おおかわらこうげんちゅうしゃじょう

徳島県佐那河内村・上勝町　標高 904.9m

登山口概要／旭ヶ丸（四国百名山・四国百山）の東側、村道沿い。旭ヶ丸や高鉾山（たかほこやま）の起点。大川原高原は「大川原生活環境保全林」として森林浴の森100選に選定。

緯度経度／[33°57′15.2″][134°24′46″]

マップコード／370 739 115*72

アクセス／徳島市市街地（徳島県庁前）から市道、国道438号、村道経由で26.5km、約53分。

駐車場／200台以上・30×30m、175×30m・砂＋小石・区画なし。

トイレ／駐車場の東側にある。

携帯電話（ドコモ）／通話可。

Google Map
駐車場

地理院地図
駐車場

その他／一間茶屋、大川原高原案内図、大川原高原施設案内図、大川原ウィンドファーム解説板、あずまや、ベンチ、風力発電風車など。

取材メモ／大川原高原のイワザクラやカタクリは4月下旬、アジサイは7月上旬～下旬が見ごろ。旭ヶ丸のアワノミツバツツジは4月下旬～5月上旬、オンツツジは5月中旬が見ごろ。

問合先／佐那河内村産業環境課☎ 088-679-2115

青ノ塔／駐車スペース

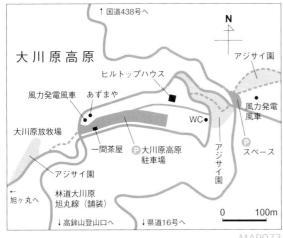

MAP073

大川原／大川原高原駐車場

大川原／一間茶屋

大川原／大川原高原施設案内図

剣山地・旭ヶ丸　林道大川原旭丸線

つるぎさんち・あさひがまる　りんどうおおかわらあさひまるせん

徳島県上勝町・(神山町)　標高 914.7m(林道路肩)

登山口概要／旭ヶ丸 (四国百名山・四国百山) の南側、林道大川原旭丸線沿い。旭ヶ丸や高鉾山 (たかほこやま) の起点。
緯度経度／[33°56′51.2″][134°24′06.4″](林道路肩)
マップコード／ 370 708 286*52 (林道路肩)
アクセス／徳島市市街地 (徳島県庁前) から市道、国道 438 号、村道、林道大川原旭丸線 (舗装) 経由で29km、約 55 分。
駐車場／登山道入口の 50m 手前路肩に寄せれば駐車可。約 3 台・舗装・区画なし。
トイレ／手前の大川原高原にある (MAP073 参照)。
携帯電話 (ドコモ)／通話可。
問合先／上勝町産業課 ☎ 0885-46-0111

Google Map
林道路肩

地理院地図
林道路肩

林道／路肩に寄せれば駐車可

林道／登山道入口

剣山地・旭丸峠　MAP074

つるぎさんち・あさひまるとうげ

徳島県上勝町・神山町　標高 1202.2m(西側の駐車スペース)

登山口概要／旭ノ丸の北東側直下、剣山スーパー林道と林道大川原旭丸線沿い。旭ノ丸やさかて山などの起点。
緯度経度／[33°55′59.5″][134°19′25″](西側の駐車スペース)
マップコード／ 370 639 514*12 (西側の駐車スペース)
アクセス／徳島市市街地 (徳島県庁前) から市道、国道 55、192、438 号、町道野間殿川内線 (ちょうどうのまとのごうちせん・舗装)、林道大川原旭丸線 (舗装) 経由で41.5km、約 1 時間 31 分。
駐車場／峠の前後に駐車スペース

Google Map
西側の駐車スペース

地理院地図
西側の駐車スペース

旭丸峠／西側の駐車スペース

旭丸峠／東側の駐車スペース

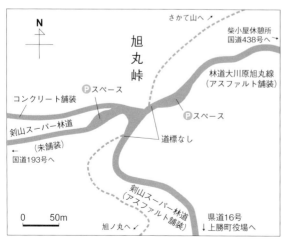

旭丸峠／さかて山登山道入口

MAP074

がある。西側の駐車スペース＝ 2 ～ 3 台・草＋小石＋砂利・区画なし。東側の駐車スペース＝ 2 ～ 3 台・苔＋落ち葉・区画なし。
携帯電話（ドコモ）／峠の西側＝通話可。峠の林道交差点＝通話不可。
問合先／上勝町産業課☎ 0885-46-0111、神山町観光協会（神山町産業建設課）☎ 088-676-1118

剣山地・石立山登山口 MAP075

つるぎさんち・いしだてやまとざんぐち

徳島県那賀町　標高 706.1m（ 日和田地区駐車スペース ）

登山口概要／石立山（ 四国百名山・四国百山 ）の南東側、町道終点。石立山の起点。
緯度経度／［33° 46′ 12.4″］［134° 04′ 14.8″］（ 日和田地区駐車スペース ）
マップコード／ 497 068 024*08 （ 日和田地区駐車スペース ）
アクセス／徳島市市街地（ 徳島県庁前 ）から市道、国道 55 号、県道 16、22、28、19 号、国道 195 号、町道経由で 100km、約 2 時間 13 分。
駐車場／日和田地区の登山道入口に駐車スペースがある。地元の人に確認すると、石立山に登るほとんどの登山者が利用しているとのこと。約 3 台・土＋小石＋草・区画なし。※向かいのスペースは車の転回用なので駐車不可。また国道沿いにも駐車スペースがある。約 3 台・22 × 7m・草・区画なし。※四ッ足峠トンネル東口のスペースは、取材時は工事事務所が置かれていたが、仮に空いていたとしても私有地につき登山者の利用不可。
駐車場混雑情報／駐車可能台数が限られるため、状況次第では満車になる可能性がある。満車の場合は、国道沿いの駐車スペースを利用。
携帯電話（ドコモ）／日和田地区駐車スペース＝通話不可。国道沿いの駐車スペース＝通話不可。
取材メモ／石立山は石灰岩の山で稀産植物が多く、イシダテクサタ

Google Map
日和田地区
駐車スペース

地理院地図
日和田地区
駐車スペース

石立山登山口

N

石立山へ

←四ッ足峠へ

日和田地区
Ⓟスペース

国道沿いの
Ⓟスペース

日和田

195

阿南市へ

四ッ足峠
トンネル

←香美市へ

「石立山登山口」の標識

ここのスペースは私有地
登山者の利用不可

日和田谷

0　　200m

MAP075

旭丸峠／旭ノ丸登山道入口

石立山／日和田地区入口

石立山／日和田地区駐車スペース

石立山／国道沿い駐車スペース

石立山／日和田地区の登山道入口

チバナやイシダテホタルブクロなど、この山の名前を冠した植物も見出されている。そのうち石立山のイシダテクサタチバナは、6月下旬〜7月上旬が見ごろ。

問合先／那賀町木沢支所地域振興室☎ 0884-65-2111、那賀町にぎわい推進課 (那賀町観光協会) ☎ 0884-62-1198

剣山地・石堂神社→ (次項) 剣山地・石の小屋跡
「取材メモ」＋ P253 参照

小屋跡／登山口に続く林道大惣線

剣山地・石の小屋跡

つるぎさんち・いしのこやあと

徳島県つるぎ町　標高 896m(駐車スペース)

登山口概要／石堂山 (四国百名山) の東側、林道大惣 (おおそう) 線沿い。石堂神社を経由する石堂山や白滝山、矢筈山、黒笠山などの起点。
緯度経度／[33°56′31.4″][133°59′41.4″](駐車スペース)
マップコード／ 357 389 590*11 (駐車スペース)
アクセス／徳島道美馬 IC から国道 438 号、県道 12 号、国道 438、192 号、国道 438 号、県道 304 号、林道大惣線 (舗装) 経由で 28km、約 43 分。
駐車場／登山道入口の 30m 奥に駐車スペースがある。7 〜 8 台・36 × 8m・砂＋小石＋草・区画なし。
携帯電話 (ドコモ) ／通話可。
その他／石堂山・矢筈山・黒笠山縦走ルート案内板。
取材メモ／通常は、石堂神社まで車で入れる (駐車スペースもある) ようだが、取材時は本項登山口の手前に「全面通行止」の看板が立っていたため取材できなかった。矢筈山のイシダテクサタチバナは、6 月下旬〜 7 月上旬が見ごろ。
問合先／つるぎ町一宇支所☎ 0883-67-2111、つるぎ町産業経済課☎ 0883-62-3114

小屋跡／駐車スペース

小屋跡／登山道入口

Google Map
駐車スペース

地理院地図
駐車スペース

剣山地・烏帽子山登山口

つるぎさんち・えぼしやまとざんぐち

徳島県三好市　標高 1085.6m(登山道入口)

登山口概要／烏帽子山 (四国百名山・四国百山) の東側、県道 44 号沿い。烏帽子山や前烏帽子山などの起点。
緯度経度／[33°55′45.1″][133°56′39.4″](登山道入口)
マップコード／ 357 353 108*74 (登山道入口)
アクセス／徳島道吉野川スマート IC から市道、県道 132 号、国道 192 号、県道 44 号経由で 26km、約 44 分。
駐車場／登山道入口の前後や向かいに各 1 台分の駐車スペースが 3 面ある。計 3 台・草＋落ち葉・区画なし。
トイレ／手前の深淵地区にある。写真は P208「剣山地・深淵地区」参照。水洗。水道・TP あり。評価☆☆☆〜☆☆
携帯電話 (ドコモ) ／通話不可。
その他／落合国有林分収育林契約分収林看板。

烏帽子／駐車スペース

烏帽子／登山道入口

問合先／三好市西祖谷支所☎
0883-87-2211、三好市まる
ごと三好観光戦略課☎ 0883-
72-7620、三好市観光案内所☎
0883-76-0877、三好市観光協
会事務局☎ 0883-70-5804

Google Map
登山道入口

地理院地図
登山道入口

剣山地・奥祖谷二重かずら橋駐車場　MAP076

つるぎさんち・おくいやにじゅうかずらばしちゅうしゃじょう

徳島県三好市　標高 1015.7m

登山口概要／丸石の北西側、国道 439 号沿い。丸石避難小屋を
経由する丸石や高ノ瀬などの起点。奥祖谷二重かずら橋遊歩道入口。
緯度経度／[33° 51′ 13.7″][134° 02′ 38.9″]
マップコード／ 497 365 048*30
アクセス／徳島道美馬 IC から国道 438 号、県道 12 号、国
道 438、192、438 号、県道 261 号、国道 439 号経由で
49km、約 1 時間 28 分。
駐車場／ 65 台・46 × 5m、115 × 5m・舗装・区画あり。
駐車場混雑情報／ GW と 10 〜 11 月の紅葉シーズンは混雑する。
トイレ／二重かずら橋入口にトイレがある。水洗。水道・TP あり。
評価☆☆〜☆☆
携帯電話 (ドコモ)／通話可。
ドリンク自販機／トイレ前にある
(PB も)。

Google Map
駐車場

地理院地図
駐車場

奥祖谷二重かずら橋／ 4 月 1 日〜
11 月 30 日・8 〜 17 時 (7 〜 9
月は 7 時 30 分〜 18 時)・入園料 550 円・問い合わせは三好
市観光案内所☎ 0883-76-0877 へ。
その他／二重かずら橋バス停 (三好市営バス)、東祖谷観光周遊
マップ、丸石パークランド (食堂・売店)。
取材メモ／奥祖谷二重かずら橋は、約 800 年前に平家一族が架
けたのが最初とされる。かずら橋が 2 本並び、「男橋・女橋 (お
ばし・めばし)」、あるいは「夫婦橋 (みょうとばし)」とも呼ばれる。

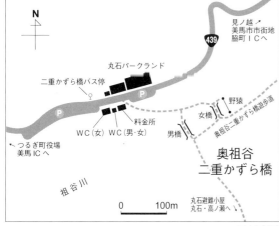
MAP076

奥祖谷／二重かずら橋駐車場

奥祖谷／同駐車場のトイレ

奥祖谷／同トイレ内部

奥祖谷／東祖谷観光周遊マップ

奥祖谷／二重かずら橋入口と料金所

さらに両岸に渡されたロープに屋根付きの木製の籠が吊り下がり、人力で手繰り寄せて進む「野猿」もある。かずら橋を渡ったところから丸石避難小屋に向けて登山道がのびているほか、上流に続く遊歩道も整備されている。なお高ノ瀬のオオヤマレンゲは、6月下旬〜7月上旬が見ごろ。

問合先／三好市観光案内所☎0883-76-0877、三好市東祖谷支所☎0883-88-2211、三好市まるごと三好観光戦略課☎0883-72-7620、三好市観光協会事務局☎0883-70-5804

剣山地・奥神賀山　豊永峠→P253

奥祖谷／丸石パークランド

剣山地・奥槍戸山の家　MAP077

つるぎさんち・おくやりとやまのいえ

徳島県那賀町　標高 1517.5m（駐車場）

登山口概要／次郎笈（じろうぎゅう）（四国百名山）の南側、剣山スーパー林道沿い。次郎笈や剣山、新九郎山、不入山（いらずやま）などの起点。
緯度経度／[33°50′02.1″][134°05′11.9″]（駐車場）
マップコード／497 280 621*60（駐車場）
アクセス／徳島市市街地（徳島県庁前）から市道、国道55号、県道16、295号、町道、剣山スーパー林道（町道剣山線。未舗装。この区間の実走調査をしていないため評価不能）経由で88.5km、約2時間53分。国道195号から剣山スーパー林道（国道の2km先から未舗装。路面評価★★★。部分的に★★）を経由してアクセスすることも可能。剣山スーパー林道の開通期間は、4月1日〜11月末日。
駐車場／奥槍戸山の家の前に駐車場があり、登山者の利用可とのこと。計約100台・50×10mなど4面・舗装・山の家前の駐車場は区画なし（下段の駐車場は区画あるが消えかけ）。また剣山トンネル西口にも12〜13台分の駐車スペースがある。
駐車場混雑情報／10月中旬〜11月上旬の紅葉シーズンの休日には満車になることがある。

山の家／山の家前駐車場

山の家／同駐車場のトイレ

山の家／同トイレ内部

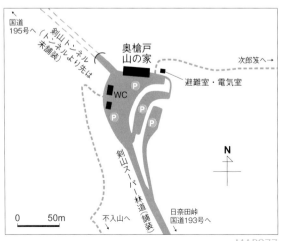

国道195号へ
剣山トンネル（トンネルより先は未舗装）
奥槍戸山の家
次郎笈へ→
避難室・電気室
WC
剣山スーパー林道（舗装）
不入山へ
日奈田峠
国道193号へ
N
0　50m

山の家／奥槍戸山の家

MAP077

178

トイレ／非水洗。水道あり。TP なし。評価☆☆
携帯電話（ドコモ）／通話不可。
その他／トンネル東口＝奥槍戸山の家（食堂・売店。4月1日
〜11 月末日・月、火曜休、祝日の場合は営業・平日は 10 時
〜16 時 30 分、土・日曜、祝日は 9 〜 17 時・☎ 090-6281-
7780）、KISAWA 案内板、剣山林道開通記念碑。トンネル西口＝
那賀川源流碑、あずまや。
取材メモ／ネット上には、「奥槍戸山の家」と「山の家奥槍戸」の
呼称が混在しているが、確認すると山の家では「奥槍戸山の家」
と呼んでいるとのこと。なお剣山のツルギミツバツツジは 5 月下
旬〜 6 月上旬、ナンゴククガイソウは 7 月中旬〜 8 月下旬、イヨ
フウロ（シコクフウロ）は 7 月下旬〜 9 月中旬、キレンゲショウ
マは 8 月上旬〜中旬、ツルギカンギクは 9 月下旬〜 10 月中旬
が見ごろ。
問合先／那賀町木沢支所地域振興
室☎ 0884-65-2111、那賀町に
ぎわい推進課（那賀町観光協会）
☎ 0884-62-1198

Google Map
駐車場

地理院地図
駐車場

山の家／不入山登山道入口

山の家／次郎笈登山道入口

剣山地・落合峠

MAP078

つるぎさんち・おちあいとうげ

徳島県三好市　標高 1517.1m（駐車スペース）

登山口概要／矢筈山（四国百名山・四国百山）の西側、県道 44
号沿い。矢筈山や前烏帽子山、烏帽子山などの起点。
緯度経度／ [33°55′04.4″][133°56′52″]（駐車スペース）
[33°55′05″][133°56′58.7″]（駐車場）
マップコード／ 357 294 661*84（駐車スペース）
357 294 698*51（駐車場）
アクセス／徳島道吉野川スマート IC から市道、県道 132 号、国
道 192 号、県道 44 号経由で 31.5km、約 54 分。
駐車場／登山道入口に駐車スペースがある。5 〜 6 台・舗装・区
画なし。また峠の 200m 東側に落合峠駐車場がある。約 15 台
・55 × 17m・舗装・区画なし。駐車場のさらに 300m 東側の落

落合峠／峠に続く県道 44 号

落合峠／駐車スペース

国道 192 号
吉野川スマート IC へ

矢筈山へ

東祖谷
国道 439 号へ

落合峠避難小屋

東祖谷雨量
観測所

Ｐ スペース

落合峠

WC

Ｐ 落合峠駐車場

N

Ｐ スペース

前烏帽子山・烏帽子山へ

0　　　　　　　　200m

MAP078

落合峠／峠の標識

合峠避難小屋向かいにも約10台分の駐車スペースがある。

トイレ／峠付近にある。非水洗。雨水タンク蛇口あり。TPなし。評価☆☆

携帯電話（ドコモ）／通話不可。

その他／国土交通省東祖谷雨量観測所。

取材メモ／登山者はなるべく落合峠駐車場を利用したい。

Google Map
駐車スペース

地理院地図
駐車スペース

Google Map
駐車場

地理院地図
駐車場

問合先／三好市東祖谷支所☎0883-88-2211、三好市まるごと三好観光戦略課☎0883-72-7620、三好市観光案内所☎0883-76-0877、三好市観光協会事務局☎0883-70-5804

落合峠／峠付近のトイレ

剣山地・梶ヶ森 龍王の滝駐車場（展望所登山口） MAP079

つるぎさんち・かじがもり　りゅうおうのたきちゅうしゃじょう（てんぼうしょとざんぐち）

高知県大豊町　標高909.1m

登山口概要／梶ヶ森（四国百名山・四国百山）の北東側、町道梶ヶ森線沿い。龍王の滝（日本の滝百選）を経由する梶ヶ森の起点。

緯度経度／［33°46′10.5″］［133°45′43.1″］

マップコード／619 331 862*04

アクセス／徳島道井川池田ICから市道、国道192号、県道32号、国道439号、町道梶ヶ森線経由で47.5km、約1時間12分。

駐車場／手前の駐車スペース＝計約15台・52×14mなど2面・舗装・区画なし。奥の駐車場＝31台・58×14m・舗装・区画あり。

駐車場混雑情報／7月の山開きの前に林道清掃のため、一時的に関係者の車で混雑することがある程度。普段は混雑したり満車になることはない。山開きイベントも山荘梶ヶ森で行われるので、本項駐車場が混雑することはない。

トイレ／駐車スペースにある。非水洗。水道あり（流水）。TPなし。

落合峠／同トイレ内部

龍王／龍王の滝駐車場

龍王／手前の駐車スペース

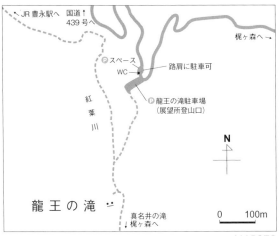

JR豊永駅へ　国道439号へ

梶ヶ森へ→

スペース　WC　路肩に駐車可

紅葉川

龍王の滝駐車場（展望所登山口）

龍王の滝

真名井の滝↓梶ヶ森へ

N

0　100m

MAP079

龍王／同スペースのトイレ

評価☆☆〜☆
携帯電話（ドコモ）／通話可。
その他／梶ヶ森県立自然公園総合案内図、入山者のみなさんへのお願い。

Google Map
駐車場

地理院地図
駐車場

取材メモ／龍王の滝は落差約 20m。吉野川水系・紅葉川に懸かる。駐車場から徒歩約 10 分。滝壺わきに天龍大神が祀られていることが名の由来という。龍王の滝付近のアケボノツツジやトサノミツバツツジは 4 月下旬〜 5 月上旬が見ごろ。梶ヶ森のツクシシャクナゲは、5 月上旬が見ごろ。
問合先／大豊町観光開発協会 ☎ 0887-79-0108

龍王／同トイレ内部

剣山地・樫戸丸　風の広場

つるぎさんち・かしどまる　かぜのひろば

徳島県那賀町・美馬市　標高 1328.6m(風の広場)

登山口概要／樫戸丸の北東側、剣山スーパー林道沿い。樫戸丸や高城山 (たかしろやま・たかぎやま) の起点。
緯度経度／[33° 53′ 19.7″][134° 13′ 25.2″](風の広場)
[33° 53′ 20.1″][134° 13′ 19″](樫戸丸登山道入口)
マップコード／ 497 507 214*40 (風の広場)
497 506 268*61 (樫戸丸登山道入口)
アクセス／徳島市市街地 (徳島県庁前) から市道、国道 55、438、193 号、剣山スーパー林道 (町道剣山線または市道剣山線。路面評価★★★。部分的に★★) 経由で61.5km、約 2 時間 8 分。国道 193 号の雲早トンネルを抜けて 1.4km 先で剣山スーパー林道に右折。ここから 13km、約 54 分。剣山スーパー林道の開通期間は、4 月 1 日〜 11 月末日。

龍王／滝口 (登山道入口)

駐車場／約 50 台以上・128 ×58m・砂利＋草・区画なし。風の広場の西側には、ススキが生えているので、広場全体に車が置けるわけではない。

Google Map
風の広場

地理院地図
風の広場

携帯電話（ドコモ）／通話可。
取材メモ／剣山スーパー林道は、着工から 13 年もの期間を要して昭和 60(1985) 年に全線開通した全長 87.7km を誇る日本一長い林道。ただ現在は町道や市道に昇格している。

Google Map
樫戸丸登山道入口

地理院地図
樫戸丸登山道入口

広場／風の広場

問合先／那賀町にぎわい推進課 (那賀町観光協会) ☎ 0884-62-1190、美馬市観光交流課 ☎ 0883 52 5610

広場／樫戸丸登山道入口

剣山地・樫戸丸　川成峠

つるぎさんち・かしどまる　かわなりとうげ

徳島県美馬市・那賀町　標高 1314.7m(駐車スペース)

登山口概要／樫戸丸の北西側、剣山スーパー林道と林道木屋平木沢線の分岐。樫戸丸の起点。当野石峠 (とうのいしとうげ) を経由する天神丸の起点。
緯度経度／[33° 53′ 03″][134° 12′ 01.7″](駐車スペース)
[33° 52′ 57.7″][134° 12′ 09.6″](樫戸丸登山道入口)

川成峠／駐車スペース

マップコード／497 474 641*57（駐車スペース）
497 474 469*21（樫戸丸登山道入口）
アクセス／徳島市市街地（徳島県庁前）から市道、国道55、
192、438号、林道木屋平木沢線（舗装）経由で66km、約2
時間13分。林道木屋平木沢線の開通期間は、4月1日〜11
月末日。剣山スーパー林道を経由しても距離と時間的に大差はな
い。舗装されている林道木屋平木沢線の方が、未舗装の剣山スー
パー林道を経由するよりもお勧め。
駐車場／川成峠の路肩に駐車ス
ペースがある。約2台・砂利＋草
・区画なし。
携帯電話（ドコモ）／通話可。
その他／町道剣山線（スーパー林
道）略図、林道の広報看板、開通
記念碑。
取材メモ／天神丸方面の登山道
は、剣山スーパー林道と林道木屋
平木沢線の分岐からのびている。
問合先／那賀町にぎわい推進課（那賀町観光協会）☎ 0884-
62-1198、美馬市観光交流課☎ 0883-52-5610

Google Map
駐車スペース

地理院地図
駐車スペース

Google Map
樫戸丸登山道入口

地理院地図
樫戸丸登山道入口

川成峠／町道剣山線略図

川成峠／天神丸登山道入口

剣山地・寒峰　住吉神社　`MAP080`

つるぎさんち・かんぽう　すみよしじんじゃ

徳島県三好市　標高 799.1m（駐車スペース）

登山口概要／寒峰（四国百名山）の南東側、市道沿い。寒峰や
前烏帽子山、烏帽子山の起点。
緯度経度／[33° 52′ 59.7″][133° 54′ 54.5″]（駐車スペース）
マップコード／357 170 514*28（駐車スペース）
アクセス／高知道大豊ICから国道439号、県道45、32号、
国道439号、市道経由で51km、約1時間21分。
駐車場／神社参道入口の先に駐車スペースがある。約3台・18
×5m・砂＋砂利＋落ち葉・区画なし。※手前のトイレがある駐
車スペースは、私有地。

寒峰／登山口に続く市道

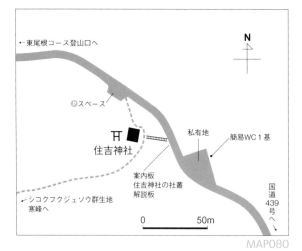

←東尾根コース登山口へ

N

Ｐスペース

住吉神社

私有地

簡易WC1基

案内板
住吉神社の社叢
解説板

←シコクフクジュソウ群生地
寒峰へ

国
道
439
号
へ

0　　　　50m

寒峰／住吉神社参道入口

寒峰／駐車スペース

MAP080

トイレ／手前に「トイレ→」の看板があり、すぐ下に簡易トイレが1基ある。TPあり。評価☆☆

携帯電話（ドコモ）／通話可。

その他／奥ノ井寒峰花回廊案内板、住吉神社の社叢解説板。

Google Map
駐車スペース

地理院地図
駐車スペース

取材メモ／寒峰のシコクフクジュソウは、3月中旬～4月中旬が見ごろ。

問合先／三好市東祖谷支所☎0883-88-2211、三好市まるごと三好観光戦略課☎0883-72-7620、三好市観光案内所☎0883-76-0877、三好市観光協会事務局☎0883-70-5804

寒峰／簡易トイレ

剣山地・京柱峠 MAP081

つるぎさんち・きょうばしらとうげ

徳島県三好市／高知県大豊町　標高1132m（駐車スペース）

登山口概要／矢筈山（土佐矢筈山）（四国百名山・四国百山）の北西側、国道439号沿い。矢筈山（土佐矢筈山）、ニセ小檜曽山（にせこひそやま）、小檜曽山、京柱山、弘瀬山（ひろせやま）などの起点。

緯度経度／［33°49′26.7″］［133°51′42.4″］（駐車スペース）

マップコード／619 553 441*41（駐車スペース）

アクセス／高知道大豊ICから国道439号経由で30.5km、約45分。

駐車場／峠に駐車スペースが2面ある。計約10台・25×15m、56×3m・砂利＋草・区画なし。また奥祖谷方面少し先の路肩にも10台分くらいの駐車スペースがある。

トイレ／峠の大豊町側手前から少し下ったところにある。入口に「公衆便所」の標識が立ち、駐車スペースもある。

携帯電話（ドコモ）／通話可。

その他／京柱峠解説板、大豊町観光案内板、熊出没注意看板、テーブル・ベンチ。

取材メモ／かつて弘法大師が、祖谷から土佐へ向かう際にあまりに遠いことから「京へ上がるほどだ」と語ったことから京柱峠の名が付

Google Map
駐車スペース

地理院地図
駐車スペース

寒峰／住吉神社

京柱峠／峠に続く国道439号

京柱峠／駐車スペース

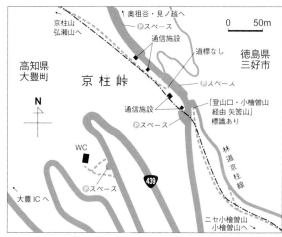

MAP081

京柱峠／峠の標識

いたという。2018 年まで茶屋があったが、現在はない。
問合先／三好市東祖谷支所☎ 0883-88-2211、三好市まるごと三好観光戦略課☎ 0883-72-7620、三好市観光案内所☎ 0883-76-0877、大豊町産業建設課☎ 0887-72-0453、大豊町観光開発協会☎ 0887-79-0108

剣山地・国見山　おおどう峠（後山峠）

つるぎさんち・くにみやま　おおどうとうげ（うしろやまとうげ）

徳島県三好市　標高 764.1m（登山道入口）

登山口概要／国見山（四国百名山・四国百山）の南東側、市道沿い。国見山の起点。
緯度経度／[33°53′12.5″][133°47′39″]（登山道入口）
マップコード／ 357 185 018*03（登山道入口）
アクセス／徳島道井川池田 IC から市道、県道 266 号、国道192、32 号、県道 45 号、市道経由で 35km、約 57 分。
駐車場／登山道入口の前後路肩に駐車スペースがある。計 6 〜7 台・28 × 3m など 2 面・草＋落ち葉・区画なし。
携帯電話（ドコモ）／通話可。
その他／貸し出し杖（スキーのストック）、石碑。
取材メモ／さらに林道川崎国見山線を奥に入ると、駐車スペースと登山道入口がある（次々項参照）。

Google Map
登山道入口

地理院地図
登山道入口

問合先／三好市西祖谷支所☎ 0883-87-2211、三好市まるごと三好観光戦略課☎ 0883-72-7620、三好市観光案内所☎ 0883-76-0877、三好市観光協会事務局☎ 0883-70-5804

剣山地・国見山　徳善登山口

つるぎさんち・くにみやま　とくぜんとざんぐち

徳島県三好市　標高 254.3m（チェーン着脱場）

登山口概要／国見山（四国百名山・四国百山）の南西側、県道45 号沿い。国見山の起点。
緯度経度／[33°52′41.1″][133°46′22.5″]（チェーン着脱場）[33°52′43.6″][133°46′23.9″]（登山道入口）
マップコード／ 357 123 871*74（チェーン着脱場）357 153 033*35（登山道入口）
アクセス／徳島道井川池田 IC から国道 192、32 号、県道 45号経由で 27km、約 34 分。
駐車場／登山道入口の前後路肩に駐車スペースがある。南側の駐車スペース（チェーン着脱場）＝ 7 〜8 台・54 × 10m・舗装・区画なし。※チェーン着脱場なので、積雪期の駐車は控えたい。また民家の入口もあるので駐車の際は配慮を。北側の駐車スペース＝チェーン着脱場から北に約 180m 先。約 5台・40 × 3m・舗装・区画なし。
携帯電話（ドコモ）／通話可。

Google Map
チェーン着脱場

地理院地図
チェーン着脱場

Google Map
登山道入口

地理院地図
登山道入口

京柱峠／小檜曽山登山道入口

おおどう／東側の駐車スペース

おおどう／西側の駐車スペース

おおどう／登山道入口

徳善／チェーン着脱場

その他／徳善バス停 (四国交通)。
取材メモ／登山道入口は、徳善バス停そばにある (道標なし)。ここにも路肩にスペースがあるが、バス停なので駐車はしないこと。
問合先／三好市西祖谷支所 ☎ 0883-87-2211、三好市まるごと三好観光戦略課 ☎ 0883-72-7620、三好市観光案内所 ☎ 0883-76-0877、三好市観光協会事務局 ☎ 0883-70-5804

徳善／バス停と登山道入口

剣山地・国見山　林道川崎国見山線

つるぎさんち・くにみやま　りんどうかわさきくにみやません

徳島県三好市　標高 1031.8m (駐車スペース)

登山口概要／国見山 (四国百名山・四国百山) の南東側、林道川崎国見山線沿い。国見山の起点。
緯度経度／ [33°53′46.7″][133°47′28.3″](駐車スペース)
マップコード／ 357 215 127*40 (駐車スペース)
アクセス／徳島道井川池田 IC から市道、県道 266 号、国道 192、32 号、県道 45 号、市道、林道川崎国見山線 (舗装) 経由で 38km、約 1 時間 7 分。※ Google Map のナビでは、林道川崎国見山線がアクセスルートとして認識されず、付近の市道までしかナビができない。市道と林道川崎国見山線の分岐から 3.4km、約 11 分。
駐車場／登山道入口の向かいに駐車スペースがある。6 ～ 7 台・52 × 12m・舗装・区画なし。

林道／登山口に続く林道

Google Map 駐車スペース　地理院地図 駐車スペース

携帯電話 (ドコモ) ／通話可。
その他／林道川崎国見山線周辺案内板。
問合先／三好市西祖谷支所 ☎ 0883-87-2211、三好市まるごと三好観光戦略課 ☎ 0883-72-7620、三好市観光案内所 ☎ 0883-76-0877、三好市観光協会事務局 ☎ 0883-70-5804

林道／駐車スペース

剣山地・雲早山　シャクナゲ尾根登山口

つるぎさんち・くもそうやま　しゃくなげおねとざんぐち

徳島県神山町・那賀町　標高 1081.3m (登山道入口)

登山口概要／雲早山 (四国百名山・四国百山) の北西側、剣山スーパー林道沿い。シャクナゲ尾根を経由する雲早山などの起点。
緯度経度／ [33°54′49.6″][134°17′13.3″](登山道入口)
マップコード／ 370 574 232*47 (登山道入口)
アクセス／徳島市市街地 (徳島県庁前) から市道、国道 55、438、193 号、剣山スーパー林道 (町道剣山線。路面評価★★★) 経由で 49.5km、約 1 時間 28 分。国道 193 号の雲早トンネルを抜けて剣山スーパー林道に左折。ここから 1.7km、約 11 分。剣山スーパー林道の開通期間は、4 月 1 日～ 11 月末日。
駐車場／登山道入口の左右路肩に寄せれば駐車可。計 5 ～ 6 台・小石＋落ち葉・区画なし。

林道／登山道入口

携帯電話 (ドコモ) ／通話可。
取材メモ／登山道入口とおぼしき場所にピンクテープが結ばれているだけで、林道側から見る限り登山道は不明瞭だった。取材時は、秋で落ち葉が降り積もっていたせいもあるかもしれない。おそら

Google Map 登山道入口

地理院地図 登山道入口

尾根／登山口に続く剣山スーパー林道

くシャクナゲ尾根は下山ルートとして使うことの方が多く、ここから登る人はあまりいないと想像するが、一応紹介しておく。
問合先／神山町産業観光課商工観光係（神山町観光協会）☎ 088-676-1118

剣山地・雲早山登山口（神通橋）

つるぎさんち・くもそうやまとざんぐち（じんつうばし）

徳島県神山町　標高 1106.4m（駐車スペース）

登山口概要／雲早山（四国百名山・四国百山）の北西側、剣山スーパー林道沿い。雲早山などの起点。
緯度経度／ [33°54′44″][134°17′20.7″]（駐車スペース）
マップコード／ 370 575 060*65（駐車スペース）
アクセス／徳島市市街地（徳島県庁前）から市道、国道55、438、193号、剣山スーパー林道（町道剣山線。路面評価★★★）経由で45km、約1時間30分。国道193号の雲早トンネルを抜けて剣山スーパー林道に左折。ここから2km、約13分。剣山スーパー林道の開通期間は、4月1日〜11月末日。
駐車場／登山道入口のすぐ手前（西側）にある。約5台・18×5m・土＋砂利＋落ち葉・区画なし。
携帯電話（ドコモ）／通話可。
その他／雲早山登山案内板。
問合先／神山町産業観光課商工観光係（神山町観光協会）☎ 088-676-1118

Google Map
駐車スペース

地理院地図
駐車スペース

剣山地・高根山　林道大川原旭丸線

つるぎさんち・こうねやま　りんどうおおかわらあさひまるせん

徳島県神山町・上勝町　標高 1186.6m（登山道入口）

登山口概要／高根山の北西側直下、林道大川原旭丸線沿い。高根山や柴小屋山、大道丸（だいどうまる）の起点。
緯度経度／ [33°55′58.8″][134°19′47.8″]（登山道入口）
マップコード／ 370 639 507*33（登山道入口）
アクセス／徳島市市街地（徳島県庁前）から市道、国道55、192、438号、町道野間殿川内線（舗装）、林道大川原旭丸線（舗装）経由で41km、約1時間26分。
駐車場／登山道入口がある林道分岐路肩に駐車可。3〜4台・草＋落ち葉・区画なし。
携帯電話（ドコモ）／通話不可。
その他／間伐材を治水事業に活用しよう看板。
取材メモ／登山道は、林道分岐からのびている（入口に道標なし）。

Google Map
登山道入口

地理院地図
登山道入口

なお、林道大川原旭丸線は、大川原高原と旭丸峠を結んでいるが、一部未開通区間がある。
問合先／上勝町産業課☎ 0885-46-0111、神山町産業観光課商工観光係（神山町観光協会）☎ 088-676-1118

剣山地・高板山　林道楮佐古線→ P254

尾根／駐車スペース

神通橋／駐車スペース

神通橋／登山道入口

高根山／駐車スペース

高根山／登山道入口

剣山地・垢離取橋

つるぎさんち・こりとりばし

徳島県美馬市　標高 757.2m(駐車スペース)

登山口概要／剣山（日本百名山・花の百名山・四国百名山・四国百山・徳島県の最高峰）の北東側、国道 438 号沿い。龍光寺や劔神社を経由する一ノ森や剣山などの起点。

緯度経度／[33°52′28.4″][134°07′14.3″](駐車スペース)
[33°52′26.5″][134°07′24.9″](垢離取橋奥登山道入口)
[33°51′56.9″][134°07′14.4″](龍光寺登山道入口)

マップコード／ 497 434 503*11 (駐車スペース)
497 435 424*03 (垢離取橋奥登山道入口)
497 404 443*44 (龍光寺登山道入口)

アクセス／徳島市市街地 (徳島県庁前) から市道、国道 55、192、438 号経由で 64km、約 1 時間 34 分。

駐車場／垢離取橋の左右に駐車スペースがある。計 8 〜 9 台・砂利＋草・区画なし。

トイレ／垢離取橋の向かいにある。非水洗。水道・TP なし。評価☆☆〜☆

携帯電話 (ドコモ)／通話可。

その他／穴吹川民有林直轄治山事業区域案内板。

取材メモ／さらに林道富士ノ池線(舗装) に入れば、龍光寺手前に駐車スペースがある。ただ林道は狭く、落石由来の石もある上にすれ違い困難な道。また 2021 年 12 月現在、Google Map に「剣神社」と表示されている建物は、龍光寺の間違いと思われる。劔神社はさらに上部にある。以前は垢離取橋に美馬市営バスの富士の池入口バス停があったが、季節運行の剣山登山バスは 2021 年度で廃止された。

問合先／美馬市観光交流課 ☎ 0883-52-5610

Google Map
駐車スペース

地理院地図
駐車スペース

Google Map
垢離取橋奥
登山道入口

地理院地図
垢離取橋奥
登山道入口

Google Map
龍光寺登山道入口

地理院地図
龍光寺登山道入口

剣山地・さかて山　林道大川原旭丸線

つるぎさんち・さかてやま　りんどうおおかわらあさひまるせん

徳島県神山町　上勝町　標高 1205.1m(林道路肩)

登山口概要／さかて山の東側直下、林道大川原旭丸線沿い。さかて山や高根山（こうねやま）、旭ノ丸の起点。氷小屋の入口。

緯度経度／[33°56′02.7″][134°19′38.8″](林道路肩)
[33°56′03.4″][134°19′38.9″](登山道入口)

マップコード／ 370 639 618*30 (林道路肩)
370 639 648*01 (登山道入口)

アクセス／徳島市市街地 (徳島県庁前) から市道、国道 55、192、438 号、町道野間殿川内線 (舗装)、林道大川原旭丸線 (舗装) 経由で 41km、約 1 時間 28 分。

駐車場／林道左右路肩に駐車できる。計約 12 台・52 × 3m など 2 面・舗装・区画なし。

垢離取／駐車スペース

垢離取／橋向かいのトイレ

垢離取／同トイレ内部

垢離取／垢離取橋

さかて／路肩に寄せれば駐車可

携帯電話（ドコモ）／通話可。
その他／氷小屋跡解説碑、旭丸峠
開鑿記念碑、白樺植樹 30 周年記
念碑。
取材メモ／登山道入口は「氷小屋
跡入口」の標識が目印。ここから
200m ほど下ったところに藩政時
代の氷室跡がある。なお、林道大
川原旭丸線は、大川原高原と旭丸
峠を結んでいるが、一部未開通区
間がある。

Google Map
林道路肩

地理院地図
林道路肩

Google Map
登山道入口

地理院地図
登山道入口

問合先／上勝町産業課 ☎ 0885-46-0111、神山町産業観光課
商工観光係（神山町観光協会）☎ 088-676-1118

さかて／氷小屋跡入口

剣山地・柴小屋山　町道野間殿川内線

つるぎさんち・しばごややま　ちょうどうのまとのごうちせん

徳島県神山町　標高 1168.7m(登山道入口)

登山口概要／柴小屋山の北西側、町道野間殿川内線沿い。柴小
屋山や大道丸（だいどうまる）、高根山（こうねやま）の起点。
緯度経度／[33°55′45.7″][134°20′11.2″](登山道入口)
[33°55′47.5″][134°20′12.3″](柴小屋休憩所前駐車スペース)
マップコード／ 370 640 110*40 (登山道入口)
370 640 171*14 (柴小屋休憩所前駐車スペース)
アクセス／徳島市市街地 (徳島県庁前) から市道、国道 55、
192、438 号、町道野間殿川内線 (舗装) 経由で 40.5km、約
1 時間 21 分。

柴小屋／向かいの駐車スペース

駐車場／登山道入口の向かい路肩
に駐車スペースがある。約3台・22
×3m・草・区画なし。またその
手前の柴小屋休憩所前にも広い駐
車スペースがある。約 15 台・64
×5m・舗装・区画なし。ほかに柴
小屋休憩所付近のカーブ地点に空
き地もある (登山者の駐車可否不
明)。

Google Map
登山道入口

地理院地図
登山道入口

Google Map
休憩所前
駐車スペース

地理院地図
休憩所前
駐車スペース

携帯電話（ドコモ）／通話可 (つ
ながるまで時間を要した)。
その他／柴小屋休憩所（あずまや）、柴小屋の植生解説板、四国
のみち案内板、四国のみち解説板、ベンチ。
問合先／神山町産業観光課商工観光係 (神山町観光協会) ☎
088-676-1118

柴小屋／登山道入口

柴小屋／休憩所前駐車スペース

剣山地・菖蒲権現登山口

つるぎさんち・しょうぶごんげんとざんぐち

徳島県神山町・上勝町　標高 1222.4m(北側駐車スペース)

登山口概要／菖蒲権現の東側、剣山スーパー林道沿い。菖蒲権現
や旭ノ丸などの起点。
緯度経度／[33°55′34.7″][134°18′43.8″](北側駐車スペース)
[33°55′34.8″][134°18′40.6″](菖蒲権現登山道入口)

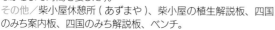
柴小屋／柴小屋休憩所

マップコード／ 370 607 683*30（北側駐車スペース）
370 607 680*24（菖蒲権現登山道入口）
アクセス／徳島市市街地（徳島県庁前）から市道、国道 55、
192、438 号、町道野間殿川内線（舗装）、林道大川原旭丸線（舗
装）、剣山スーパー林道（町道剣山線。路面評価★★★）経由で
43km、約 1 時間 37 分。剣山スーパー林道の開通期間は、4 月
1 日～ 11 月末日。
駐車場／林道の左右に広い駐車ス
ペースがある。北側の駐車スペー
ス＝約 15 台・32 × 14m・砂＋
草＋小石・区画なし。南側の駐車
スペース＝約 10 台・27 × 22m・
土＋小石・区画なし。
携帯電話（ドコモ）／通話可。
取材メモ／旭ノ丸登山道入口は、
南側駐車スペースの東側からのび
ている（道標なし）。
問合先／神山町産業観光課商工観光係（神山町観光協会）☎
088-676-1118、上勝町産業課☎ 0885-46-0111

Google Map
北側駐車スペース

地理院地図
北側駐車スペース

Google Map
菖蒲権現登山道入口

地理院地図
菖蒲権現登山道入口

剣山地・白髪避難小屋登山口

つるぎさんち・しらがひなんごやとざんぐち

高知県香美市　標高 1364.8m（駐車スペース）

登山口概要／白髪山（四国百名山・四国百山）の北東側、林道
西熊別府線沿い。白髪山や三嶺（みうね・さんれい）などの起点。
白髪避難小屋を経由する高ノ瀬（こうのせ）などの起点。
緯度経度／［33°48′58.1″］［134°00′10.3″］（駐車スペース）
マップコード／ 497 210 499*70（駐車スペース）
アクセス／高知市市街地（高知県庁前）から市道、県道 16、374
号、市道、国道 195 号、林道大栃線、林道西熊別府線（ともに
舗装されているが、傷んで凹凸が所々にある。路面上に落石由来
の石も見られるので、注意したい）経由で 74km、約 2 時間 10 分。
県道 217 号を経由するルートもあるが、べふ峡経由の方がお勧め。
ただし、林道大栃線はよく通行止になる。
駐車場／登山道入口の斜向かいに駐車スペースがある。約 4 台
・30 × 3m・砂利・区画なし。
携帯電話（ドコモ）／通話不可。
その他／熊出没注意看板。
取材メモ／現地看板は「避難小屋
登山口」となっているが、本書で
は便宜上、上記の表記とした。高
ノ瀬のオオヤマレンゲは、6 月下旬～ 7 月上旬が見ごろ。
問合先／香美市役所物部支所地域振興班☎ 0887-52-9289、
香美市いんふぉめーしょん☎ 0887-52-9880

Google Map
駐車スペース

地理院地図
駐車スペース

剣山地・高城山登山口①

つるぎさんち・たかしろやま（たかぎやま）とざんぐち①

徳島県那賀町・（美馬市）　標高 1342.5m（駐車スペース）

登山口概要／高城山（四国百名山・四国百山）の北側、剣山スー

菖蒲／登山口に続くスーパー林道

菖蒲／駐車スペース

白髪／登山口に続く舗装林道

白髪／駐車スペース

白髪／登山道入口

パー林道沿い。高城山の起点。
緯度経度／[33°54′00″][134°14′12″]（駐車スペース）
マップコード／497 538 561*67（駐車スペース）
アクセス／徳島市市街地（徳島県庁前）から市道、国道55、438、193号、剣山スーパー林道（町道剣山線または市道剣山線。路面評価★★★。部分的に★★）経由で56km、約1時間47分。国道193号の雲早トンネルを抜けて1.4km先で剣山スーパー林道に右折。ここから7.5km、約34分。剣山スーパー林道の開通期間は、4月1日～11月末日。
駐車場／登山道入口前と向かいに駐車スペースがある。14～17台・48×8mなど2面・草＋小石＋砂利＋落ち葉・区画なし。
携帯電話（ドコモ）／通話可。
その他／作業小屋。
問合先／那賀町にぎわい推進課（那賀町観光協会）☎0884-62-1198、美馬市観光交流課☎0883-52-5610

Google Map
駐車スペース

地理院地図
駐車スペース

高城①／駐車スペース

高城①／登山道入口

剣山地・高城山登山口②

つるぎさんち・たかしろやま（たかぎやま）とざんぐち②

徳島県那賀町　標高1536m（登山道入口）

登山口概要／高城山（四国百名山・四国百山）の南東側、剣山スーパー林道沿い。高城山の起点。
緯度経度／[33°53′20.5″][134°14′40.3″]（登山道入口）
マップコード／497 509 259*14（登山道入口）
アクセス／徳島市市街地（徳島県庁前）から市道、国道55、438、193号、剣山スーパー林道（町道剣山線。路面評価★★★。部分的に★★）経由で59km、約2時間3分。国道193号の雲早トンネルを抜けて1.4km先で剣山スーパー林道に右折。ここから8.6km、約50分。剣山スーパー林道の開通期間は、4月1日～11月末日。
駐車場／登山道入口の左右路肩に駐車スペースがある。計7～8台・草＋砂利・区画なし。
携帯電話（ドコモ）／通話可。
その他／釜ヶ谷国有林看板、携帯基地局。
問合先／那賀町にぎわい推進課（那賀町観光協会）☎0884-62-1198

Google Map
登山道入口

地理院地図
登山道入口

高城②／駐車スペース

高城②／登山道入口

剣山地・高城山登山口③

つるぎさんち・たかしろやま（たかぎやま）とざんぐち③

徳島県那賀町　標高1525.9m（登山道入口）

登山口概要／高城山（四国百名山・四国百山）の南東側、剣山スーパー林道沿い。高城山の起点。
緯度経度／[33°53′16.4″][134°14′41.6″]（登山道入口）
マップコード／497 509 141*81（登山道入口）
アクセス／徳島市市街地（徳島県庁前）から市道、国道55、438、193号、剣山スーパー林道（町道剣山線。路面評価★★★。

高城③／駐車スペース

部分的に★★）経由で59km、約2時間4分。国道193号の雲早トンネルを抜けて1.4km先で剣山スーパー林道に右折。ここから8.8km、約51分。剣山スーパー林道の開通期間は、4月1日〜11月末日。

駐車場／登山道入口の路肩に駐車スペースがある。4〜5台・24×3m・砂利＋草・区画なし。

携帯電話（ドコモ）／通話可。

問合先／那賀町にぎわい推進課（那賀町観光協会）☎ 0884-62-1198

Google Map
登山道入口

地理院地図
登山道入口

高城③／登山道入口

剣山地・高城山登山口④

つるぎさんち・たかしろやま（たかぎやま）とざんぐち④

徳島県那賀町・美馬市　標高1376m（登山道入口）

登山口概要／高城山（四国百名山・四国百山）の西側、剣山スーパー林道沿い。高城山の起点。

緯度経度／[33°53′18″][134°13′46.2″]（登山道入口）

マップコード／497 507 205*76（登山道入口）

アクセス／徳島市市街地（徳島県庁前）から市道、国道55、438、193号、剣山スーパー林道（町道剣山線。路面評価★★★。部分的に★★）経由で61km、約2時間7分。国道193号の雲早トンネルを抜けた1.4km先で剣山スーパー林道に右折。ここから12.5km、約54分。剣山スーパー林道の開通期間は、4月1日〜11月末日。

駐車場／登山道入口の前後左右に駐車スペースがある。計3〜5台・草＋細砂利＋落ち葉・区画なし。

携帯電話（ドコモ）／通話不可。

問合先／那賀町にぎわい推進課（那賀町観光協会）☎ 0884-62-1198、美馬市観光交流課☎ 0883-52-5610

高城④／駐車スペース

高城④／登山道入口

Google Map
登山道入口

地理院地図
登山道入口

剣山地・高城山　ファガスの森高城　MAP082

つるぎさんち・たかしろやま（たかぎやま）　ふぁがすのもりたかしろ

徳島県那賀町・（美馬市）　標高1300.5m（駐車スペース）

登山口概要／高城山（四国百名山・四国百山）の北西側、剣山スーパー林道沿い。高城山や砥石権現の起点。

緯度経度／[33°54′16.2″][134°13′59″]（駐車スペース）

マップコード／497 568 128*64（駐車スペース）

アクセス／徳島市市街地（徳島県庁前）から市道、国道55、438、193号、剣山スーパー林道（路面評価★★★。部分的に★★）経由で55km、約1時間43分。国道193号の雲早トンネルを抜けて1.4km先で剣山スーパー林道に右折。ここから6.5km、約30分。剣山スーパー林道の開通期間は、4月1日〜11月末日。

駐車場／ファガスの森高城前に駐車スペースがあり、登山者の利用可だが、ひとこと声をかけてほしいとのこと。計約23台・34×5mなど2面・舗装・区画なし。

駐車場混雑情報／GWと紅葉シーズンは満車になることがある。夏休みやお盆休みは満車にはならない。

ファガス／ファガスの森駐車スペース

ファガス／向かって右手のトイレ

トイレ／ファガスの森高城向かって右手にある。非水洗。水道・TP あり。評価☆☆

携帯電話（ドコモ）／通話可。

水場・水道設備／トイレ前に中の手洗いとは別の水道がある。

その他／ファガスの森高城（食堂・売店・コテージ。4 月 1 日〜11 月末日・水、木曜休、臨時休業あり・10 〜 16 時・☎ 090-1578-3029）、ファガスの森全体案内図、KISAWA 観光案内板、ベンチ、キャンプ場、コテージ。

問合先／ファガスの森高城☎ 090-1578-3029、那賀町にぎわい推進課（那賀町観光協会）☎ 0884-62-1198、美馬市観光交流課☎ 0883-52-5610

Google Map
駐車スペース

地理院地図
駐車スペース

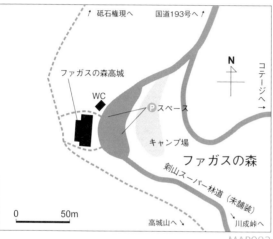

↑ 砥石権現へ　　国道193号へ ↑

N

コテージへ →

ファガスの森高城

WC

P スペース

キャンプ場

ファガスの森

剣山スーパー林道（未舗装）

0　　50m

高城山へ ↘　　川成峠へ ↘

MAP082

ファガス／同トイレ内部

ファガス／ファガスの森高城

ファガス／高城山登山道入口

剣山地・高鉾山　林道大川原旭丸線

つるぎさんち・たかほこやま　りんどうおおかわらあさひまるせん

徳島県上勝町　標高 961.4m（駐車スペース）

登山口概要／高鉾山の北西側直下、林道大川原旭丸線沿い。高鉾山や旭ヶ丸の起点。

緯度経度／[33° 56′ 30.1″][134° 24′ 05″]（駐車スペース）

マップコード／ 370 678 554*78（駐車スペース）

アクセス／徳島市街地（徳島県庁前）から市道、国道 438 号、村道、林道大川原旭丸線（舗装）経由で 30km、約 57 分。

駐車場／登山道入口に駐車スペースがある。約 5 台・22 × 7m・砂＋砂利＋草・区画なし。また手前にも 2 台分の駐車スペースがある。

トイレ／手前の大川原高原にある（MAP073 参照）。

携帯電話（ドコモ）／通話可。

取材メモ／駐車スペースの端から下っている道が、高鉾山登山道。駐車スペースの斜向かい登っている道が旭ヶ丸登山道。それぞれ道標が立っているが、文字はかすれ

高鉾山／駐車スペース

Google Map
駐車スペース

地理院地図
駐車スペース

高鉾山／高鉾山登山道入口道標

て読めない。
問合先／上勝町産業課☎ 0885-46-0111

剣山地・高丸山　千年の森広場　MAP083

つるぎさんち・たかまるやま (さん)　せんねんのもりひろば

徳島県上勝町　標高 1046.2m (駐車場)

登山口概要／高丸山 (四国百名山・四国百山) の南東側、高丸山林道沿い。三つ尾の峠や高丸山荘を経由する高丸山の起点。
緯度経度／[33°52′54.1″][134°19′55.7″](駐車場)
[33°52′54.9″][134°19′54.5″](登山道入口)
マップコード／ 370 460 365*68 (駐車場)
370 460 364*23 (登山道入口)
アクセス／徳島市市街地 (徳島県庁前) から市道、国道 55 号、県道 16 号、高丸山林道 (舗装) 経由で 51.5km、約 1 時間 28 分。
駐車場／高丸山千年の森案内所前に駐車場がある。20 ～ 30 台・60 × 24m・細砂利＋草・区画なし (一部あり)。ほかに登山道入口付近にも 3 ～ 4 台分の駐車スペースがあり、ここも登山者の利用可。
駐車場混雑情報／毎年 5 月 5 日に山開きの神事が行われるが、かつてのような大きなイベントではなくなったので、登山者の駐車に支障はないとのこと。ただ GW、お盆休み、紅葉シーズンの休日は満車になって、林道路肩に車が並ぶこともある。
トイレ／高丸山千年の森案内所付近のトイレ＝水洗。水道 (飲用不可)・TP あり。評価☆☆☆。登山道入口付近のトイレ＝非水洗。水道 (飲用不可とは書かれていないが、前記トイレと同様と思われる)・TP あり。評価☆☆
携帯電話 (ドコモ)／通話可。
その他／高丸山千年の森案内所 (イベント時に利用される。普段は無人の施設)、高丸山千年の森案

Google Map
駐車場

地理院地図
駐車場

Google Map
登山道入口

地理院地図
登山道入口

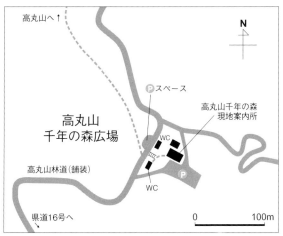

MAP083

高丸山／登山口に続く高丸山林道

高丸山／案内所と駐車場

高丸山／案内所付近のトイレ

高丸山／同トイレ内部

高丸山／登山道入口付近のトイレ

内板、千年の森づくり解説板。

取材メモ／高丸山の標高 1000m 以上は、ブナなどの自然林に覆われ、昭和 52(1977) 年 3 月には県の自然環境保全地域の第 1 号指定を受けている。また山麓にある千年の森ふれあい館では、展示のほか、かみかつ里山倶楽部による体験プログラムやイベントも実施。詳しくは高丸山千年の森サイトを参照。高丸山の情報もある（「高丸山千年の森」で検索）。

問合先／千年の森ふれあい館 (高丸山に関する問い合わせ可) ☎ 0885-44-6680、上勝町産業課☎ 0885-46-0111

高丸山／同トイレ内部

剣山地・津志嶽　久藪登山口　MAP084

つるぎさんち・つしだけ　ひさやぶとざんぐち

徳島県つるぎ町　標高 594.8m(駐車場)

登山口概要／津志嶽 (四国百名山) の東側、町道沿い。石鈇寺 (いしづちじ) を経由する津志嶽の起点。

緯度経度／[33°55′58.2″][134°03′18.5″](駐車場)
[33°55′55″][134°03′04.4″](登山道入口)

マップコード／ 497 636 508*52 (駐車場)
497 636 403*71 (登山道入口)

アクセス／徳島道美馬 IC から国道 438 号、県道 12 号、国道 438、192 号、国道 438 号、町道経由で 24km、約 42 分。

駐車場／久藪阿弥陀堂に駐車場があり、登山者の利用可。計約 20 台・36 × 22m など 2 面・砂＋砂利・区画なし。※登山道入口のスペースは、車の転回用なので駐車禁止。

トイレ／久藪阿弥陀堂に 2 棟ある。阿弥陀堂向かって左手のトイレ＝水洗。水道・TP あり。評価☆☆。阿弥陀堂奥のトイレ＝非水洗。水道なし。TP あり。評価☆☆

携帯電話 (ドコモ)／通話可。
その他／津志嶽登山案内板。

Google Map
駐車場

地理院地図
駐車場

Google Map
登山道入口

地理院地図
登山道入口

高丸山／登山道入口

津志嶽／久藪阿弥陀堂と駐車場

津志嶽／久藪阿弥陀堂

津志嶽／向かって左手のトイレ

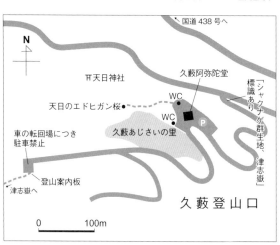

久藪登山口

MAP084

取材メモ／久藪あじさいの里のアジサイは、6月下旬〜7月中旬が見ごろ。津志嶽のホンシャクナゲは、5月中旬〜6月上旬が見ごろ。また駐車場奥には、町の天然記念物「天日のエドヒガン桜」がある。幹周り4.3m、推定樹齢300年以上の古木で、4月上旬〜中旬が見ごろ。

問合先／つるぎ町一宇支所☎0883-67-2111、つるぎ町産業経済課☎0883-62-3114

剣山地・天神丸　日奈田峠コース登山口→ P254
剣山地・天神丸　ファミリーコース登山口→ P254

津志嶽／同トイレ内部

剣山地・砥石権現第1登山口

つるぎさんち・といしごんげんだいいちとざんぐち

徳島県那賀町　標高 1120.4m（登山道入口）

登山口概要／砥石権現の南西側、剣山スーパー林道沿い。砥石権現やカマダキ山の起点。

緯度経度／[33°54′46.4″][134°14′58.5″]（登山道入口）

マップコード／370 570 128*80（登山道入口）

アクセス／徳島市市街地（徳島県庁前）から市道、国道55、438、193号、剣山スーパー林道（町道剣山線。路面評価★★★。部分的に★★）経由で52.5km、約1時間32分。国道193号の雲早トンネルを抜けて1.4km先で剣山スーパー林道に右折。ここから3.8km、約19分。剣山スーパー林道の開通期間は、4月1日〜11月末日。

駐車場／登山道入口の36m北側路肩に駐車スペースがある。5〜6台・26×5m・砂利＋石＋草・区画なし。

携帯電話（ドコモ）／通話可。

その他／ふれあい高城の森看板、危険木注意看板。

問合先／那賀町にぎわい推進課（那賀町観光協会）☎0884-62-1198

Google Map
登山道入口

地理院地図
登山道入口

砥石第1／剣山スーパー林道

砥石第1／駐車スペース

剣山地・砥石権現第2登山口

つるぎさんち・といしごんげんだいにとざんぐち

徳島県那賀町　標高 1132.6m（登山道入口）

登山口概要／砥石権現の南西側、剣山スーパー林道沿い。砥石権現やカマダキ山の起点。

緯度経度／[33°54′47.8″][134°14′54.7″]（登山道入口）

マップコード／370 570 154*32（登山道入口）

アクセス／徳島市市街地（徳島県庁前）から市道、国道55、438、193号、剣山スーパー林道（町道剣山線。路面評価★★★。部分的に★★）経由で52.5km、約1時間33分。国道193号の雲早トンネルを抜けて1.4km先で剣山スーパー林道に右折。ここから3.9km、約20分。剣山スーパー林道の開通期間は、4月1日〜11月末日。

砥石第1／登山道入口

Google Map
登山道入口

地理院地図
登山道入口

砥石第2／駐車スペース

駐車場／登山道入口の向かい路肩に駐車スペースがある。約 2 台・草＋小石・区画なし。また 80m 西側にも 2 台分の駐車スペースがある。
携帯電話（ドコモ）／通話可。
問合先／那賀町にぎわい推進課 (那賀町観光協会) ☎ 0884-62-1198

剣山地・塔ノ丸登山口 (夫婦池付近) MAP095

つるぎさんち・とうのまるとざんぐち (めおといけふきん)

徳島県つるぎ町　標高 1444.1m(駐車スペース)

登山口概要／塔ノ丸 (四国百名山・四国百山) の東側、国道 438 号沿い。塔ノ丸の起点。
緯度経度／[33° 52′ 23.5″][134° 04′ 26.5″](駐車スペース)
[33° 52′ 23.1″][134° 04′ 27.6″](登山道入口)
マップコード／ 497 429 336*82 (駐車スペース)
497 429 337*50 (登山道入口)
アクセス／徳島市市街地 (徳島県庁前) から市道、国道 55、438 号経由で 77.5km、約 2 時間 6 分。
駐車場／登山道入口の斜向かい国道路肩に駐車スペースがある。6 ～ 8 台・46 × 3m・砂利＋草＋落ち葉・区画なし。またすぐ近くに駐車場もある。入口に「箱助林業管理地」という看板が立っているが、三好市東祖谷支所によると登山者が利用できる駐車場とのこと。約 10 台・草・区画なし。
携帯電話（ドコモ）／通話可。
問合先／つるぎ町一宇支所 ☎ 0883-67-2111、つるぎ町産業経済課 ☎ 0883-62-3114、三好市東祖谷支所 ☎ 0883-88-2211

Google Map
駐車スペース

地理院地図
駐車スペース

Google Map
登山道入口

地理院地図
登山道入口

剣山地・中津峰山　金谷登山口 MAP085

つるぎさんち・なかつみねさん　かなやとざんぐち

徳島県徳島市　標高 29.1m(駐車スペース)

登山口概要／中津峰山 (四国百名山・四国百山) の北東側、市道沿い。一風新道やヤカンコースを経由する中津峰山や平石山 (ひらいしやま) の起点。
緯度経度／[33° 59′ 02″][134° 31′ 48″](駐車スペース)
マップコード／ 217 813 627*78 (駐車スペース)
アクセス／徳島市市街地 (徳島県庁前) から市道、国道 55 号、県道 212、33 号、市道経由で 11km、約 18 分。
駐車場／登山道入口の向かいに駐車スペースがある。計 20 台 ・36 × 5m、32 × 5m など 3 面・砂＋草＋落ち葉・区画なし。
駐車場混雑情報／よく登りに来ているという登山者に聞いたところ、GW や夏休みは満車になり、9 ～ 10 月は平日でも満車になるとのことだった。

Google Map
駐車スペース

地理院地図
駐車スペース

砥石第 2 ／登山道入口

塔ノ丸／駐車スペース

塔ノ丸／登山道入口

金谷／駐車スペース

金谷／同スペースの無人販売所

携帯電話（ドコモ）／通話可。
その他／無人販売所。
取材メモ／中津峰山は、日峰山（ひのみねさん）や津峯山（つのみねやま）とともに阿波三峰（あわさんぽう）に数えられ、徳島市の最高峰でもある。
問合先／徳島市にぎわい交流課☎ 088-621-5232

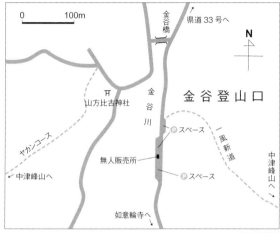

MAP085

金谷／登山道入口

剣山地・中津峰山　如意輪寺駐車場　MAP086

つるぎさんち・なかつみねさん　にょいりんじちゅうしゃじょう

徳島県徳島市　標高 390.7m

登山口概要／中津峰山（四国百名山・四国百山）の北東側、市道および林道婆羅尾線沿い。四国のみちを経由する中津峰山や平石山（ひらいしやま）の起点。
緯度経度／[33°58′12.7″][134°31′00.5″]
マップコード／217 782 010*21
アクセス／徳島市市街地（徳島県庁前）から市道、国道55号、県道212、33号、市道、林道婆羅尾線（舗装）経由で15.5km、約36分。
駐車場／如意輪寺前に如意輪寺の駐車場がある。約30台・32×20m・舗装＋砂＋小石＋落ち葉・区画なし。少し先にも駐車場がある。如意輪寺に確認すると、登山者が利用してもよいとのこと。ただし寺の行事がある日は遠慮してほしいそうだ。行事日程は、如意輪寺の公式サイトに掲載されている。※駐車場には「中津峰第1駐車場」と書かれた看板が立っているが、如意輪寺が所有する駐車場。
駐車場混雑情報／寺の行事がある時は混雑したり、満車になることもあるので、登山者の利用は控えたい。その場合は、さらに林道を進んで、中津峰森林公園駐車場（トイレあり）を起点にする方法もある。
携帯電話（ドコモ）／通話可。
ドリンク自販機／駐車場にある（PBも）。

Google Map
如意輪寺駐車場

地理院地図
如意輪寺駐車場

如意輪／如意輪寺駐車場（手前）

如意輪／如意輪寺駐車場（奥）

如意輪／四国のみち案内板

如意輪／中津峰森林公園案内図

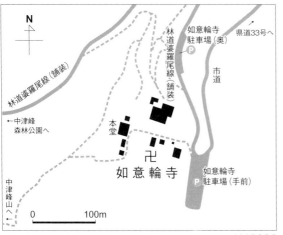

MAP086

如意輪／中津峯山頂を示す道標

取材メモ／登山道入口は、如意輪寺本堂の左手奥にある。
その他／中津峰森林公園案内図、四国のみち（四国自然歩道）
案内板。
問合先／徳島市にぎわい交流課☎ 088-621-5232、徳島市農
林水産課（中津峰森林公園）☎ 088-621-5245

如意輪／如意輪寺参道入口

剣山地・中津峰山　星谷運動公園駐車場　MAP087

つるぎさんち・なかつみねさん　ほしたにうんどうこうえんちゅうしゃじょう

徳島県勝浦町　標高 27.3m（駐車場）

登山口概要／中津峰山（四国百名山・四国百山）の南東側、町
道沿い。星谷寺（しょうこくじ・星の岩屋）を経由する中津峰山
や平石山（ひらいしやま）の起点。
緯度経度／[33° 56′ 10″][134° 31′ 19.2″]（駐車場）
[33° 56′ 54.3″][134° 30′ 55.3″]（星谷寺入口）
マップコード／ 217 632 868*77（駐車場）
217 692 365*85（星谷寺入口）
アクセス／徳島市市街地（徳島県庁前）から市道、国道 55 号、
県道 16、212 号、町道経由で 19.5km、約 30 分。
駐車場／約 90 台・54 × 40m・舗装・区画なし。
駐車場混雑情報／地元の人に聞いたところ、土・日曜にサッカー
の試合があるときに満車になることがあるらしい。満車の場合は、
近くの道の駅ひなの里かつうらを
利用。

星谷／星谷運動公園駐車場

トイレ／駐車場の北西側にある。
水洗。水道・TP あり。評価☆☆☆
～☆☆。建物には「星谷運動公園
Toilet & Shower」とあるが、現
在シャワーはない。
携帯電話（ドコモ）／通話可。
ドリンク自販機／トイレの前にある
（PB も）。
取材メモ／星谷運動公園沿いのヒ

Google Map
駐車場

地理院地図
駐車場

Google Map
星谷寺入口

地理院地図
星谷寺入口

星谷／駐車場北西側のトイレ

星谷／同トイレ内部

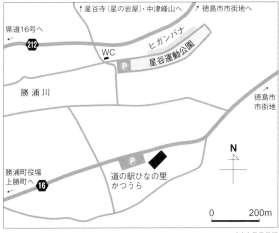

MAP087

ガンバナは、9月下旬〜10月初旬が見ごろ。また星谷寺は、四国八十八ヶ所霊場の第十九番札所・立江寺の奥の院にあたり、無人の寺だが(管理は鶴林寺)、弘法大師にまつわる伝説が残る裏見の滝(不動の滝)などがある。登山道入口は、星谷寺境内を抜けたところにある。
問合先／勝浦町企画交流課☎ 0885-42-2552

剣山地・中尾山高原駐車場　MAP088

つるぎさんち・なこやまこうげんちゅうしゃじょう

徳島県美馬市　標高 1062.8m

登山口概要／中尾山(なこやま・なかおやま)の東側、市道沿い。中尾山や赤帽子山(あかぼうしやま)などの起点。
緯度経度／[33°53′59.8″][134°08′15.4″]
マップコード／497 526 535*22
アクセス／徳島道脇町 IC から国道193、492、438号、県道260号、市道経由で 46.5km、約1時間27分。県道260号沿いに立つ「中尾山高原」のゲートをくぐって、7.8km、約25分。そのまま県道を直進しても行けなくもないが、途中の左折ポイントで、「中尾山高原→」の案内標識が進行方向反対側を向いているため、わかりにくい。
駐車場／登山道入口にある。12〜13台・22×16m・舗装・区画なし。また近くにも駐車場がある。34台・60×16m・舗装・区画消えかけ。
トイレ／近くにある。水洗。水道・TP あり。評価☆☆
携帯電話(ドコモ)／通話可。
ドリンク自販機／駐車場に隣接する休憩所外側にある(PB も)。
その他／木屋平林業総合センター、休憩所、中尾山登山 MAP、民俗資料館(休館中)、平成荘(宿泊・食堂。中尾山高原の施設利用問い合わせも。☎ 0883-68-3422)、平成荘前バス停(美馬市コミュニティバス)など。

Google Map
駐車場

地理院地図
駐車場

中尾山／中尾山高原ゲート

中尾山／登山道入口の駐車場

中尾山／近くのトイレ

中尾山／同トイレ内部

中尾山／休憩所

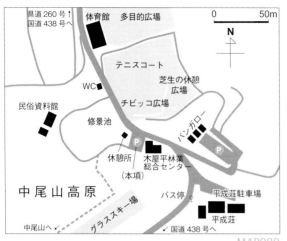

MAP088

中尾山／修景池

問合先／木屋平市民サービスセンター☎ 0883-68-2111、美馬市観光交流課☎ 0883-52-5610

剣山地・名頃登山口　MAP089

つるぎさんち・なごろとざんぐち

徳島県三好市　標高 910.6m(駐車場)

中尾山／登山道入口

登山口概要／三嶺 (みうね・さんれい)(日本二百名山・四国百名山・四国百山・高知県の最高峰) の北東側、国道 439 号から橋を渡った場所。三嶺や西熊山などの起点。
緯度経度／[33° 51′ 06.8″][134° 01′ 25.9″](駐車場)
マップコード／ 497 333 725*33 (駐車場)
アクセス／徳島道美馬 IC から国道 438 号、県道 12 号、国道 438、192、438 号、県道 261 号、国道 439 号、市道経由で45.5km、約 1 時間 25 分。
駐車場／31 台＋大型 2 台・68 × 18m・舗装・区画あり。
駐車場混雑情報／ GW、夏休み、お盆休み、紅葉シーズンは、よく満車になる。
トイレ／駐車場にある。水洗。水道・TP あり。評価☆☆☆～☆☆
携帯電話 (ドコモ)／通話可。
その他／休憩所、テーブル・ベンチ、三嶺登山者の皆様へのお願い、三嶺周辺の自然と利用案内、三嶺・天狗塚のミヤマクマザサ及びコメツツジ群落解説板、三嶺林道は災害復旧のため一般車両通行止め看板、国有林からのお願い。

Google Map
駐車場

地理院地図
駐車場

取材メモ／取材時は、送電線鉄塔建て替え工事のため、MAP にも示した登山道入口が閉鎖されて、迂回路が作られていた。三嶺のコメツツジは 6 月下旬～ 7 月中旬が見ごろ。
問合先／三好市東祖谷支所☎ 0883-88-2211、三好市まるごと三好観光戦略課☎ 0883-72-7620、三好市観光案内所☎ 0883-76-0877、三好市観光協会事務局☎ 0883-70-5804

名頃／名頃登山口駐車場

名頃／同駐車場のトイレ

名頃／同トイレ内部

大歩危
大豊ICへ

「三嶺登山口」の
標識あり

奥祖谷二重かずら橋
見ノ越・脇町ICへ

439

休憩所

三嶺林道
（一般車両通行不可）

WC

P 名頃駐車場

名頃登山口

テーブル・ベンチ

三嶺へ

0   50m

N

MAP089

名頃／休憩所内部

名頃／テーブル・ベンチ

剣山地・西三子山登山口

つるぎさんち・にしみねやまとざんぐち

徳島県那賀町　標高 844.5m（登山道入口）

登山口概要／西三子山の東側、県道 16 号沿い。西三子山の起点。
緯度経度／[33°52′11.4″][134°19′14.9″]（登山道入口）
マップコード／370 398 894*01（登山道入口）
アクセス／徳島市市街地（徳島県庁前）から市道、国道 55 号、
県道 16 号経由で 52.5km、約 1 時間 22 分。
駐車場／登山道入口の向かいに駐車スペースがある。4 ～ 5 台
・22×5m・細砂利＋草・区画なし。
携帯電話（ドコモ）／通話不可。
問合先／那賀町にぎわい推進課
（那賀町観光協会）☎ 0884-62-
1198

Google Map
登山口入口

地理院地図
登山口入口

西三子／駐車スペース

剣山地・ヒカリ石（光石）登山口　MAP090

つるぎさんち・ひかりいしとざんぐち

高知県香美市　標高 902.7m（駐車スペース）

登山口概要／三嶺（みうね・さんれい）（日本二百名山・四国百
名山・四国百山・高知県の最高峰）の南西側、林道西熊線沿い。
三嶺や西熊山、白髪山（しらがやま）、綱附森（つなつけもり）、
天狗塚などの起点。
緯度経度／[33°48′16″][133°58′18.3″]（駐車スペース）
マップコード／619 506 147*76（駐車スペース）
アクセス／高知市市街地（高知県庁前）から市道、県道 16、
374 号、市道、国道 195 号、県道 217 号、林道西熊線（舗装）
経由で 61km、約 1 時間 55 分。
駐車場／登山道入口の左右に駐車スペースがある。計 10 ～ 13
台・42×8m など 2 面・舗装・区画なし。※「車道へのはみ
出し駐車禁止」の看板あり。300m 南側にも広い駐車場（現地

西二子／登山道入口

ヒカリ／登山道入口駐車スペース

看板では「第 2 駐車場」と記載) がある。20 ～ 30 台・40 ×
15m・土＋草＋落ち葉・区画なし。
駐車場混雑情報／登山道入口の駐車スペースが混雑することはあ
るが、紅葉シーズンでも第 2 駐車場の利用はほとんどない。
トイレ／登山道入口にある。非水洗。水道なし。TP あり。評価☆☆
携帯電話 (ドコモ)／通話不可。
登山届入れ／トイレ前にある。
その他／奥物部県立自然公園案内板、奥物部登山マップ、熊出没
注意看板、三嶺登山道に係るお知らせ、西熊山生物群集保護林
解説板、お亀岩避難小屋工事中立入禁止 (緊急時は立入可) 看板、
国有林を利用される皆様へ、ベンチなど。
取材メモ／林道西熊線の奥にある、さおりガ原は物部川の支流・
上韮生川 (かみにろうがわ) の源流部で、古くは「ヌル谷のナ
ロ」と呼ばれていたが、1970 年代に高知大学の学生が、当時の
アイドル歌手・南沙織から名付けたとされる。ここには、どちらも
森の巨人たち百選に選定された巨樹が少し離れて 2 本あり、ひと
つは「ヌル谷のナロのモククスの大木」と呼ばれる幹周り 5.2m、
推定樹齢 270 年のイヌザクラ。もうひとつは幹周り 4.8m、推定
樹齢 270 年のトチノキ。登山道入口の案内板にも記載があるほか、
林道西熊線と林道西熊別府線の分岐には「さおりガ原の巨人た
ち」の案内板が立っている。
問合先／香美市役所物部支所地
域振興班☎ 0887-52-9289、香
美市いんふぉめーしょん☎ 0887-
52-9880

Google Map
駐車スペース

地理院地図
駐車スペース

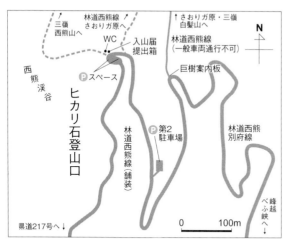

MAP090

剣山地・べふ峡 (別府峡) 駐車場　MAP091

つるぎさんち・べふきょうちゅうしゃじょう

高知県香美市　標高 545.1m (奥の駐車場)

登山口概要／石立山 (いしだてやま)（四国百名山・四国百山)
の南西側、林道大栃線沿い。石立山や中東山 (なかひがしやま)
などの起点。べふ峡散策の起点。

ヒカリ／登山道入口のトイレ

ヒカリ／同トイレ内部

ヒカリ／第 2 駐車場

ヒカリ／登山道入口

べふ峡／奥の駐車場

緯度経度／[33°46′19.7″][134°01′51.2″]（奥の駐車場）
[33°46′24.2″][134°01′48.8″]（錦帯橋・石立山登山道入口）
マップコード／497 064 210*45（奥の駐車場）
497 063 388*62（錦帯橋・石立山登山道入口）
アクセス／高知市市街地（高知県庁前）から市道、県道16、374
号、市道、国道195号、林道大栃線（舗装）経由で62.5km、約
1時間30分。
駐車場／べふ峡入口の新錦渓橋前後に2面ある。奥の駐車場＝
37台＋軽8台・76×18m・舗装・区画あり。手前の駐車場＝
20台・52×10m・舗装・区画あり。
駐車場混雑情報／紅葉シーズンは満車になることがある。
トイレ／奥の駐車場にある。センサーライト付き。水洗。水道
・TP あり。評価☆☆☆。また錦帯橋の手前にもある。非水洗。水
道なし。TP あり。評価☆☆
携帯電話（ドコモ）／通話可。
登山届入れ／石立山登山道入口に
あたる錦帯橋にある。
その他／べふ峡案内板。

Google Map　地理院地図
奥の駐車場　奥の駐車場

取材メモ／べふ峡には、MAP に示
した石立山の登山道入口のほか、
少し上流には古敷谷山（こしきだ
にやま）や中東山などの登山道入
口もある。ただし林道大栃線はよ
く通行止になるので注意が必要。

Google Map　地理院地図
錦帯橋・石立山　錦帯橋・石立山
登山道入口　登山道入口

なお、べふ峡の紅葉は、10月下
旬〜11月中旬が見ごろ。石立山は石灰岩の山で稀産植物が多く、
イシダテクサタチバナやイシダテホタルブクロなど、この山の名前
を冠した植物も見出されている。そのうち石立山のイシダテクサ
タチバナは、6月下旬〜7月上旬が見ごろ。
問合先／香美市役所物部支所地域振興班☎0887-52-9289、
香美市いんふぉめーしょん☎0887-52-9880

MAP091

べふ峡／同駐車場のトイレ

べふ峡／同トイレ内部

べふ峡／錦帯橋手前のトイレ

べふ峡／同トイレ内部

べふ峡／錦帯橋（登山道入口）

剣山地・丸石登山口

つるぎさんち・まるいしとざんぐち

徳島県那賀町　標高 1394.2m(登山道入口)

登山口概要／丸石の東側、剣山スーパー林道沿い。丸石や次郎笈（じろうぎゅう）、剣山などの起点。
緯度経度／[33° 50′ 22.1″][134° 04′ 17.7″](駐車スペース)
[33° 50′ 22.9″][134° 04′ 18.1″](登山道入口)
マップコード／ 497 308 327*51 (駐車スペース)
497 308 327*42 (登山道入口)
アクセス／徳島市市街地 (徳島県庁前) から市道、国道 55 号、県道 16、295 号、町道、剣山スーパー林道 (町道剣山線。未舗装。この区間の実走調査をしていないため評価不能) 経由で100.5km、約 3 時間 3 分。国道 195 号から剣山スーパー林道 (国道の 2km 先から未舗装。路面評価★★★。部分的に★★) を経由してアクセスすることも可能。剣山スーパー林道の開通期間は、4 月 1 日～ 11 月末日。
駐車場／登山道入口の前後路肩に駐車スペースがある。計 4 ～ 5 台・14 × 5m など 2 面・砂利＋草＋石・区画なし。

Google Map
駐車スペース

地理院地図
駐車スペース

携帯電話 (ドコモ)／通話不可。
取材メモ／剣山のツルギミツバツツジは 5 月下旬～ 6 月上旬、ナンゴククガイソウは 7 月中旬～ 8 月下旬、イヨフウロ (シコクフウロ) は7 月下旬～ 9 月中旬、キレンゲショウマは 8 月上旬～中旬、ツルギカンギクは 9 月下旬～ 10 月中旬が見ごろ。

Google Map
登山道入口

地理院地図
登山道入口

問合先／那賀町木沢支所地域振興室 ☎ 0884-65-2111、那賀町にぎわい推進課 (那賀町観光協会) ☎ 0884-62-1198

剣山地・峰越　　MAP092

つるぎさんち・みねごえ

高知県香美市　標高 1446.3m(駐車場)

登山口概要／白髪山 (しらがやま)(四国百名山・四国百山) の南東側、林道西熊別府線沿い。白髪山や三嶺 (みうね・さんれい)などの起点。
緯度経度／[33° 48′ 16.9″][133° 59′ 49.7″](駐車場)
マップコード／ 619 509 149*24 (駐車場)
アクセス／高知市市街地 (高知県庁前) から市道、県道 16、374 号、市道、国道 195 号、林道大栃線、林道西熊別府線 (ともに舗装されているが、傷んで凹凸が所々にある。路面上に落石由来の石も見られるので、注意したい) 経由で 75.5km、約 2 時間 18 分。県道 217 号を経由するルートもあるが、べふ峡経由の方がお勧め。ただし、林道大栃線はよく通行止になる。
駐車場／登山者用駐車場がある。25 ～ 30 台・45 × 26m・草・区画なし。
駐車場混雑情報／紅葉シーズンでも満車になることはない。
トイレ／駐車場にある。非水洗。水道なし。TP あり。評価☆☆

丸石／登山口に続くスーパー林道

丸石／駐車スペース

丸石／登山道入口

峰越／登山者用駐車場

峰越／同駐車場の休憩舎とトイレ (奥)

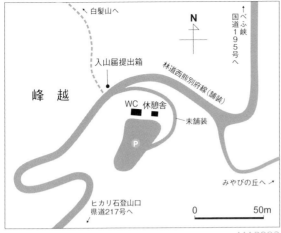

MAP092

携帯電話（ドコモ）／通話可。
登山届入れ／登山道入口にある。
取材メモ／四国のツキノワグマ地域個体群は、推定 16 ～ 24 頭とされ、このままだと近い将来に絶滅する危険性が高いと考えられている。本項登山口がある剣山地の高知県側も生息情報が点々とあるエリアなので付近の主要登山口には熊出没注意看板が設置されているが、登山者がクマに遭遇する可能性は極めて低い。
その他／休憩舎、登山案内板、国有林からのお願い、熊出没注意看板、ベンチ。
問合先／香美市役所物部支所地域振興班☎ 0887-52-9289、香美市いんふぉめーしょん☎ 0887-52-9880

Google Map
駐車場

地理院地図
駐車場

峰越／同休憩舎内部

峰越／同トイレ内部

峰越／登山道入口

剣山地・見ノ越　MAP093

つるぎさんち・みのこし

徳島県三好市・(美馬市)　標高 1395.9m(第 1 駐車場)

登山口概要／剣山（日本百名山・花の百名山・四国百名山・四国百山・徳島県の最高峰）の北側、国道 438、439 号沿い。見ノ越や剣山観光登山リフトを経由する剣山の主要登山口。一ノ森や次郎笈（じろうぎゅう）などの起点。
緯度経度／[33°52′00.5″][134°05′21.7″]（第 1 駐車場）[33°52′05.1″][134°05′23.1″]（劔神社参道入口）
マップコード／ 497 401 541*84（第 1 駐車場）
497 401 692*78（劔神社参道入口）
アクセス／徳島市市街地（徳島県庁前）から市道、国道 55、438 号経由で 75km、約 2 時間。国道 438、439 号の開通期間は 4 月 1 日〜翌年 1 月 10 日。12 月 28 日〜 1 月 10 日は 18 時〜翌 8 時の夜間通行禁止。降雪・積雪状態によっても変わる可能性あり。
駐車場／第 1 駐車場＝計 120 台・60 × 30m の平面と 42 × 30m × 2 面の立体・舗装・区画あり。新駐車場＝計 120 台

見ノ越／第 1 駐車場

見ノ越／同駐車場のトイレ

・40×35m×2面の立体・舗装・区画あり。

駐車場混雑情報／GWや夏休み、お盆休み、紅葉シーズンは満車になり、国道路肩にあふれた車が並ぶほどに混雑する。満車の場合は、奥祖谷方面に下ったところにある見ノ越第2駐車場（次項参照）を利用するが、こちらも満車になることがある。

トイレ／第1駐車場のトイレ＝温水洗浄便座付き。水洗。水道・TPあり。評価☆☆☆。剣山観光登山リフト見ノ越駅トイレ＝温水洗浄便座付き。水洗。水道・TPあり。評価☆☆☆～☆☆

携帯電話（ドコモ）／通話可。

公衆電話／民宿・霧の峰の向かいにカード・コイン式公衆電話がある。

ドリンク自販機／第1駐車場の入口右手と剣山観光登山リフト見ノ越駅、霧の峰前にある（PBも）。

剣山観光登山リフト／4月中旬～11月末・9時～16時30分、GWと8月、10月の土日曜祝日は8時～16時30分・所要15分・往復1900円・片道1050円・現地☎0883-67-5277、本社☎0883-62-2772

その他／剣山自然情報センター（剣山山系鳥獣保護区の自然に関する展示がある。無人施設。4月25日～11月30日・9時30分～16時30分・問い合わせは中国四国地方環境事務所高松事務所☎087-811-7240へ）、剣山登山道案内板、剣山自然休養林解説板、剣山駐車場案内板、剣山国定公園の山々案内板、東祖谷観光マップ、東祖谷観光周遊マップ、公衆トイレ利用のみなさんへ、見の越バス停（三好市営バス）、剣山観光センター（売店）、霧の峰（民宿・食堂・売店）、民宿まつうら（民宿・食堂・売店）、平家の宿（民宿・食堂・売店）、ベンチ、劍神社、円福寺など。

取材メモ／剣山山頂直下に鎮座する大劍神社（おおつるぎじんじゃ）には、御神体の御塔石（おとういし）が屹立している。江戸時代の文化12(1815)年にまとめられた『阿波志』には、「頂に高さ三丈の岩があり土人これを以て神と為す。…

Google Map
第1駐車場

地理院地図
第1駐車場

Google Map
劍神社参道入口

地理院地図
劍神社参道入口

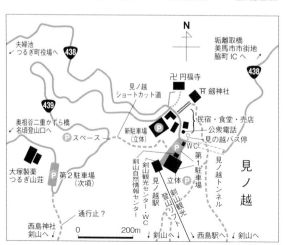

見ノ越／同トイレ内部

見ノ越／立体Pと剣山自然情報センター

見ノ越／新駐車場

見ノ越／剣山観光登山リフト見ノ越駅

見ノ越／同駅のトイレ

MAP093

その形の似たるを以て劔と日う」との記述があり、御塔石が剣山の名の由来との説もある (諸説あり)。また大劔神社の剣山御神水 (つるぎさんおしきみず) は、日本の名水 100 選にも選定。剣山観光登山リフト・見ノ越駅では、徳島県が作成した「剣山・三嶺　広域登山道マップ」を頒布 (ほかに道の駅貞光ゆうゆう館などでも) しており、入手したい。なお剣山のツルギミツバツツジは 5 月下旬～ 6 月上旬、ナンゴククガイソウは 7 月中旬～ 8 月下旬、イヨフウロ (シコクフウロ) は 7 月下旬～ 9 月中旬、キレンゲショウマは 8 月上旬～中旬、ツルギカンギクは 9 月下旬～ 10 月中旬が見ごろ。

問合先／三好市東祖谷支所☎ 0883-88-2211、三好市まるごと三好観光戦略課☎ 0883-72-7620、三好市観光案内所☎ 0883-76-0877、三好市観光協会事務局☎ 0883-70-5804

剣山地・見ノ越第 2 駐車場　MAP093

つるぎさんち・みのこしだいにちゅうしゃじょう

徳島県三好市　標高 1309.5m

登山口概要／剣山 (日本百名山・花の百名山・四国百名山・四国百山・徳島県の最高峰) の北西側、国道 439 号沿い。見ノ越を経由する剣山や一ノ森、次郎笈 (じろうぎゅう) などの起点。
緯度経度／[33°51′59″][134°05′07″] (駐車場)
[33°52′02.4″][134°05′14.3″] (見ノ越ショートカット道入口)
マップコード／ 497 400 526*67 (駐車場)
497 400 623*11 (見ノ越ショートカット道入口)
アクセス／徳島市市街地 (徳島県庁前) から市道、国道 55、438、439 号経由で 76.5km、約 2 時間 4 分。国道 438、439 号の開通期間は 4 月 1 日～翌年 1 月 10 日。12 月 28 日～ 1 月 10 日は 18 時～翌 8 時の夜間通行禁止。降雪・積雪状態によっても変わる可能性あり。
駐車場／約 40 台・66 × 10m × 2 面・舗装・区画なし。
駐車場混雑情報／ GW や夏休み、お盆休み、紅葉シーズンは満車になることがある。
携帯電話 (ドコモ)／見ノ越第 2 駐車場＝通話可、見ノ越ショートカット道入口＝通話可。
その他／登山案内板、剣山植物群落保護林解説板。
取材メモ／見ノ越第 2 駐車場すぐ南側のカーブから剣山観光登山リフト西島駅へ直接登るコースは、見ノ越の登山案内板に「通行止」とあるが、登山道入口 (写真参照) には、それを示す看板等はない。そこで東祖谷支所に確認したが、はっきりしなかった。また国道を見ノ越方面に 300m 上がると、ショートカット道入口 (国道左右路肩に計 4 ～ 6 台分の駐車スペースも) があり、これに進むと約 10 分で見ノ越第 1 駐車場に出る。なお剣山のツルギミツバツツジは 5 月下旬～ 6 月上旬、ナンゴククガイソウは 7 月中旬～ 8 月下旬、イヨフウロ (シコクフウロ) は 7 月下旬～ 9 月中旬、キレンゲショウマは 8 月上旬～中旬、ツルギカンギクは 9 月下旬～ 10 月中旬が見ごろ。

Google Map
駐車場

地理院地図
駐車場

Google Map
見ノ越ショートカット道入口

地理院地図
見ノ越ショートカット道入口

見ノ越／同トイレ内部

見ノ越／劔神社参道入口

第 2 ／第 2 駐車場

第 2 ／西島駅に続く登山道入口

第 2 ／ショートカット道の駐車スペース

問合先／三好市東祖谷支所☎ 0883-88-2211、三好市まるご
と三好観光戦略課☎ 0883-72-7620、三好市観光案内所☎
0883-76-0877、三好市観光協会事務局☎ 0883-70-5804

剣山地・深淵地区

つるぎさんち・みぶちちく

徳島県三好市　標高 882.2m（駐車スペース）

登山口概要／風呂塔（ふろんとう・ふろのとう・四国百山）の南
西側、県道 44 号沿い。風呂塔や火打山などの起点。
緯度経度／ [33°57′30.1″][133°56′19.7″]（駐車スペース）
マップコード／ 357 442 569*24（駐車スペース）
アクセス／徳島道吉川スマート IC から市道、県道 132 号、国
道 192 号、県道 44 号経由で 21km、約 37 分。
駐車場／登山道入口の斜向かいに駐車スペースがある。「剣山国
定公園・深淵」の標識が目印。3 ～ 4 台・砂＋草＋落ち葉・区
画なし。
駐車場混雑情報／コース自体、登
山者の利用は少ないと思われる。
トイレ／ 60m 北側にある。水洗。
水道・TP あり。評価☆☆☆～☆☆
携帯電話（ドコモ）／通話不可。

Google Map
駐車スペース

地理院地図
駐車スペース

その他／剣山国定公園案内板、県指定天然記念物・深渕愛宕神
社の社叢解説板、松尾川ダムと発電所解説板、貯水池への立ち入
りは危険です看板、石仏。
取材メモ／取材時は、登山道入口が草に覆われ気味だった。
問合先／三好市西祖谷支所☎ 0883-87-2211、三好市まるご
と三好観光戦略課☎ 0883-72-7620、三好市観光案内所☎
0883-76-0877、三好市観光協会事務局☎ 0883-70-5804

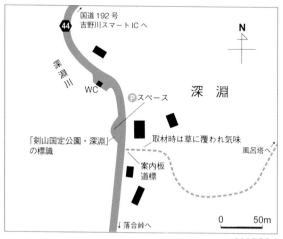

国道 192 号
吉野川スマート IC へ
44

深淵川

WC

P スペース

深　淵

N

「剣山国定公園・深淵」
の標識

取材時は草に覆われ気味

風呂塔へ

案内板
道標

↓落合峠へ

0　　　　50m

MAP094

第 2 ／ショートカット道入口

深淵／駐車スペース

深淵／ 60 m 北側のトイレ

深淵／同トイレ内部

深淵／登山道入口

剣山地・夫婦池登山口

MAP095

つるぎさんち・めおといけとざんぐち

徳島県つるぎ町　標高 1455.3m(駐車場)

登山口概要／丸笹山 (花の百名山・四国百名山・四国百山) の西側、国道 438 号から少し入った場所。丸笹山や赤帽子山などの起点。貞光川源流の入口。葛籠 (つづろ) 地区への下山道起点。ラ・フォーレつるぎ山がある。塔ノ丸 (とうのまる) 登山口は、P196「剣山地・塔ノ丸登山口 (夫婦池付近)」の項参照。
緯度経度／[33° 52′ 24.9″][134° 04′ 37.3″](駐車場)
マップコード／ 497 429 406*76 (駐車場)
アクセス／徳島市市街地 (徳島県庁前) から市道、国道 55、192、438 号、町道経由で 78km、約 2 時間 11 分。
駐車場／ラ・フォーレつるぎ山奥に駐車場があり、登山者の利用可。20 ～ 25 台 ·48 × 18m· 砂＋砂利＋草・区画なし。
駐車場混雑情報／ラ・フォーレつるぎ山が冬期休業中だったため、詳しいことまではわからなかったが、つるぎ町産業経済課に尋ねると、過去に聞いたことなく満車になることはないだろうとのこと。万一、満車だった場合は、付近の塔ノ丸登山口の駐車場や駐車スペースを利用すればよい。
携帯電話 (ドコモ)／通話可。
ドリンク自販機／ラ・フォーレつるぎ山の駐車場側にある (PB も)。
その他／ラ・フォーレつるぎ山 (宿泊・入浴・レストラン・売店。4 月上旬～ 11 月下旬・☎ 0883-67-5555)、剣山自然休養林案内図、石仏。
取材メモ／夫婦池は、かつて葛龍から続く剣山登山道途中にある休憩地にすぎなかったが、昭和 30 年代末に剣山観光道路 (国道438 号) が開通して状況が一変。雄池 (おんいけ) と雌池 (めんいけ)からなるが、夏の雌池は干上がって、ウマスギゴケが緑の絨毯を広げている。その様子は石鎚山系の笹倉 (さぞう) 湿原を思わせる。
問合先／つるぎ町ー宇支所☎ 0883-67-2111、つるぎ町産業経済課☎ 0883-62-3114

Google Map
駐車場

地理院地図
駐車場

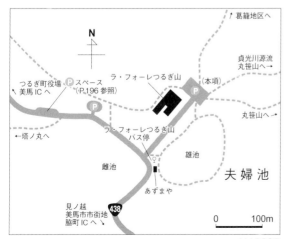

MAP095

夫婦池／ラ・フォーレ案内看板

夫婦池／ラ・フォーレ奥の駐車場

夫婦池／ラ・フォーレつるぎ山

夫婦池／剣山自然休養林案内図

夫婦池／登山道入口

剣山地・山犬嶽登山口

MAP096

つるぎさんち・やまいぬだけとざんぐち

徳島県上勝町　標高 508.3m (奥の駐車場)

登山口概要／山犬嶽の南側、町道沿い。山犬嶽の起点。
緯度経度／ [33° 52′ 57.9″][134° 22′ 58.7″](奥の駐車場)
[33° 53′ 25.5″][134° 22′ 43.9″](登山道入口)
マップコード／ 370 466 458*32 (奥の駐車場)
370 495 413*04 (登山道入口)
アクセス／徳島市市街地 (徳島県庁前) から市道、国道 55 号、
県道 16 号、町道経由で 40.5km、約 1 時間 11 分。県道 16
号から駐車場までのアクセスは 2 ルートあり、道標で「山犬嶽
→」と指示されている南側ルートは、途中の集落内が狭いので運
転に注意したい。地元の人に聞くと、この道は旅館のマイクロバ
スも入ってくるとのことだが、狭い道に慣れておらず、しかも比較
的大きな車で来た人はストレスを感じてしまうかもしれない。取材
者の感想としては、距離は長いが (時間的には大差ない)、北側ルー
トの方が運転はしやすかった。ただ、北側ルートにも部分的に狭
い箇所があり、微妙なところではある。
駐車場／登山道入口の 2km 手前に山犬嶽登山者と樫原の棚田観
光客専用の駐車場と駐車スペース
が 90m ほど離れて 2 面ある。ま
た奥の駐車場の手前向かい路肩に
も駐車できる。計約 15 台・30 ×
8m など 3 面・舗装・区画なし。
これより奥に登山者が利用できる
駐車スペースはない。

Google Map
奥の駐車場

地理院地図
奥の駐車場

駐車場混雑情報／春〜初夏の休日
は、満車になる。2021 年 6 月に
は路肩スペースまで満車になったら
しい。「こんなことは今までに 1 度

Google Map
登山道入口

地理院地図
登山道入口

山犬嶽／南側ルート入口道標

山犬嶽／南側ルート入口

山犬嶽／専用駐車場

山犬嶽／専用駐車場の看板

山犬嶽／樫原の棚田案内板

MAP096

もない」と地元の人。
トイレ／駐車場から登山道入口に向かう途中、休憩所の隣にある。
携帯電話（ドコモ）／通話可。
その他／樫原の棚田案内板。
取材メモ／山犬嶽は、トヤマシノブゴケやスギゴケなどの苔の美しさで知られ、瑞々しい苔を見るのなら、晴れの日よりも雨上がりの曇りの日の方がいいかもしれない。なお付近には、日本の棚田100選と国の重要文化的景観に選ばれている「樫原の棚田」のほか、幹周 8.8m で推定樹齢 1000 年以上ともされる「久保の大杉」もあるので、併せて立ち寄りたい。
問合先／上勝町産業課 ☎ 0885-46-0111

山犬嶽／手前の駐車スペース

剣山地・山の家奥槍戸→ P178 剣山地・奥槍戸山の家

剣山地・槍戸山登山口→ P254

手箱山→ P49 石鎚山系・大瀧登山口
　　　→ P67 石鎚山系・土小屋
　　　→ P70 石鎚山系・名野川登山口

天狗高原→ P148 四国カルスト・天狗高原
　　　　　　　　　　　星ふるヴィレッジ TENGU 駐車場

天狗岳→ P124 讃岐山脈・大山　大山寺駐車場
　　　→ P125 讃岐山脈・大山　観音道登山口

天狗塚→ P201 剣山地・ヒカリ石登山口

天狗ノ森→ P148 四国カルスト・天狗高原
　　　　　　　　　　星ふるヴィレッジ TENGU 駐車場

天神丸→ P181 剣山地・樫戸丸　川成峠
　　　→ P254 剣山地・天神丸　日奈田峠コース登山口
　　　→ P254 剣山地・天神丸　ファミリーコース登山口

砥石権現→ P191 剣山地・高城山　ファガスの森高城
　　　　→ P195 剣山地・砥石権現第 1 登山口
　　　　→ P195 剣山地・砥石権現第 2 登山口

洞雲山→ P151 小豆島・碁石山　小豆島霊場第二番碁石山駐車場
　　　→ P263 小豆島・碁石山　小豆島霊場第一番洞雲山駐車場

堂ヶ森→ P73 石鎚山系・保井野登山口

東宮山・川井峠駐車場　MAP097

とうぐうさん・かわいとうげちゅうしゃじょう

徳島県美馬市 ·(神山町)　標高 721.3m (駐車場)

登山口概要／東宮山 (四国百名山・四国百山) の南西側、国道438 号沿い。東宮山や天行山 (あまぎょうさん) の起点。
緯度経度／ [33° 56′ 27.6″][134° 13′ 41.2″](駐車場)

東宮山／川井峠駐車場

[33° 56′ 31.5″][134° 13′ 43.4″](東宮山登山道入口)
[33° 56′ 34.4″][134° 13′ 39.6″](天行山登山道入口)
マップコード／ 497 687 470*46 (駐車場)
497 687 593*82 (東宮山登山道入口)
497 687 679*81 (天行山登山道入口)
アクセス／徳島道脇町 IC から国道 193 号、県道 12 号、国道
193、438 号経由で 38km、約 1 時間 1 分。
駐車場／川井トンネル西口の林道
大北木戸峠線入口に駐車場があり、
登山者の利用可。13 台・52 ×
14m・舗装・区画あり。※川井峠
の石碑が立つスペースは私有地な
ので利用不可。

Google Map
駐車場

地理院地図
駐車場

駐車場混雑情報／シダレザクラの
時期は、平日でも晴れていれば満
車になる。
トイレ／手前の天行山窟大師入口
にある。
携帯電話 (ドコモ)／通話可。
その他／駐車場注意看板。

Google Map
東宮山登山道入口

地理院地図
東宮山登山道入口

取材メモ／川井峠のシダレザクラ
は個人が 60 年前に神社境内に植
えたもので、3 月下旬～ 4 月上旬
が見ごろ。
問合先／木屋平市民サービスセンター☎ 0883-68-2111、美馬
市観光交流課☎ 0883-52-5610

Google Map
天行山登山道入口

地理院地図
天行山登山道入口

MAP097

塔ノ丸→ P196 剣山地・塔ノ丸登山口 (夫婦池付近)

堂山→ P242 六ッ目山・高松西インター登山口

東宮山／林道大北木戸峠線

東宮山／駐車場の注意看板

東宮山／川井峠標識

東宮山／峠石碑の場所は私有地

東宮山／天行山窟大師入口のトイレ

戸祇御前山・林道川奥線

とぎごぜんやま・りんどうかわおくせん

愛媛県鬼北町　標高 246.9m（駐車スペース）

登山口概要／戸祇御前山の北西側、林道川奥線沿い。戸祇御前山の起点。

緯度経度／［33° 17′ 25.2″］［132° 45′ 08.2″］（駐車スペース）
［33° 16′ 49.9″］［132° 45′ 43.2″］（林道終点）

マップコード／ 392 420 407*51（駐車スペース）
392 391 232*21（林道終点）

アクセス／松山道三間 IC から県道 31、57 号、国道 320 号、県道 280 号、林道川奥線（駐車スペースのわずか手前から未舗装。路面評価★★★～★★）経由で 26km、約 35 分。「乳神様」の案内看板を見てすぐ。

Google Map
駐車スペース

地理院地図
駐車スペース

駐車場／県道 280 号から 2km ほど入った林道川奥線沿いの左右に駐車スペースがある。計 2 ～ 3 台・草・区画なし。

携帯電話（ドコモ）／通話不可。

Google Map
林道終点

地理院地図
林道終点

取材メモ／取材時、山から軽トラで下りてきた地元の人に確認すると、本項駐車スペースより奥は悪路だが、四輪駆動車であれば、2km 先の林道終点まで進入も可能らしい。中間地点と終点にそれぞれ駐車スペースがあるという。ただし、途中に U ターンできるスペースは中間地点以外にはないので、悪路のため進入を諦めても中間地点か終点まで行くしかないとのことだった。なお、掲載した林道終点の緯度経度は誤差を含む可能性がある。林道終点からも作業道がのびているようだ。

問合先／鬼北町企画振興課地域活力創出係☎ 0895-45-1111

土佐矢筈山→ P183 剣山地・京柱峠

戸祇／途中の戸祇山登山道道標

戸祇／林道川奥線

戸祇／乳神様の案内看板

戸祇／駐車スペース

轟九十九滝駐車場　　MAP098

とどろきくじゅうくたきちゅうしゃじょう

徳島県海陽町　標高 243.9m（奥の駐車場）

登山口概要／轟の滝（本滝・日本の滝百選）の下流側（南側）、県道 148 号終点。轟九十九滝遊歩道の起点。

緯度経度／［33° 41′ 50.2″］［134° 15′ 14.6″］（奥の駐車場）

マップコード／ 427 690 264*51（奥の駐車場）

アクセス／日和佐道路日和佐 IC から国道 55、193 号、県道 148 号経由で 54.5km、約 1 時間 6 分。

駐車場／とどろきの館の前後に駐車場がある。奥の駐車場＝ 8 台・24 × 18m・舗装・区画あり。手前の駐車場＝計約 20 台・54 × 18m・砂＋草・区画なし。ほかに轟神社入口にも砂利敷きの駐車場がある。奥と手前の駐車場の間にある広場は私有地。

駐車場混雑情報／毎年 7 月第 2 日曜に開催される夏祭りと、毎年 11 月第 2 日曜に開催される秋祭りや紅葉シーズン中は混雑する。

トイレ／とどろきの館にある。水洗。水道・TP あり。評価☆☆☆

轟／轟の滝の案内看板

携帯電話（ドコモ）／通話不可。
公衆電話／とどろきの館にコイン式公衆電話がある。
ドリンク自販機／とどろきの館にある（PBも）。
その他／とどろきの館（売店）、轟九十九滝案内板、轟神社バス停（海陽町営バス）、龍王寺、轟神社。
取材メモ／轟九十九滝は、四国を代表する名瀑。海部川（かいふがわ）水系の王餘魚谷川（かれいだにがわ）に懸かる。轟の滝（本滝）は落差58m。駐車場から徒歩約10分。上流には、二重の滝、横見の滝、船滝、丸渕滝、鳥返滝、大烏小烏滝、三十三才滝、鍋割滝と続く。轟九十九滝は、これら滝群の総称。鍋割滝までは徒歩約1時間。『轟神社由緒記』によると、王餘魚谷の名前は、海に棲むカレイがなぜかこの谷にいたことに由来するという。
問合先／海陽町観光協会☎
0884-76-3050、海陽町商工観
光課☎ 0884-76-1513

Google Map
奥の駐車場

地理院地図
奥の駐車場

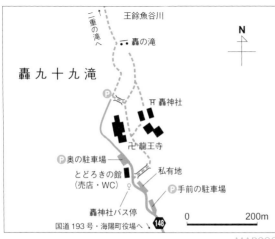

MAP098

轟／轟九十九滝駐車場

轟／とどろきの館

轟／同館内のトイレ

轟／手前の駐車場

苦尾山→P121 讃岐山脈・大滝山　大滝山県民いこいの森
　　　→P122 讃岐山脈・大滝山　大生口駐車場
　　　→P122 讃岐山脈・大滝山　三本松口（ウドン谷口）
　　　→P123 讃岐山脈・大滝山　苦尾峠入口

友内山・友内神社駐車場

ともおつざん・ともおつじんじゃちゅうしゃじょう

徳島県つるぎ町　標高638m

登山口概要／友内山の北側、林道長瀬線沿い。友内山の起点。
緯度経度／［33°59′17.4″］［134°06′15.2″］
マップコード／ 497 852 174*10
アクセス／徳島道美馬ICから国道438号、県道12号、国道438、192号、国道438号、林道長瀬線（舗装されているが、1.3km手前からは路面が傷んで凹凸がある）経由で17.5km、

友内／神社に続く林道長瀬線

約 40 分。国道から林道長瀬線に入って 290m 先の三差路で右に進むようにナビされる場合があるが、右の道は狭いので、左のカーブする林道長瀬線に進む方がお勧め。この先は次第に狭くなり、すれ違い困難。1.3km 手前右側の駐車スペースを見送ると、秋は左右からのススキがうるさい区間となり、路面上にある太い落枝を避けたりしながら、やがて神社に到着する。国道からわずか 6km だが、幅員も含めて林道長瀬線の道路環境があまりよくないので思ったよりも時間がかかる。

駐車場／神社前に駐車場がある。約 3 台・舗装・区画なし。1.3km 手前にも 2 ～ 3 台分の駐車スペースがある。

トイレ／駐車場にある。非水洗。水道なし。TP あり。評価☆☆

携帯電話（ドコモ）／通話不可。

取材メモ／友内神社の石段を上がると、本殿向かって右手から登山道が続いている。「友内山登山道 1.5km」の標識あり。

問合先／つるぎ町産業経済課☎
0883-62-3114

Google Map 駐車場　　地理院地図 駐車場

豊受山→ P225 鋸山・林道法皇線入口

虎丸山→ P132 讃岐山脈・虎丸山　とらまる公園駐車場

トンボ自然公園遊歩道→ P167 高森山・トンボ自然公園駐車場

友内／神社前の駐車場

友内／同駐車場のトイレ

友内／同トイレ内部

友内／友内神社本殿

友内／神社本殿右手の登山道入口

な 行

長尾女体山→ P133 讃岐山脈・女体山　大窪寺駐車場
　　　　　→ P134 讃岐山脈・女体山　道の駅ながお駐車場

中津渓谷入口

MAP099

なかつけいこくいりぐち

高知県仁淀川町　標高 161.1m (中津渓谷駐車場)

登山口概要／中津渓谷の下流側 (東側)、県道 363 号沿い。中津渓谷遊歩道の起点。紅葉滝や雨竜の滝 (うりゅうのたき)、竜宮渕などの入口。

緯度経度／ [33°33′39″][133°07′53.9″](中津渓谷駐車場)
[33°33′40″][133°07′45.8″](遊歩道入口)

マップコード／ 445 496 813*56 (中津渓谷駐車場)
445 495 865*55 (遊歩道入口)

アクセス／高知西バイパス鎌田 IC から県道 39 号、国道 33 号、県道 363 号経由で 38km、約 51 分。

駐車場／手前に中津渓谷駐車場がある。約 60 台・54 × 32m・砂・区画あり。ほか笑美寿茶屋 (えびすぢゃや) 前のトイレにも 3 台分の駐車場があり、こちらも渓谷散策者の利用可。

駐車場混雑情報／ GW、新緑、紅葉シーズンの休日は満車になる。人出が多い時期は、名野川橋付近に 30 台分の臨時駐車場が用意される。

トイレ／笑美寿茶屋前にある。水洗。水道・TP あり。評価☆☆☆

Google Map
中津渓谷駐車場

地理院地図
中津渓谷駐車場

Google Map
遊歩道入口

地理院地図
遊歩道入口

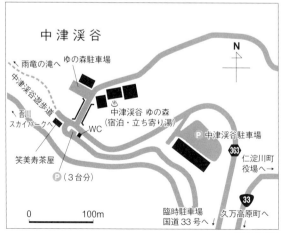

中津渓谷

雨竜の滝へ
ゆの森駐車場
中津渓谷遊歩道
吾川スカイパークへ
WC
中津渓谷 ゆの森
（宿泊・立ち寄り湯）
笑美寿茶屋
P（3 台分）
P 中津渓谷駐車場
363 仁淀川町役場へ→
33 久万高原町へ→
臨時駐車場国道 33 号へ→
0　　　100m

N

中津／中津渓谷駐車場

中津／茶屋前のトイレと駐車場

中津／同トイレ内部

中津／笑美寿茶屋

中津／渓谷遊歩道入口

MAP099

あ か さ た な は ま や ら わ

携帯電話（ドコモ）／通話可。
ドリンク自販機／笑美寿茶屋前にある (PB も)。
その他／笑美寿茶屋 (食堂・売店)。
取材メモ／中津渓谷駐車場から笑美寿茶屋の遊歩道入口まで徒歩約 3 分。臨時駐車場から同入口まで徒歩約 15 分。雨竜の滝は落差約 20m。遊歩道入口から徒歩約 20 分。
問合先／仁淀川町産業建設課☎ 0889-35-1083

中津峰山→ P196 剣山地・中津峰山　金谷登山口
**　　　→ P197 剣山地・中津峰山　如意輪寺駐車場**
**　　　→ P198 剣山地・中津峰山　星谷運動公園駐車場**

中津／中津渓谷と遊歩道

中津明神山・吾川スカイパーク

なかつみょうじんさん (やま)・あがわすかいぱーく

高知県仁淀川町　標高 769.3m(町道路肩)

登山口概要／中津明神山 (四国百名山・四国百山)(明神山・中津山) の東側、町道沿い。中津明神山の起点。
緯度経度／ [33°34′33.3″][133°03′52.5″](町道路肩)
マップコード／ 445 548 631*15 (町道路肩)
アクセス／高知西バイパス鎌田 IC から県道 39 号、国道 33 号、県道 363 号、町道経由で 47km、約 1 時間 7 分。
駐車場／吾川スカイパークに駐車スペースが 2 ヶ所あり、どちらも登山者の利用可。町道路肩に寄せれば駐車可＝ 6 〜 8 台・舗装・区画なし。キャンプ場前の駐車スペース＝ 10 台・草・区画なし。
トイレ／吾川スカイパークキャンプ場奥にある。登山者の利用可。
携帯電話（ドコモ）／通話可。
取材メモ／通常は林道入口の駐車スペース (次項) に停める方が登山道入口に近い。
問合先／仁淀川町産業建設課☎
0889-35-1083

スカイ／キャンプ場前駐車スペース

Google Map
町道路肩

地理院地図
町道路肩

スカイ／吾川スカイパーク

中津明神山・林道上名野川線入口

なかつみょうじんさん (やま)・りんどうかみなのかわせんいりぐち

高知県仁淀川町　標高 836m(駐車スペース)

登山口概要／中津明神山 (四国百名山・四国百山)(明神山・中津山) の東側、林道上名野川線入口 (町道終点)。中津明神山の起点。
緯度経度／ [33°34′28.7″][133°03′41.9″](駐車スペース)
[33°34′31.7″][133°03′38.8″](登山道入口)
マップコード／ 445 547 501*26 (駐車スペース)
445 547 588*25 (登山道入口)
アクセス／高知西バイパス鎌田 IC から県道 39 号、国道 33 号、県道 363 号、町道経由で 48km、約 1 時間 10 分。
駐車場／林道上名野川線入口に駐車スペースがある。計約 15 台・38 × 8m、18 × 18m・舗装・区画なし。またそこから林道に入ると、登山道入口手前に 2 台分の駐車スペースがある。
携帯電話（ドコモ）／通話可。

林道／駐車スペース

林道／登山道入口

その他／雨量計。

取材メモ／中津明神山は、日本の植物学史に残る記念すべき地。高知県出身の植物分類学者・牧野富太郎は、ここで発見したヤマトグサに明治21(1888)年、日本人として初めて(ラテン語の)学名を付けた。ワタナベソウも中津明神山で発見されて、発見者の名前をとって牧野が和名を命名している。

問合先／仁淀川町産業建設課☎0889-35-1083

Google Map
駐車スペース

地理院地図
駐車スペース

Google Map
登山道入口

地理院地図
登山道入口

滑川／滑川渓谷駐車場

中寺廃寺跡→ P128 讃岐山脈・大川山　柞野登山口
　　　　　→ P129 讃岐山脈・大川山　随神門入口
　　　　　→ P129 讃岐山脈・大川山　大川山キャンプ場

中東山→ P202 剣山地・べふ峡駐車場

中尾山→ P199 剣山地・中尾山高原駐車場

夏切山→ P172 剣山地・青ノ塔登山口

滑川／有料駐車場

滑川渓谷駐車場

なめがわけいこくちゅうしゃじょう

愛媛県東温市　標高517m

登山口概要／滑川渓谷の下流側(北西側)、県道302号終点。滑川渓谷遊歩道の起点。

緯度経度／[33° 46′ 23.4″][133° 00′ 17.9″]

マップコード／294 675 357*80

アクセス／松山道川内ICから国道11号、県道302号経由で16km、約23分。

駐車場／県道終点に駐車場がある。6台・16×5m・コンクリート舗装・区画なし。また手前には有料駐車場がある。1回100円。駐車場の料金箱に入れる。10〜12台・24×12m・砂＋細砂利・区画なし。

滑川／遊歩道入口

駐車場混雑情報／取材した2021年10月10日は、晴れの日曜日ということもあってか、到着した午前11時の時点で奥の無料駐車場は満車だった。一方、有料駐車場には1台も停まっていなかった。

トイレ／滑川渓流ハウスの奥に公衆トイレがある。水洗。水道・TPあり。評価☆☆

滑川／ハウス奥のトイレ

携帯電話(ドコモ)／通話可。

その他／滑川渓流ハウス(土曜日のみ営業・カフェ)、滑川渓谷案内板、携帯基地局。

取材メモ／滑川渓谷の紅葉は、11月中旬〜下旬が見ごろ。

問合先／東温市地域活力創出課観光物産係☎089-964-4414

滑川／同トイレ内部

滑床渓谷探勝歩道→ P88 鬼が城山系・滑床渓谷駐車場

218

あ
か
さ
た
な
は
ま
や
ら
わ

楢原山・上木地登山口

ならばらさん・かみきじとざんぐち

愛媛県今治市　標高 445.2m（駐車スペース）

登山口概要／楢原山（四国百名山・四国百山）の北東側、市道沿い。楢原山の起点。四国のみちの起点。
緯度経度／[33°56′49.9″][132°57′41″]（駐車スペース）
マップコード／778 400 260*51（駐車スペース）
アクセス／松山市市街地（愛媛県庁前）から国道11号、市道、県道20、187号、国道317号、県道154号、市道経由で42km、約1時間20分。または今治市市街地（今治市役所前）から国道317号、県道154号、市道経由で21km、約53分。
駐車場／登山道入口の50m先、三差路右手の道に入ってすぐ左側に駐車スペースがある。約2台・砂・区画なし。
駐車場混雑情報／駐車可能台数が限られるため、休日は満車になる可能性がある。
携帯電話（ドコモ）／通話不可。
その他／四国のみち案内板。
問合先／今治市玉川支所住民サービス課☎ 0898-55-2211

Google Map
駐車スペース

地理院地図
駐車スペース

上木地／駐車スペース

上木地／登山道入口

楢原山・湯ノ谷林道終点駐車場（奈良原神社参道入口）

ならばらさん・ゆのたにりんどうしゅうてんちゅうしゃじょう（ならはらじんじゃさんどういりぐち）

愛媛県今治市　標高 905.8m

登山口概要／楢原山（四国百名山・四国百山）の北西側、湯ノ谷林道終点。奈良原神社参道を経由する楢原山の起点。
緯度経度／[33°56′40.5″][132°56′29.9″]
マップコード／778 368 849*26
アクセス／松山市市街地（愛媛県庁前）から国道11号、市道、県道20、187号、国道317号、県道154号、市道、湯ノ谷林道（舗装）経由で46km、約1時間35分。または今治市市街地（今治市役所前）から国道317号、県道154号、市道、湯ノ谷林道（舗装）経由で24km、約1時間8分。「楢原山登山口」の大きな看板が立つ湯ノ谷林道入口から7.2km、約20分。
駐車場／約12台・30×16m・草・区画なし。
携帯電話（ドコモ）／通話可。
その他／鳥居。
問合先／今治市玉川支所住民サービス課☎ 0898-55-2211

Google Map
駐車場

地理院地図
駐車場

湯ノ谷／湯ノ谷林道入口

湯ノ谷／林道終点駐車場

楢原山・竜岡木地登山口

ならばらさん・りゅうおかきじとざんぐち

愛媛県今治市　標高 493.3m（駐車スペース）

登山口概要／楢原山（四国百名山・四国百山）の西側、木地奥林道沿い。楢原山の起点。
緯度経度／[33°56′41.9″][132°55′27.2″]（駐車スペース）
[33°56′39.2″][132°55′27.9″]（登山道入口）

湯ノ谷／奈良原神社参道入口

マップコード／ 778 396 006*68 (駐車スペース)
778 366 817*86 (登山道入口)
アクセス／松山市市街地 (愛媛県庁前) から国道 11 号、県道
187 号、国道 317 号、木地奥林道 (舗装) 経由で 23km、約 39 分。
または今治市市街地 (今治市役所前) から国道 317 号、木地奥
林道 (舗装) 経由で 21km、約 36 分。
駐車場／トンネル出口すぐ先左手に駐車スペースがある。約 2 台
・砂＋小石・区画なし。
駐車場混雑情報／取材した 2021 年 10 月 9 日は曇天の土曜日
だったが、到着した正午過ぎの時点で 2 台の車が停められていて
満車だった。駐車可能台数が少ないため、休日は満車になりやす
いと思われる。満車の場合は、登
山道入口のすぐ先、林道分岐から
左の林道支線に入って橋を渡った
ところに若干の駐車スペースがあ
るが、登山者の駐車可否は不明。

Google Map
駐車スペース

地理院地図
駐車スペース

携帯電話 (ドコモ)／通話不可。
その他／鳥居。
取材メモ／本項駐車スペースの
80m 奥に登山道入口がある。
問合先／今治市玉川支所住民サー
ビス課☎ 0898-55-2211

Google Map
登山道入口

地理院地図
登山道入口

成川渓谷→ P90 鬼が城山系・成川渓谷駐車場

南嶺・春野総合運動公園第 12 駐車場

なんれい・はるのそうごううんどうこうえんだいじゅうにちゅうしゃじょう

高知県高知市　標高 26.4m(駐車場)

登山口概要／柏尾山の南西側、市道沿い。柏尾山を経由する南
嶺の起点。
緯度経度／ [33°30′51.8″][133°29′56.2″](駐車場)
[33°31′02.4″][133°29′59.5″](登山道入口)
マップコード／ 73 030 275*31 (駐車場)
73 030 608*16 (登山道入口)
アクセス／高知市市街地 (高知県庁前) から市道、国道 33 号、
県道 37 号、市道経由で 8km、約 14 分。
高知県立春野総合運動公園／ 6 〜 22 時・☎ 088-841-3105
駐車場／ 42 台・54 × 16m・舗装・区画あり。付近に第 11 駐
車場 (50 台) と第 13 駐車場 (25
台) もある。※駐車場が利用でき
るのは、公園の開園時間内のみ。
トイレ／春野総合運動公園の相撲
場と運動広場の間、球技場付近な
どにある。

Google Map
駐車場

地理院地図
駐車場

携帯電話 (ドコモ)／通話可。
ドリンク自販機／春野総合運動公
園の相撲場と運動広場の間にある。
問合先／高知県立春野総合運動公
園☎ 088-841-3105

Google Map
登山道入口

地理院地図
登山道入口

竜岡／駐車スペース

竜岡／登山道入口

竜岡／駐車スペース手前のトンネル

春野／運動公園案内看板

春野／第 12 駐車場

あ
か
さ
た
な
は
ま
や
ら
わ

220

南嶺・筆山公園駐車場

MAP100

なんれい・ひつざんこうえんちゅうしゃじょう

高知県高知市　標高 71.5m(手前の駐車場)、標高 93.7m(奥の駐車場)

登山口概要／筆山の南西側または北側、市道沿いまたは市道終点。筆山や皿ヶ峰を経由する南嶺の起点。筆山公園の遊歩道の起点。
緯度経度／[33°32′59.7″][133°32′04″](手前の駐車場)
[33°33′04.3″][133°32′06.9″](奥の駐車場)
マップコード／ 73 154 523*35 (手前の駐車場)
73 154 676*54 (奥の駐車場)
アクセス／高知市市街地 (高知県庁前) から市道、県道 274 号、市道経由で 2.5km、約 7 分。
駐車場／手前の駐車場＝ 11 台・34 × 22m・舗装・区画あり。
奥の駐車場＝ 20 台・38 × 15m・舗装・区画あり。
駐車場混雑情報／筆山公園のサクラシーズンは満車になることがある。
トイレ／手前の駐車場にある。水洗。水道・TP あり。評価☆☆☆～☆☆
携帯電話 (ドコモ)／どちらも通話可。

Google Map
手前の駐車場

地理院地図
手前の駐車場

その他／筆山史跡案内図、あずまや、ベンチ。
取材メモ／筆山公園のサクラは、3 月下旬が見ごろ。夜景スポットとして、あるいは土佐藩主山内家代々の墓があることでも知られる。また

Google Map
奥の駐車場

地理院地図
奥の駐車場

筆山公園がある筆山町をはじめ、天神町や塩屋崎町は、「高知市のミカドアゲハおよびその生息地」として国の特別天然記念物に指定されている。
問合先／高知市みどり課 (筆山公園の管理) ☎ 088-823-9469、高知市観光企画課☎ 088-823-9457、高知市観光協会☎ 088-823-4016

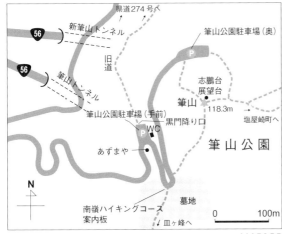

MAP100

筆山／手前の駐車場

筆山／同駐車場のトイレ

筆山／奥の駐車場

筆山／奥の駐車場からの眺め

筆山／南嶺ハイキングコース入口

南嶺・鷲尾山登山口（鷲尾トンネル北口）

なんれい・わしおやまとざんぐち（わしおとんねるきたぐち）

高知県高知市　標高 80.6m（登山道入口）

登山口概要／鷲尾山の北西側、春野広域農道沿い。鷲尾山を経由する南嶺の起点。

緯度経度／［33°31′50.5″］［133°31′21.9″］（登山道入口）

マップコード／73 093 241*81（登山道入口）

アクセス／高知市市街地（高知県庁前）から市道、国道 33 号、春野広域農道経由で 4.5km、約 11 分。

駐車場／登山道入口前に駐車スペースがある。4〜5 台・舗装・区画なし。※入口のフェンス前は駐車禁止。

携帯電話（ドコモ）／通話可。

公衆電話／駐車スペース入口にカード・コイン式公衆電話ボックスがある。

Google Map
登山道入口

地理院地図
登山道入口

その他／南嶺ハイキングコース案内板、鷲尾山登山口バス停（とさでん交通）、広域農道開通記念碑。

問合先／高知市観光企画課☎ 088-823-9457、高知市観光協会☎ 088-823-4016

西赤石山→ P36 赤石山系・日浦登山口駐車場
　　　　→ P37 赤石山系・マイントピア別子東平ゾーン
　　　　→ P38 赤石山系・道の駅マイントピア別子

西門山→ P77 稲叢山・稲村ダム

鷲尾山／駐車スペース

鷲尾山／南嶺案内板

鷲尾山／登山道入口

西門山・稲村トンネル南口

にしかどやま・いなむらとんねるみなみぐち

高知県土佐町　標高 1323.1m（駐車スペース）

登山口概要／西門山の西側、峰越連絡林道一の谷脇の山線沿い。西門山や稲叢山（いなむらやま）の起点。

緯度経度／［33°45′05.7″］［133°21′59.5″］（駐車スペース）

マップコード／558 584 698*40（駐車スペース）

アクセス／高知市市街地（高知県庁前）から市道、国道 33 号、県道 6 号、町道、峰越連絡林道一の谷脇の山線（舗装）経由で 52.5km、約 1 時間 45 分。瀬戸川渓谷を抜けた先で、「天空のバルコニー稲叢山案内図」が立つ三差路を左折し、その 220m 先を右折する。

駐車場／登山道入口に駐車スペースがある。10〜12 台・48 × 12m・砂＋細砂利＋草・区画なし。駐車スペース向かい路肩にも 2 台分の駐車スペースがある。

携帯電話（ドコモ）／通話不可。

Google Map
駐車スペース

地理院地図
駐車スペース

その他／ベンチ、登山者の皆さんへ、国有林に入るみなさんへのおねがい。

問合先／土佐町企画推進課地域振興係☎ 0887-82-2450

西門山／登山口に続く林道

西門山／駐車スペース

あ
か
さ
た
な
は
ま
や
ら
わ

西熊山→ P200 剣山地・名頃登山口
　　　→ P201 剣山地・ヒカリ石登山口

西黒森→ P52 石鎚山系・瓶ヶ森駐車場
　　　→ P53 石鎚山系・神鳴池付近
　　　→ P75 石鎚山系・吉野川源流碑入口

西三子山→ P201 剣山地・西三子山登山口

西山→ P35 赤石山系・大永山トンネル東口
　　　→ P36 赤石山系・日浦登山口駐車場
　　　→ P37 赤石山系・マイントピア別子東平ゾーン
　　　→ P38 赤石山系・道の駅マイントピア別子

西龍王山→ P232 東龍王山・神山森林公園イルローザの森
　　　　　　　　　　　　　林道龍王山線終点駐車場

西門山／登山道入口

西龍王／中央駐車場

西龍王山・神山森林公園 イルローザの森中央駐車場

`MAP101`

にしりゅうおうざん・かみやましんりんこうえんいるろーざのもりちゅうおうちゅうしゃじょう

徳島県神山町　標高 347.7m

登山口概要／西龍王山の南西側、町道沿い。西龍王山や東龍王山の起点。神山森林公園イルローザの森遊歩道の起点。
緯度経度／[34°01′23.7″][134°25′27.9″]
マップコード／ 56 066 337*31
アクセス／徳島道藍住 IC から県道 137、34、20、123、21 号、町道経由で 20km、約 37 分。※西側の県道 124 号から続く舗装林道はすれ違い困難な狭い道。北側から続く町道が主要アクセスルート。
神山森林公園イルローザの森／無休・9 ～ 17 時・☎ 088-678-0114
駐車場／ 136 台＋大型・138 × 30m・舗装・区画あり。駐車場には「利用時間 17 時まで」とあるが、一般車の駐車場は 24 時間出入り可。ただ夜間に野生動物が出没することもあり、早朝に駐車する場合は注意してほしいとのことだ。
駐車場混雑情報／ 3 月後半～ 4 月前半のサクラシーズン、特に「さくら祭り」の時は確実に満車になる。紅葉シーズンの時は平日でも混雑することはあるが、稀に満車になる程度。
トイレ／駐車場にある。水洗。水道・TP あり。評価☆☆～☆☆。ほか森林学習館内とレストハウスこもれび内、園内に 5 ヶ所ある。
携帯電話（ドコモ）／通話可。
公衆電話／トイレ横にカード・コイン式公衆電話ボックスがある。
ドリンク自販機／トイレ付近にある（PB も）。ほか園内に 2 ヶ所ある。
その他／神山森林公園イルローザの森総合案内図、徳島県立神山森林公園利用者心得、保健保安林案内板、森林学習館（森林や林業に関する展示等。年末年始のみ休・9 ～ 17 時）、レストハウスこもれび（休憩。期間限定で軽食販売あり。年末年始のみ休・9 ～ 17 時、11 ～ 3 月は～ 16 時）など。

西龍王／同駐車場のトイレ

西龍王／同トイレ内部

Google Map
駐車場

地理院地図
駐車場

西龍王／駐車場南側のトイレ

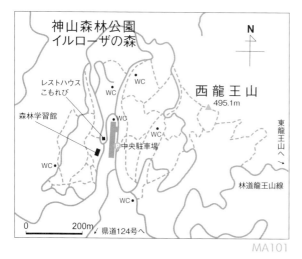

レストハウス
こもれび

森林学習館

中央駐車場

WC

神山森林公園
イルローザの森

西龍王山
495.1m

東龍王山へ→

林道龍王山線

0　　200m

県道124号へ

MA101

取材メモ／神山森林公園イルローザの森園内のソメイヨシノやシダレザクラは3月下旬〜4月上旬、紅葉は11月中旬〜下旬が見ごろ。
問合先／神山森林公園イルローザの森☎088-678-0114

ニセ小檜曽山→ P183 剣山地・京柱峠

ニノ森→ P73 石鎚山系・保井野登山口

鈍川渓谷・ふれあいの森　森林館駐車場

にぶかわけいこく・ふれあいのもり　しんりんかんちゅうしゃじょう

愛媛県今治市　標高217m

登山口概要／鈍川渓谷の上流側、市道沿い。鈍川渓谷遊歩道の起点。四国のみちの起点。
緯度経度／[33°58′29.5″][132°56′20.2″]
マップコード／778 487 539*35
アクセス／松山市市街地(愛媛県庁前)から国道11号、市道、県道20号、市道、県道187号、国道317号、県道154号、市道経由で36km、約57分。または今治市市街地(今治市役所前)から国道317号、県道154号、市道経由で14km、約28分。
駐車場／森林館前に駐車場が2面ある。計27台・36×14m、18×18m・舗装・区画あり。
駐車場混雑情報／夏休みは満車になる。サクラシーズン、GW、紅葉シーズンは混雑する程度。
トイレ／駐車場にある。非水洗。水道(流水)・TPあり。評価☆☆
携帯電話(ドコモ)／通話可。
その他／森林館(金、土、日曜のみ開館・9〜17時・☎0898-55-4432)、今治越智地方ふれあいの森案内図。
取材メモ／ふれあいの森のサクラは3月下旬〜4月上旬、紅葉は11月20日前後が見ごろ。

Google Map
駐車場

地理院地図
駐車場

西龍王／イルローザの森総合案内図

西龍王／イルローザの森入口

鈍川／森林館駐車場

鈍川／同駐車場のトイレ

鈍川／同トイレ内部

問合先／ふれあいの森 森林館☎ 0898-55-4432

女体山→ P133 讃岐山脈・女体山　大窪寺駐車場
　　　→ P134 讃岐山脈・女体山　道の駅ながお駐車場

猫山→ P156 城山・綾歌森林公園駐車場

野鹿池山→ P252 石鎚山系・野鹿池山　野鹿池湿原入口

鈍川／森林館

鋸山・林道法皇線入口

のこぎりやま・りんどうほうおうせんいりぐち

愛媛県四国中央市　標高 745m(駐車スペース)

登山口概要／鋸山の北東側、市道沿い。林道法皇線を経由する
鋸山や豊受山 (とようけやま) の起点。
緯度経度／ [33° 56′ 28.7″][133° 31′ 06.4″](駐車スペース)
[33° 56′ 18.1″][133° 30′ 41.7″](登山道入口)
マップコード／ 207 362 495*40 (駐車スペース)
207 361 201*53 (登山道入口)
アクセス／松山道土居 IC から国道 11、319 号、市道経由で
20km、約 39 分。
駐車場／林道法皇線入口付近に駐
車スペースがある。20 台以上 ·50
× 18m・砂＋小石・区画なし。※
造成されており、取材時は車を停
めても問題はなさそうだったが、
今後、駐車できなくなる可能性は
ある。または林道法皇線入口の路
肩に寄せれば駐車可。
携帯電話 (ドコモ) ／通話可。
取材メモ／取材時は林道法皇線入
口に工事会社名で「これより先は立入禁止」の看板が立てられ、
この奥の状況について取材できなかった。鋸山のカタクリは 4 月
下旬〜 5 月上旬が見ごろ。
問合先／四国中央市観光交通課観光係☎ 0896-28-6187

Google Map
駐車スペース

地理院地図
駐車スペース

Google Map
登山道入口

地理院地図
登山道入口

鈍川／ふれあいの森案内図

鋸山／駐車スペース

野根山街道→ (次項) 野根山・四郎ヶ野峠

野根山・旧藩林登山口→ P254

野根山・四郎ヶ野峠

のねやま・しろがねとうげ

高知県北川村 ·(東洋町)　標高 439.5m(駐車スペース)

登山口概要／野根山の北東側、国道 493 号沿い。野根山街道 (四
国百名山) を経由する野根山の起点。
緯度経度／ [33° 30′ 24.5″][134° 12′ 45.2″](駐車スペース)
マップコード／ 647 025 384*16 (駐車スペース)
アクセス／高知東部道芸西西 IC から国道 55 号、県道 493 号経

鋸山／林道法皇線入口

野根山／駐車スペース

由で61km、約1時間27分。

駐車場／野根山街道入口に駐車スペースがある。約3台・舗装・区画なし。

駐車場混雑情報／混雑することはない。

トイレ／駐車スペースにある。非水洗。水道あるが、水出ず。TPなし。評価☆

携帯電話（ドコモ）／通話不可。

Google Map
駐車スペース

地理院地図
駐車スペース

その他／四郎ヶ野峠休憩所（あずまや）、四国のみち・野根山街道案内板、野根山街道解説板、国有林に入るみなさんへのおねがい。

取材メモ／野根山街道は、奈良時代から阿波と土佐を結ぶ街道として利用され、土御門上皇（つちみかどじょうこう）や長宗我部元親（ちょうそかべもとちか）のほか、幕末の志士たちも脱藩の際に通ったといわれる。沿道には、一里塚や古木、史跡などが点在し、実際に歩いて約1300年の歴史を体感したい。

問合先／北川村経済建設課☎0887-32-1222、高知県環境共生課☎088-821-4842

野根山・宿屋杉登山口→P254

登尾山→P134 讃岐山脈・登尾山　箸蔵山ロープウェイ登山口駅

野根山／同スペースのトイレ

野根山／あずまや

野根山／野根山街道案内板

野根山／野根山街道解説板

野根山／野根山街道入口

は行

白山洞門遊歩道→ P39 足摺岬自然遊歩道・足摺岬駐車場

博智山登山口

MAP102

ばくちやまとざんぐち

香川県三豊市　標高 44.7m (駐車スペース)

登山口概要／博智山の北側、市道からわずかに未舗装林道に入った場所。八畳岩を経由する博智山や妙見山の起点。
緯度経度／[34° 13′ 47.4″][133° 38′ 56″](駐車スペース)
マップコード／ 77 513 155*36 (駐車スペース)
アクセス／高松道三豊鳥坂 IC から県道 220、221、48、21 号、市道、232 号、市道、林道 (路面評価★★★) 経由で 11km、約 20 分。「ばくち山登山口」の標柱と「ばくち山案内板」が目印。
駐車場／林道沿いに駐車スペースがある。約 6 台・砂＋草・区画なし。
駐車場混雑情報／満車の場合は、近くにある次項の明神川砂防公園駐車場を利用。

Google Map
駐車スペース

地理院地図
駐車スペース

携帯電話 (ドコモ)／通話可。
その他／ばくち山案内板、石仏。
問合先／三豊市詫間支所☎ 0875-83-3111、三豊市産業政策課☎ 0875-73-3012

博智山・明神川砂防公園駐車場

MAP102

ばくちやま・みょうじんがわさぼうこうえんちゅうしゃじょう

香川県三豊市　標高 13.3m

登山口概要／博智山の北側、県道 232 号から少し入った公園。八畳岩を経由する博智山や妙見山の起点。※本項写真は次頁にも続く。
緯度経度／[34° 13′ 50.6″][133° 39′ 08.1″]
マップコード／ 77 513 257*31
アクセス／高松道三豊鳥坂 IC から県道 220、221、48、21 号、市道、232 号経由で 10km、約 17 分。県道沿いに立つ「幸せのばくち山へ」の看板が目印。
駐車場／ 7 台・18 × 18m・舗装・区画あり。
トイレ／駐車場の奥にある。水洗。水道・TP あり。評価☆☆
携帯電話 (ドコモ)／通話可。
その他／ベンチ。
取材メモ／登山道入口により近いのは、前項の登山口だが、本項駐車場を起点にすることもできる。

Google Map
駐車場

地理院地図
駐車場

問合先／三豊市詫間支所☎ 0875-83-3111、三豊市産業政策課☎ 0875-73-3012

博智山／林道入口

博智山／駐車スペース

博智山／ばくち山案内板

明神川／ばくち山案内看板

明神川／砂防公園駐車場　　　↓写真

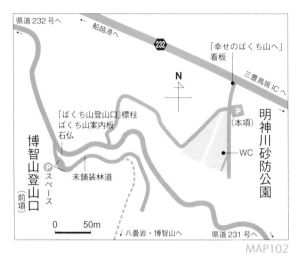

MAP102

県道232号へ
船越港へ
232
三豊鳥坂 IC へ
「幸せのばくち山へ」看板
N
明神川砂防公園
P（本項）
WC
「ばくち山登山口」標柱
ばくち山案内板
石仏
博智山登山口（前項）
P スペース
未舗装林道
0　50m
八畳岩・博智山へ
県道231号へ

箸蔵街道→ P134 讃岐山脈・登尾山　箸蔵山ロープウェイ登山口駅

鉢伏山→ P124 讃岐山脈・大山　大山寺駐車場
　　 → P125 讃岐山脈・大山　観音道登山口

八丁山登山口

はっちょうさんとざんぐち

高知県黒潮町　標高 46.5m(墓地前路肩)

登山口概要／八丁山の南東側、町道沿い。杖立峠を経由する八丁山の起点。
緯度経度／ [33° 01′ 50.8″][133° 00′ 16″](墓地前路肩)
マップコード／ 466 405 265*83 (墓地前路肩)
アクセス／高知道四万十町中央 IC から国道 56 号、町道経由で 39km、約 43 分。
駐車場／登山者の駐車可否は不明だが、墓地前の道路路肩に寄せれば駐車可。4 〜 5 台・舗装・区画なし。
携帯電話（ドコモ）／通話可。
問合先／黒潮町産業推進室観光係
☎ 0880-43-2113

Google Map
墓地前路肩

地理院地図
墓地前路肩

半平山・半平地区

はんだいらやま・はんだいらちく

徳島県美馬市　標高 472m(駐車スペース)

登山口概要／半平山の南側、市道沿い。半平山の起点。
緯度経度／ [33° 58′ 10.1″][134° 08′ 58″](駐車スペース)
[33° 58′ 15″][134° 08′ 58.3″](林道半平杖立線入口)
マップコード／ 497 768 847*64 (駐車スペース)
497 798 097*71 (林道半平杖立線入口)

明神川／駐車場奥のトイレ

明神川／同トイレ内部

明神川／登山口に続く道

八丁山／路肩に寄せれば駐車可

半平山／お堂前の駐車スペース

あ か さ た な は ま や ら わ

アクセス／徳島道脇町 IC から国道 193、492 号、市道経由で 22.5km、約 41 分。

駐車場／登山者の駐車可否は不明だが、登山道入口の 300m 手前のお堂向かい路肩に駐車スペースがある。1 ～ 2 台・舗装・区画なし。

トイレ／お堂横に簡易トイレが 1 基ある。水道・TP なし。評価☆

携帯電話（ドコモ）／通話可。

問合先／木屋平市民サービスセンター☎ 0883-68-2111、美馬市観光交流課☎ 0883-52-5610

Google Map
駐車スペース

地理院地図
駐車スペース

半平山／お堂

蟠蛇森・朽木峠入口

ばんだがもり・くちきとうげいりぐち

高知県佐川町　標高 337m(300m 手前の駐車スペース)

登山口概要／蟠蛇森 (四国百名山・四国百山) の北側、町道川の内線沿い。朽木峠を経由する蟠蛇森の起点。坂本龍馬脱藩の道の起点。

緯度経度／[33°27′17.5″][133°15′40″](300m 手前の駐車スペース)

[33°27′10.1″][133°15′30.6″](登山道入口)

マップコード／181 421 169*81（300m 手前の駐車スペース)

181 391 849*76（登山道入口)

アクセス／高知道須崎東 IC から国道 56 号、市道、国道 494 号、町道経由で 8.5km、約 15 分。

駐車場／登山道入口の 230m 手前と 300m 手前に駐車スペースがある。U ターンのしやすさからいえば、後者の方がお勧め。230m 手前の駐車スペース＝ 2 台・草＋小石＋落ち葉・区画なし。300m 手前の駐車スペース＝約 3 台・舗装・区画なし。

朽木峠／登山口に続く町道

朽木峠／ 300 m 手前の駐車スペース

駐車場混雑情報／朽木峠は、坂本龍馬が脱藩して越えた峠で、脱藩した毎年 3 月 24 日 (朽木峠を越えたのは翌 25 日) に近い日曜日には、イベント「龍馬と歩こう脱藩の道」が開催される。ただ朽木峠入口が車で混雑することはない。イベントの問い合わせは、津野町産業課☎ 0889-55-2021 へ。

携帯電話（ドコモ）／通話可。

その他／案内板。

問合先／佐川町チーム佐川推進課企画おもてなし係☎ 0889-22-7740

Google Map
手前の駐車スペース

地理院地図
手前の駐車スペース

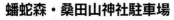
登山道入口

朽木峠／ 230 m 手前の駐車スペース

蟠蛇森・桑田山神社駐車場

ばんだがもり・そうだやまじんじゃちゅうしゃじょう

高知県須崎市　標高 115.7m(駐車場)

登山口概要／蟠蛇森 (四国百名山・四国百山) の南東側、市道沿い。蟠蛇森の起点。

朽木峠／登山道入口

あ
か
さ
た
な
は
ま
や
ら
わ

緯度経度／[33°25′59.9″][133°16′56.9″](駐車場)
[33°26′11.8″][133°16′29″](登山道入口)
マップコード／181 334 516*20(駐車場)
181 333 878*21(登山道入口)
アクセス／高知道須崎東ICから国道56号、市道経由で4km、約7分。
駐車場／桑田山神社の駐車場は、登山者の利用可。20〜25台・66×14m・土+砂利+草・区画なし。雪割桜の開花シーズン中は整備協力金として300円が必要。

Google Map
駐車場

地理院地図
駐車場

駐車場混雑情報／雪割桜の開花シーズン中は満車になり、別に臨時駐車場も用意される。
携帯電話(ドコモ)／通話可。

Google Map
登山道入口

地理院地図
登山道入口

その他／桑田山神社。
取材メモ／桑田山神社の奥に雪割桜(ツバキカンザクラ)があり、2月中旬〜3月上旬が見ごろ。雪割桜に関する情報は、吾桑公民館のブログ「あそう村だより」を参照。
問合先／須崎市立吾桑公民館☎0889-45-0525、須崎市元気創造課商工観光係☎0889-42-3951、須崎市観光協会☎0889-40-0315

火上山→ P102 香色山・善通寺有料駐車場

火打山→ P208 剣山地・深淵地区

東赤石山→ P32 赤石山系・筏津登山口
　　　　→ P34 赤石山系・瀬場登山口
　　　　→ P35 赤石山系・床鍋登山口

東黒森→ P71 石鎚山系・東黒森登山口

東光森山→ P48 石鎚山系・大田尾越

東山・伊尾木洞駐車場

ひがしやま・いおきどうちゅうしゃじょう

高知県安芸市　標高 7.9m(駐車場)

登山口概要／東山の西側、国道55号沿い。伊尾木洞を経由する東山の起点。
緯度経度／[33°29′25.4″][133°55′56.3″](駐車場)
[33°29′28.8″][133°55′59.7″](伊尾木洞入口)
マップコード／335 262 395*16(駐車場)
335 262 489*26(伊尾木洞入口)
アクセス／高知東部道芸西西ICから国道55号経由で14.5km、約19分。
駐車場／17台・34×24m・舗装・区画あり。
駐車場混雑情報／タイミング次第で満車になることがある。
トイレ／駐車場にある。温水洗浄便座付き。水洗。水道・TPあり。
評価☆☆☆

桑田山／桑田山神社駐車場

桑田山／桑田山神社参道入口

伊尾木／伊尾木洞案内看板

伊尾木／伊尾木洞駐車場

伊尾木／同駐車場のトイレ

携帯電話（ドコモ）／通話可。
ドリンク自販機／駐車場にある（PB
も）。
その他／伊尾木洞観光案内所（無
人。土、日曜休・問い合わせは安
芸市商工観光水産課☎ 0887-35-
1011 へ）、安芸市観光案内図。
取材メモ／伊尾木洞は、波の浸食
作用でできた海蝕洞（かいしょくど
う）で、高さ約 5m、全長約 40m
もある。自生するシダ群落は、国

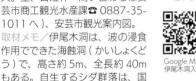

Google Map
駐車場

地理院地図
駐車場

Google Map
伊尾木洞入口

地理院地図
伊尾木洞入口

の天然記念物に指定。駐車場から伊尾木洞入口まで徒歩約 2 分。
洞内の見学は 20 ～ 40 分ほど。伊尾木洞を抜けて谷沿いに進む
と、上流の龍王池に出る。その奥が登山道入口。
問合先／安芸観光情報センター☎ 0887-34-8344、安芸市観光
協会☎ 0887-35-1122、安芸市商工観光水産課☎ 0887-35-
1011

伊尾木／同トイレ内部

東山・東山森林公園駐車場　MAP103

ひがしやま・ひがしやましんりんこうえんちゅうしゃじょう

高知県安芸市　標高 124.4m（駐車場）

登山口概要／東山の西側、公園管理道路沿い。東山森林公園最
高地点を経由する東山の起点。
緯度経度／[33° 29′ 23.1″][133° 56′ 36.6″]（駐車場）
[33° 29′ 37.2″][133° 56′ 39.1″]（登山道入口）
マップコード／ 335 263 346*55（駐車場）
335 263 768*61（登山道入口）
アクセス／高知東部道芸西西 IC から国道 55 号、県道 208 号、
市道、公園管理道路経由で 18km、約 26 分。
駐車場／20 ～ 25 台・48 × 20m・砂利＋芝・区画なし。※東
山森林公園入口にある登山道入口向かいの駐車スペースは登山者
の利用不可。
トイレ／駐車場にある。非水洗。水道（飲用不可。栓を閉めずに

伊尾木／安芸市観光案内図

森林／森林公園駐車場とトイレ

森林／同トイレ内部

森林／森林公園案内板

MAP103

出し放しにする）・TP あり。評価☆☆。ほかに森林公園の入口にもある。非水洗。水道・TP なし。評価☆

携帯電話（ドコモ）／通話可。

その他／東山森林公園案内板。

取材メモ／東山登山道入口は森林公園入口付近にあるが、駐車場付近からのびる森林公園遊歩道のヤマモモの道やクチナシの道等を経由して向かうことも可能。現在、園内の遊歩道には一部通行止もあるが、メインの遊歩道は通行可とのこと。

Google Map
駐車場

地理院地図
駐車場

Google Map
登山道入口

地理院地図
登山道入口

問合先／安芸市農林課☎ 0887-35-1016

森林／公園入口付近の登山道入口

東龍王山・神山森林公園イルローザの森中央駐車場
→ P223 西龍王山・神山森林公園イルローザの森中央駐車場

東龍王山・神山森林公園イルローザの森 林道龍王山線終点駐車場

ひがしりゅうおうざん・かみやましんりんこうえんいるろーざのもり　りんどうりゅうおうざんせんしゅうてんちゅうしゃじょう

徳島県神山町・徳島市　標高 351.1m（駐車場）

東龍王／林道龍王山線入口

登山口概要／東龍王山の東側、林道龍王山線終点。東龍王山や西龍王山の起点。神山森林公園イルローザの森遊歩道の起点。

緯度経度／［34°01′14.7″］［134°26′55.8″］（駐車場）
［34°01′09.6″］［134°26′33.7″］（東龍王山登山道入口）

マップコード／ 56 069 065*30（駐車場）
56 038 823*35（東龍王山登山道入口）

アクセス／徳島道藍住 IC から県道137、34、20、123、21 号、町道、林道龍王山線（舗装。工事などの理由で稀に通行止になることがある）経由で24km、約54 分。林道ゲートから 3.4km、約９分。

東龍王／林道龍王山線

神山森林公園イルローザの森／無休 ・9 ～ 17 時・☎ 088-678-0114

東龍王／同林道終点駐車場

東龍王／同駐車場の簡易トイレ

駐車場／約 30 台・48 × 32m・舗装・区画なし。また東龍王山登山道入口の手前路肩にも 2 ～ 3 台分の駐車スペースがある。

トイレ／駐車場に簡易トイレが 2 基ある。水道（飲用不可）・TP あり。評価☆☆

携帯電話（ドコモ）／通話可。

その他／徳島県立神山森林公園総合案内板、保健保安林案内板、あずまや、ベンチ。

問合先／神山森林公園イルローザの森☎ 088-678-0114

Google Map
駐車場

地理院地図
駐車場

Google Map
東龍王山登山道入口

地理院地図
東龍王山登山道入口

ビク山→ P137 讃岐山脈・龍王山　あせび公園駐車場

眉山・あわぎん眉山ロープウェイ 山麓駅（阿波おどり会館）

MAP104

びざん・あわぎんびざんろーぷうぇいさんろくえき（あわおどりかいかん）

徳島県徳島市　標高 2.2m（山麓駅）

登山口概要／眉山の北東側、市道沿い。あわぎん眉山ロープウェイを経由する眉山の起点。山麓駅は、阿波おどり会館の5階にある。
緯度経度／［34° 04′ 12.9″］［134° 32′ 42.9″］（山麓駅）
［34° 04′ 15.8″］［134° 32′ 50.8″］（市営新町地下駐車場）
［34° 04′ 09.2″］［134° 32′ 37.8″］（登山道入口）
マップコード／ 56 260 052*67（山麓駅）
56 261 090*34（市営新町地下駐車場）
56 230 827*07（登山道入口）
アクセス／徳島道徳島 IC から国道 11、318、438 号、市道経由で 5.5km、約 13 分。
駐車場／阿波おどり会館駐車場＝阿波おどり会館の正面向かって右奥にある。有料。最初の1時間 330 円、以降 30 分毎に 170 円。「あるでよ徳島」で 3,000 円以上購入すると1時間無料になる。26 台・タワー式。市営新町地下駐車場＝有料。最初の1時間 300 円、以降 20 分毎に 100 円、12 時間最大 800 円（以降は 12 時間毎に適用）。日曜、祝日、振替休日の 10 〜 19 時の最初の1時間は無料。阿波おどり会館の有料施設を利用した場合は1階受付で駐車券にスタンプを押してもらって駐車場管理事務所に提示すると 20 分（100 円分）無料になる（日曜、祝日、振替休日を除く）。133 台・舗装・区画あり。自動精算機による清算。1万円札や五千円札の受け入れ可。ほかに阿波おどり会館向かって左奥に7台分のコインパーキングもあるが、駐車可能台数が7台なので満車のことも多い。五千円札と一万円札、新五百円硬貨は受け入れ不可。
駐車場混雑情報／阿波おどり会館駐車場は、GW やお盆休みなどは満車になる。市営新町地下駐車場は GW やお盆休みは満車にならないが、阿波おどりやえびす祭りの日は満車になる。
あわぎん眉山ロープウェイ／通年運行（点検の運休あり）・9 〜 21時（11 月1日〜3月末日は〜 17 時 30 分。元日は6時〜 17

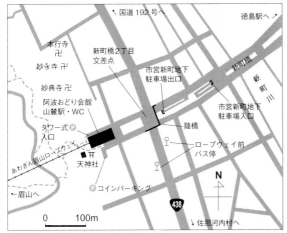

MAP104

山麓駅／阿波おどり会館

山麓駅／同館内のトイレ

山麓駅／天神社参道入口

山麓駅／左奥のコインパーキング

山麓駅／阿波おどり会館前

時 30 分）・15 分間隔・所要 6 分・往復 1030 円、片道 620 円
・☎ 088-652-3617

トイレ／阿波おどり会館内にトイレがある。温水洗浄便座付き。
水洗。水道・TP あり。評価☆☆☆。山頂駅や眉山公園にもある。
携帯電話（ドコモ）／通話可。
ドリンク自販機／阿波おどり会館内や外側にある（PB も）。
その他／阿波おどり会館＝徳島県
物産観光交流プラザ「あるでよ徳
島」（売店）、阿波おどりホール、
阿波おどりミュージアムなどがある
複合施設。営業時間は施設により
異なる。☎ 088-611-1611。山
頂駅＝展望カフェ。
取材メモ／徒歩で登る場合は、阿
波おどり会館向かって左奥にある
鳥居をくぐり天神社に上がり、本殿
右手の道に進む。阿波おどり会館
右手奥からも天神社に上がれる。
問合先／あわぎん眉山ロープウェイ
☎ 088-652-3617、徳島市にぎ
わい交流課☎ 088-621-5232、
市営新町地下駐車場☎ 088-652-
5213

Google Map
山麓駅

地理院地図
山麓駅

Google Map
市営新町地下駐車場

地理院地図
市営新町地下駐車場

Google Map
登山道入口

地理院地図
登山道入口

眉山・眉山公園駐車場　MAP105

びざん・びざんこうえんちゅうしゃじょう

徳島県徳島市　標高 247.3m（駐車場）

登山口概要／眉山の北東側、眉山パークウェイ終点。眉山の起点。
緯度経度／［34°04′03″］［134°32′09.5″］（駐車場）
［34°04′01″］［134°31′36.1″］（登山道入口）
マップコード／ 56 229 649*51（駐車場）
56 228 585*70（登山道入口）
アクセス／徳島道徳島 IC から国道 11、192 号、市道、国道
438 号、眉山パークウェイ経由で 11km、約 24 分。
駐車場／ 100 台・70 × 55m・舗装・区画あり。手前（西側）
にも 24 台分の駐車場がある。また眉山公園西側の登山道入口に
も約 10 台分の駐車スペースがある。
駐車場混雑情報／満車になったり混雑することはない。
あわぎん眉山ロープウェイ／通年運行（点検の運休あり）・9 〜 21
時（11 月 1 日〜 3 月末日は〜 17 時 30 分。元日は 6 時〜 17
時 30 分）・15 分間隔・所要 6 分
・往復 1030 円、片道 620 円・
☎ 088-652-3617

トイレ／駐車場と展望広場付近に
ある。どちらも水洗。水道・TP あり。
評価☆☆☆〜☆☆。また西側の駐
車場にもある。
携帯電話（ドコモ）／通話可。
ドリンク自販機／駐車場とロープ
ウェイ山頂駅外側にある（PB も）。
その他／眉山公園＝眉山公園ご案

Google Map
駐車場

Google Map
登山道入口

地理院地図
駐車場

地理院地図
登山道入口

眉山公園／眉山公園駐車場

眉山公園／同駐車場のトイレ

眉山公園／同トイレ内部

眉山公園／展望広場付近のトイレ

眉山公園／同トイレ内部

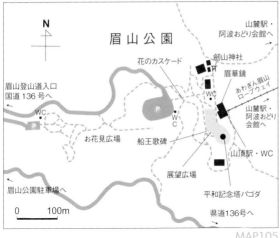

眉山公園

N

山麓駅・
阿波おどり会館へ

花のカスケード

剱山神社

眉山登山道入口
国道136号へ→

眉華鏡

あわぎん眉山
ロープウェイ

山麓駅・
阿波おどり
会館へ→

WC

WC

P

WC

P

お花見広場

船王歌碑

WC

山頂駅・WC

眉山公園駐車場へ

展望広場

平和記念塔パゴダ

0   100m

県道136号へ→

MAP105

眉山公園／山頂駅

眉山公園／船王歌碑

眉山公園／眉山公園案内板

内、遊具、あずまや、ベンチ、イノシシ注意看板、平和記念塔パ
ゴダ (仏塔)、眉華鏡 (まゆげきょう)、船王歌碑など。山頂駅＝
展望カフェ。

取材メモ／眉山は、歌人・船王 (ふなのおおきみ) が「眉 (まよ)
の如雲居に見ゆる阿波の山かけてこぐ舟泊知らずも」と万葉集で
詠んだ山。山の形が「眉」に見えることが由来。展望広場からは、
瀬戸内海や讃岐山脈 (阿讃山脈)、紀伊半島の山々まで望める。
夜景スポットとしても人気が高い。

問合先／徳島市公園緑地課 (眉山公園の管理) ☎ 088-621-
5295、徳島市にぎわい交流課☎ 088-621-5232、あわぎん眉
山ロープウェイ☎ 088-652-3617

美女山→ P136 讃岐山脈・竜王山　相栗峠駐車場

筆山→ P221 南嶺・筆山公園駐車場

日峰山・日峯大神子広域公園
こども広場駐車場

MAP106

ひのみねさん・ひのみねおおみこごういきこうえんこどもひろばちゅうしゃじょう

徳島県徳島市　標高 26.5m

こども／こども広場駐車場

登山口概要／日峰山の北西側、市道沿い。日峰山の起点。
緯度経度／ [34° 01′ 30.8″][134° 35′ 04″]
マップコード／ 56 085 553*42
アクセス／徳島市市街地 (徳島県庁前) から市道、県道 120 号、
市道経由で8km、約 19 分。
駐車場／ 25 台・54 × 20m・舗装・区画なし。
トイレ／駐車場にある。水洗。水
道・TP あり。評価☆☆☆
携帯電話 (ドコモ)／通話可。
ドリンク自販機／トイレ外側にある
(PB も)。

Google Map
駐車場

地理院地図
駐車場

こども／同駐車場のトイレ

問合先／日峯大神子広域公園管理事務所☎ 088-662-6030、
徳島市にぎわい交流課☎ 088-621-5232

日峰山・日峯大神子広域公園 展望広場駐車場 MAP106

ひのみねさん・ひのみねおおみここういきこうえんてんぼうひろばちゅうしゃじょう

徳島県徳島市・小松島市　標高 132.4m

展望／展望広場駐車場

登山口概要／日峰山の西側、市道沿い。日峰山の起点。
緯度経度／[34° 01′ 21.4″][134° 35′ 05.2″]
マップコード／ 56 085 284*11
アクセス／徳島市市街地 (徳島県庁前) から市道、県道 120 号、
市道経由で 9km、約 20 分。
駐車場／展望広場に複数の駐車場がある。計 49 台・25 × 5m
など 7面・舗装・区画あり。ほかに展望広場からさらに市道を進
むと、終点に遠見ヶ原展望台駐車場もある。約 13 台 (区画は 5
台)・30 × 15m・舗装・区画あり (区画なしの部分も)。
トイレ／展望広場にある。水洗。水道・TP あり。評価☆☆☆～☆☆
携帯電話 (ドコモ)／通話可。
ドリンク自販機／駐車場にある (PB も)。
その他／あずまや、遊具、ベンチ。
問合先／日峯大神子広域公園管理
事務所☎ 088-662-6030、徳島
市にぎわい交流課☎ 088-621-
5232

展望／同広場のトイレ

Google Map
駐車場

地理院地図
駐車場

展望／同トイレ内部

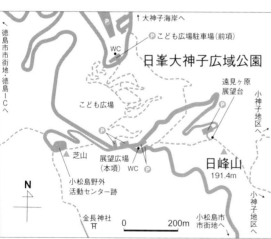

↑ 大神子海岸へ
P こども広場駐車場(前項)
WC
日峯大神子広域公園
徳島市市街地・徳島 IC へ
こども広場
遠見ヶ原展望台 P
小神子地区へ
芝山
展望広場 (本項) WC P
日峰山 191.4m
小松島野外活動センター跡
小神子地区へ
N
金長神社 卍
0　200m
小松島市市街地へ

MAP106

展望／遠見ヶ原展望台駐車場

日山・三郎池自然公園駐車場

ひやま・さぶろういけしぜんこうえんちゅうしゃじょう

香川県高松市　標高 42.7m(駐車場)

登山口概要／日山の南東側、市道沿い。日山やこぶ山、上佐山 (う
わさやま)、三谷 (みたに) 三郎池ハイキングコースの起点。

三郎池／自然公園駐車場

緯度経度／[34°16′14.2″][134°04′06.5″]（駐車場）
[34°16′11.7″][134°03′59.5″]（登山道入口）
マップコード／60 368 076*80（駐車場）
60 338 879*23（登山道入口）
アクセス／高松道高松中央ICから県道43号、市道経由で
4.5km、約13分。
駐車場／19台・86×5m・舗装・区画あり。
駐車場混雑情報／10月上旬に行
われる三谷八幡宮の秋祭りの日は、
混雑する可能性がある。
トイレ／駐車場にある。水洗。水
道・TPあり。評価☆☆☆～☆☆
携帯電話（ドコモ）／通話可。
水場・水道設備／三郎池自然公園
のいこい広場（駐車場の東側）に
水飲み場がある。

Google Map
駐車場

地理院地図
駐車場

Google Map
登山道入口

地理院地図
登山道入口

その他／三郎池自然公園案内板、
三谷三郎池ハイキングコース案内
板、保存塔、保存塔之碑、改修工事記念碑、三郎池解説板、三
谷三郎池窯跡解説板、あずまやなど。
取材メモ／三郎池自然公園や三谷八幡宮のサクラは、3月下旬～
4月上旬が見ごろ。香川のさくら100選にも選定されている。
問合先／香川県三郎池土地改良区（三郎池自然公園の管理）☎
087-889-0005、高松市観光交流課観光振興係☎ 087-839-
2416

日山・西登山口　登山者用駐車場

ひやま・にしとざんぐち　とざんしゃようちゅうしゃじょう

香川県高松市　標高61.1m

登山口概要／日山の西側、市道沿い。日山やこぶ山の起点。
緯度経度／[34°16′25.3″][134°03′32.4″]
マップコード／60 367 402*82
アクセス／高松道高松中央ICから県道43、12、164号、市道
経由で5km、約13分。
駐車場／登山道入口付近に登山者用駐車場がある。3～4台・
砂＋小石・区画なし。
駐車場混雑情報／取材した2021年11月12日は曇天の金曜日
だったが、到着した午後2時の時点で3台停められていた。駐車
可能台数が限られるため、休日は満車になりやすいと想像される。
携帯電話（ドコモ）／通話可。
取材メモ／日山の登山道入口は、
駐車場の50m南側、道路開通記
念碑の奥にある。こぶ山の登山道
入口は、駐車場向かってすぐ左手
にある。

Google Map
駐車場

地理院地図
駐車場

問合先／高松市観光交流課観光振興係☎ 087-839-2416

平石山→ P196 剣山地・中津峰山　金谷登山口
　　　→ P197 剣山地・中津峰山　如意輪寺駐車場
　　　→ P198 剣山地・中津峰山　星谷運動公園駐車場

三郎池／同駐車場のトイレ

三郎池／同トイレ内部

三郎池／自然公園案内板

西登山口／登山者用駐車場

西登山口／記念碑がある登山道入口

平帽子山→P136 讃岐山脈・竜王山　相栗峠駐車場

弘瀬山→P183 剣山地・京柱峠

広田石鎚（総津権現山）登山口

ひろたいしづち（そうづごんげんやま）とざんぐち

愛媛県砥部町　標高 305m（豊峰神社入口）

登山口概要／広田石鎚（総津権現山）の北側、県道 306 号沿い。広田石鎚の起点。

緯度経度／[33°38′27.4″][132°47′23.8″]（豊峰神社入口）

マップコード／ 234 500 452*11（豊峰神社入口）

アクセス／松山市市街地（愛媛県庁前）から国道 11 号、市道、国道 33、379 号、県道 306 号経由で 30km、約 42 分。

駐車場／登山口にあたる豊峰神社入口の路肩に駐車スペースがある。約 5 台・40 × 7m・舗装・区画なし。また 80m 東側にも 4 ～ 5 台分の駐車スペースがある。

駐車場混雑情報／境内に流しそうめん店があるため、正午頃には満車になることがある。

トイレ／境内にある。水洗。水道・TP あり。評価☆☆☆～～☆☆

携帯電話（ドコモ）／通話可。

その他／権現山流しそうめん、スタンプ台。

問合先／砥部町商工観光課（砥部町観光協会）☎ 089-962-7288

Google Map
豊峰神社入口

地理院地図
豊峰神社入口

二子山・公渕森林公園第8駐車場

ふたごやま・きんぶちしんりんこうえんだいはちちゅうしゃじょう

香川県高松市　標高 73.7m（駐車場）

登山口概要／二子山・善光寺山の北西側、市道終点。二子山の西峰や善光寺山の起点。

緯度経度／[34°13′58.1″][134°06′22.2″]（駐車場）
[34°13′55.3″][134°06′16.3″]（登山道入口）

マップコード／ 60 223 481*16（駐車場）
60 222 415*11（登山道入口）

アクセス／高松市市街地（香川県庁前）から市道、県道 33、43 号、市道、県道 13 号、市道、県道 30 号、市道経由で 17.5km、約 38 分。

駐車場／ 30 台以上・32 × 26m・舗装・区画あり（区画消えかけもしくは区画なし）。

トイレ／近くの第 7 駐車場や森林学習展示館内にある。

携帯電話（ドコモ）／通話可。

取材メモ／二子山は善光寺山と西峰からなる双耳峰。二子山の登山道入口は、第 8 駐車場の「二子山登山コース」の案内標識に従って駐車場から左に進んでもよいが、第 8 駐車場からのびる道を進んでも行けるほか、右側に進んでも登

Google Map
駐車場

地理院地図
駐車場

Google Map
登山道入口

地理院地図
登山道入口

広田／神社入口の駐車スペース

広田／境内のトイレ

広田／同トイレ内部

広田／80 m 東側駐車スペース

広田／豊峰神社

山道入口がある。ただし、後者はやや距離がある。
問合先／(公財)かがわ水と緑の財団森林公園課(公渕森林公園管理事務所) ☎ 087-849-0402

二ッ岳→ P36 赤石山系・肉淵登山口

筆ノ山→ P102 香色山・善通寺有料駐車場

風呂塔→ P208 剣山地・深淵地区

平家平→ P55 石鎚山系・小麦畝登山口
　　　→ P65 石鎚山系・住友の森フォレスターパーク付近
　　　→ P66 石鎚山系・高薮登山口

べふ峡→ P202 剣山地・べふ峡駐車場

星ヶ城山→ P152 小豆島・星ヶ城山　星ヶ城園地駐車場
　　　　→ P152 小豆島・三笠山　寒霞渓ロープウェイこううん駅
　　　　→ P154 小豆島・三笠山　寒霞渓ロープウェイ山頂駅

最御崎寺遍路道→ P242 室戸岬・最御崎寺遍路道登り口駐車場

二子山／第 8 駐車場

程野の滝・西滝入口　　MAP107

ほどののたき・にしたきいりぐち

高知県いの町　標高 621.2m(駐車スペース)

登山口概要／程野の滝・西滝の南東側、農道程野線終点。程野の滝・西滝の入口。
緯度経度／[33° 42′ 37.7″][133° 20′ 54.3″](駐車スペース)
マップコード／ 558 432 753*31 (駐車スペース)
アクセス／高知西バイパス天神 IC から県道 36 号、国道 194 号、町道、農道程野線 (舗装) 経由で 40km、約 55 分。
駐車場／農道程野線終点に駐車スペースがある。3 ～ 4 台・26 × 10 ～ 8m・舗装・区画なし。
トイレ／国道 194 号から町道に入った先に公衆トイレがある。水洗。水道 (飲用不可)・TP あり。評価☆☆
携帯電話 (ドコモ)／通話可。
その他／貸し出し杖。
取材メモ／程野の滝は、東滝、西滝、惟境滝、人得の滝の秘境。駐車場から西滝まで徒歩約 30 分。西滝は落差 100m。ほかに町道沿いにあるグリーンパークほどのの駐車場を起点にする方法もある。

Google Map
駐車スペース

地理院地図
駐車スペース

問合先／いの町吾北総合支所産業課☎ 088-867-2313、いの町産業経済課☎ 088-893-1115、いの町観光協会☎ 088-893-1211

西滝／農道終点の駐車スペース

西滝／遊歩道入口

西滝／町道沿いのトイレ

程野の滝・東滝駐車場

MAP107

ほどののたき・ひがしたきちゅうしゃじょう

高知県いの町　標高 856.5m

東滝／東滝駐車場

登山口概要／程野の滝・東滝の北東側、林道程野支線終点。程野の滝・東滝の入口。

緯度経度／[33°43′00.6″][133°21′22″]

マップコード／558 463 541*35

アクセス／高知西バイパス天神 IC から県道 36 号、国道 194 号、町道、林道程野支線 (舗装) 経由で 44km、約 1 時間 8 分。

駐車場／約 8 台・22 × 14m・細砂利＋草＋石・区画なし。ほかに路肩に 3 台分の駐車スペースがある。

トイレ／駐車場にある。非水洗。水道なし。TP あり。評価☆☆
また国道 194 号から町道に入った先にも公衆トイレがある。水洗。水道 (飲用不可)・TP あり。評価☆☆

携帯電話（ドコモ）／通話可。

その他／程野滝案内図、水源かん養保安林看板。

取材メモ／程野の滝は、東滝、西滝、権現滝、大樽の滝の総称。駐車場から東滝までは徒歩約 15 分。東滝は落差 100m。ほかに町道沿いにあるグリーンパークほどのの駐車場を起点にする方法もある。

東滝／同駐車場のトイレ

問合先／いの町吾北総合支所産業課☎ 088-867-2313、いの町産業経済課☎ 088-893-1115、いの町観光協会☎ 088-893-1211

Google Map
駐車場

地理院地図
駐車場

東滝／同トイレ内部

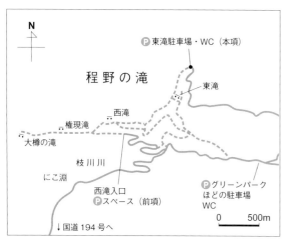

程野の滝

N

🅿 東滝駐車場・WC（本項）

東滝

西滝

権現滝

大樽の滝

枝川川

にこ淵

西滝入口
🅿 スペース（前項）

🅿 グリーンパークほどのの駐車場 WC

0　　500m

↓国道 194 号へ

MAP107

本宮山→ P135 讃岐山脈・本宮山
　　　　　　　水主コミュニティセンター駐車場

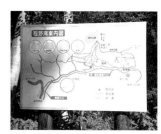

東滝／程野滝案内図

東滝／遊歩道入口

三辻山・樫山峠入口

みつじやま・かしやまとうげいりぐち

高知県高知市　標高 768.4m(県道路肩)

登山口概要／三辻山の南東側、県道 16 号沿い。樫山峠を経由する三辻山や工石山の起点。

緯度経度／ [33° 40′ 28.7″][133° 31′ 25.5″](県道路肩)

マップコード／ 73 603 484*46 (県道路肩)

アクセス／高知市市街地 (高知県庁前) から市道、県道 16 号経由で 22.5km、約 41 分。

駐車場／登山道入口の 20m 西側県道路肩に寄せれば駐車可。約 3 台・舗装・区画なし。

携帯電話 (ドコモ)／通話可。

トイレ／県道を 750m 西進すると、工石山青少年の家にトイレがある (写真は P100 参照)。水洗。水道・TP あり。評価☆☆☆

問合先／高知市観光企画課☎ 088-823-9457、高知市観光協会☎ 088-823-4016

Google Map
県道路肩

地理院地図
県道路肩

三辻山／路肩に寄せれば駐車可

三辻山／登山道入口

三ッ森山→ P65 石鎚山系・住友の森フォレスターパーク付近

241

南七宝山 → P253 七宝山・北登山口
　　　　 → P149 七宝山・不動の滝カントリーパーク
　　　　 → P253 七宝山・林道豊中七宝山線

明神山・働々登山口 (峯神社)

みょうじんやま・どうどうとざんぐち (みねじんじゃ)

徳島県阿南市　標高 43m (駐車スペース)

登山口概要／明神山 (四国百山) の北側、市道沿い。明神山の起点。
緯度経度／ [33° 49′ 15.8″][134° 38′ 47.3″](駐車スペース)
[33° 49′ 02.2″][134° 38′ 49.4″] (登山道入口)
マップコード／ 217 257 117*28 (駐車スペース)
217 227 629*53 (登山道入口)
アクセス／徳島市市街地 (徳島県庁前) から市道、国道 55 号、県道 26 号、市道経由で 39km、約 57 分。

Google Map
駐車スペース

地理院地図
駐車スペース

駐車場／峯神社前に駐車スペースがある。約 3 台・砂＋草・区画なし。
駐車場混雑情報／地元の人に聞くと、たまに登山者が 1 〜 2 台停めている程度とのこと。

Google Map
登山道入口

地理院地図
登山道入口

携帯電話 (ドコモ)／通話可。
問合先／阿南市商工政策課☎ 0884-22-3290、光のまちステーションプラザ☎ 0884-24-3141

六ッ目山・高松西インター登山口

むつめやま・たかまつにしいんたーとざんぐち

香川県高松市　標高 77.9m (駐車スペース)

登山口概要／六ッ目山の北東側、市道沿い。六ッ目山や堂山 (どうやま) の起点。
緯度経度／ [34° 17′ 43.4″][133° 58′ 52″](駐車スペース)
マップコード／ 391 478 031*37 (駐車スペース)
アクセス／高松市市街地 (香川県庁前) から県道 38、172 号、国道 32 号、県道 12 号、市道経由で 9.5km、約 19 分。
駐車場／登山道入口に駐車スペースがある。2 〜 3 台・14 × 4m・舗装・区画なし。
携帯電話 (ドコモ)／通話可。
その他／山火事予防看板、イノシシ注意看板。
問合先／高松市観光交流課観光振興係☎ 087-839-2416

Google Map
駐車スペース

地理院地図
駐車スペース

室戸岬・最御崎寺遍路道登り口駐車場　MAP108

むろとみさき・ほつみさきじへんろみちのぼりぐちちゅうしゃじょう

高知県室戸市　標高 9.7m

登山口概要／室戸岬 (国の名勝) の北東側、国道 55 号沿い。

明神山／明神山・峯神社案内看板

明神山／神社前の駐車スペース

明神山／峯神社

六ッ目／駐車スペース

最御崎／遍路道登り口駐車場とトイレ

最御崎寺遍路道や室戸岬遊歩道の起点。最御崎寺は、四国八十八ヶ所霊場の第二十四番札所。

緯度経度／[33°14′52.5″][134°10′41.2″]
マップコード／1027 276 320*15
アクセス／高知東部道芸西西 IC から国道 55 号経由で 56.5km、約 1 時間 13 分。
駐車場／13 台・60 × 18m・舗装・区画あり。
駐車場混雑情報／元日は初日の出目当ての人が多く訪れるため、満車になる。それ以外で混雑することはない。
トイレ／駐車場にある。温水洗浄便座付き。水洗。水道・TP あり。評価☆☆☆
携帯電話（ドコモ）／通話可。
その他／水掛地蔵、水掛地蔵解説板、室戸ユネスコ世界ジオパーク・室戸岬案内板、室戸岬周辺観光マップ。
取材メモ／室戸岬のシオギクは、11 月下旬～ 12 月下旬が見ごろ。
問合先／室戸市観光ジオパーク推進課☎ 0887-22-5161、室戸市観光協会☎ 0887-22-0574

Google Map
駐車場

地理院地図
駐車場

最御崎／同トイレ内部

最御崎／遍路道登り口

室戸岬遊歩道・室戸岬駐車場　MAP108

むろとみさきゆうほどう・むろとみさきちゅうしゃじょう

高知県室戸市　標高 9.7m

登山口概要／室戸岬（国の名勝）の北側、国道 55 号沿い。室戸岬遊歩道の起点。
緯度経度／[33°14′44″][134°10′32.5″]
マップコード／1027 276 042*28
アクセス／高知東部道芸西西 IC から国道 55 号経由で 56km、約 1 時間 13 分。
駐車場／室戸岬遊歩道入口周辺に複数ある。計 42 台・32 × 26m など 3 面・舗装・区画あり。
駐車場混雑情報／元日は初日の出目当ての人が多く訪れるため、満車になる。それ以外で混雑することはない。

室戸岬／室戸岬駐車場（西側）

室戸岬／休憩所・展望台・トイレ

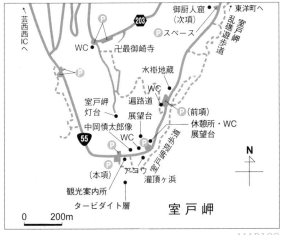

MAP108

室戸岬／室戸岬案内板

あ
か
さ
た
な
は
ま
や
ら
わ

トイレ／中岡慎太郎像の東側と展望台隣の室戸岬園地休憩所内にある。
携帯電話（ドコモ）／通話可。
公衆電話／中岡慎太郎像の東側にカード・コイン式公衆電話ボックスがある。
ドリンク自販機／付近の民宿前にある（PBも）。
その他／中岡慎太郎像、観光案内所、休憩所、展望台、室戸ユネスコ世界ジオパーク・室戸岬案内板、室戸岬周辺観光マップ、観光モニュメント「風見鯨」、マグマが冷えて固まった岩解説板、室戸岬バス停（高知東部交通）など。
取材メモ／室戸岬遊歩道は、見どころがたくさん。例えば、タービダイト層（乱泥流堆積物）は、縦縞模様になった地層で迫力がある。多数の気根を四方にのばすクワ科の半常緑高木・アコウが作り出す奇観にも注目したい。なお室戸岬のシオギクは、11月下旬～12月下旬が見ごろ。
問合先／室戸市観光ジオパーク推進課☎0887-22-5161、室戸市観光協会☎0887-22-0574

Google Map
駐車場

地理院地図
駐車場

室戸岬乱礁遊歩道・御厨人窟

MAP108

むろとみさきらんしょうゆうほどう・みくろど

高知県室戸市　標高10.3m（駐車スペース）

登山口概要／室戸岬（国の名勝）の北東側、国道55号沿い。室戸岬乱礁遊歩道の起点。
緯度経度／[33°15′05.8″][134°10′50.5″]（駐車スペース）
マップコード／1027 277 690*82（駐車スペース）
アクセス／高知東部道芸西西ICから国道55号経由で57km、約1時間15分。
駐車場／御厨人窟前に駐車スペースがあり、遊歩道散策者の駐車可。約12台・30×22m・砂＋小石・区画なし。
駐車場混雑情報／元日は初日の出目当ての人が多く訪れるため、満車になる。それ以外で混雑することはない。
携帯電話（ドコモ）／通話可。
その他／みくろど納経所、みくろ洞解説板、入洞について。
取材メモ／ふたつの海蝕洞（かいしょくどう）が並び、向かって右側が空海が修行をしていた「神明窟」で、左側が生活をしていた「御厨人窟」（日本の音風景100選、市の文化財・史跡）とされる。「空海」の名は、修行中、洞窟の中からは空と海しか見えなかったことが由来という。室戸岬乱礁遊歩道入口は、駐車スペースの向かいにある。なお室戸岬のシオギクは、11月下旬～12月下旬が見ごろ。
問合先／室戸市観光ジオパーク推進課☎0887-22-5161、室戸市観光協会☎0887-22-0574

Google Map
駐車スペース

地理院地図
駐車スペース

室山・峰山公園第3駐車場

→ P78 石清尾山・峰山公園第3駐車場

室戸岬／室戸岬遊歩道入口①

室戸岬／室戸岬遊歩道入口②

御厨／御厨人窟と駐車スペース

御厨／みくろ洞解説板

御厨／室戸岬乱礁遊歩道入口

室山・峰山公園第 2 駐車場 MAP023

むろやま・みねやまこうえんだいにちゅうしゃじょう

香川県高松市　標高 159.8m

登山口概要／室山の北西側、市道沿い。室山や稲荷山、石清尾山 (いわせおやま) などの起点。

緯度経度／ [34°19′47.5″][134°01′38.8″]

マップコード／ 60 573 168*38

アクセス／高松市市街地 (香川県庁前) から市道、県道 33 号、市道経由で 4km、約 11 分。

駐車場／ 153 台・84 × 36m など 2 面・舗装・区画なし。近くに第 1 駐車場もある。第 1 駐車場＝ 49 台・110 × 18m・舗装・区画あり。駐車場は 8 ～ 17 時のみ利用可。それ以外は閉鎖される。

駐車場混雑情報／サクラのシーズンや GW、11 月初旬の紅葉シーズンには満車になるが、比較的回転が早いので停められないことはない。お盆休みは混雑する程度。

トイレ／峰山公園に 6 ヶ所トイレがあるが、いずれも第 2 駐車場からは少し離れている。※現地公園案内板にある桜並木のトイレは、現在はない。

携帯電話 (ドコモ)／通話可。

ドリンク自販機／第 2 駐車場すぐ手前にある (PB も)。

Google Map
駐車場

地理院地図
駐車場

その他／峰山公園案内板。

取材メモ／峰山公園のサクラ並木は 3 月下旬～ 4 月中旬、桜園は 4 月上旬～中旬、つつじ園は 4 月下旬～ 5 月上旬が見ごろ。

問合先／峰山公園管理事務所☎ 087-834-7297、高松市観光交流課観光振興係☎ 087-839-2416

室山／第 2 駐車場

室山／峰山公園案内板

室山／第 1 駐車場

室山／同駐車場の公園入口

安居／途中の案内標識

や行

薬師谷渓谷遊歩道→ P91 鬼が城山系・薬師谷渓谷駐車場

八栗山→ P107 五剣山・八栗ケーブル八栗登山口駅

安居渓谷入口駐車場　MAP109
やすいけいこくいりぐちちゅうしゃじょう

高知県仁淀川町　標高 391.7m

登山口概要／安居渓谷の下流側 (南東側)、県道 362 号沿い。
安居渓谷の起点。見返りの滝や昇龍の滝、背龍の滝、乙女河原
などの入口。※本項写真は次頁にも続く。
緯度経度／ [33°40′08.7″][133°11′27.3″]
マップコード／ 445 893 786*31
アクセス／高知西バイパス天神 IC から県道 36 号、国道 194、
439 号、県道 362 号経由で 43km、約 57 分。一方通行なので、
帰路は迂回路の広域基幹林道成川樫山線 (舗装) を利用する。
駐車場／計 42 台＋軽 6 台・54 × 30m、30 × 14m・舗装・
区画あり。乙女河原の奥にも 13 台分の駐車場がある。さらにそ
の奥のもみじ公園駐車場は次項参照。
駐車場混雑情報／ GW と紅葉シーズンは満車になる可能性が高い。
トイレ／駐車場にある。センサーライトと温水洗浄便座付き。水洗。
水道・TP あり。評価☆☆☆
携帯電話 (ドコモ)／通話可。
ドリンク自販機／駐車場の端にある (PB も)。
その他／安居渓谷県立自然公園案内板、迂回路案内板、安居渓
谷バス停 (仁淀川町民バス)、宝来荘 (宿泊・レストラン)。
取材メモ／神秘的な青色を呈する「仁淀ブルー」を楽しめる。見
返りの滝 (落差 18m)、飛龍の滝 (落差 25m)、昇龍の滝 (落差
25m) などの滝も見どころ。安居渓谷の紅葉は、11 月中旬～下
旬が見ごろ。
問合先／仁淀川町池川総合支所
地域振興課 ☎ 0889-34-2114、
仁淀川町観光協会 ☎ 0889-35-
1333、仁淀ブルー観光協議会 ☎
0889-20-9511

安居／安居渓谷入口駐車場

安居／同駐車場のトイレ

安居／同トイレ内部

Google Map
駐車場

地理院地図
駐車場

安居渓谷・もみじ公園駐車場　MAP109
やすいけいこく・もみじこうえんちゅうしゃじょう

高知県仁淀川町　標高 448.9m

登山口概要／安居渓谷の途中、県道 362 号沿い。安居渓谷・ふ
れあいの散歩道起点。見返りの滝や昇龍の滝、背龍の滝、水晶
淵などの入口。渓谷入口の駐車場は前項参照。
緯度経度／ [33°40′29.7″][133°11′04.7″]
マップコード／ 822 007 523*41

安居／宝来荘　　　　↓写真

246

アクセス／高知西バイパス天神 IC から県道 36 号、国道 194、439 号、県道 362 号経由で 44km、約 59 分。一方通行なので、帰路は迂回路の広域基幹林道成川樫山線（舗装）を利用する。
駐車場／8 台＋軽 1 台・32 × 12m・舗装・区画あり。
駐車場混雑情報／GW と紅葉シーズンは満車になる可能性が高い。
携帯電話（ドコモ）／通話可。
その他／土石流って知っている？解説板、安居渓谷案内板。
取材メモ／神秘的な青色を呈する「仁淀ブルー」を楽しめる。見返りの滝（落差 18m）、飛龍の滝（落差 25m）、昇龍の滝（落差 25m）などの滝も見どころ。安居渓谷の紅葉は、11 月中旬〜下旬が見ごろ。
問合先／仁淀川町池川総合支所地域振興課 ☎ 0889-34-2114、仁淀川町観光協会 ☎ 0889-35-1333、仁淀ブルー観光協議会 ☎ 0889-20-9511

Google Map
駐車場

地理院地図
駐車場

MAP109

八面山→ P86 鬼が城山系・猪のコル入口
　　　→ P88 鬼が城山系・鹿のコル

矢筈山→ P133 讃岐山脈・女体山　大窪寺駐車場
　　　→ P176 剣山地・石の小屋跡
　　　→ P179 剣山地・落合峠
　　　→ P183 剣山地・京柱峠

山犬嶽→ P210 剣山地・山犬嶽登山口

槍戸山登山口→ P254 剣山地・槍戸山登山口

雪輪の滝→ P88 鬼が城山系・滑床渓谷駐車場

譲が葉森・広野峠手前→ P254

由良山・網代地区→ P254

安居／県立自然公園案内板

安居／宝来橋

もみじ／乙女河原奥の駐車場

もみじ／もみじ公園駐車場

もみじ／安居渓谷案内板

横倉山・第1駐車場

MAP110

よこぐらやま・だいいちちゅうしゃじょう

高知県越知町　標高 444.8m (上の駐車場)

登山口概要／横倉山 (花の百名山・四国百名山・四国百山) の東側、林道横倉長者線沿い。南遊歩道 (四国のみち) を経由する横倉山の起点。
緯度経度／ [33°32′01.3″][133°13′22.8″](上の駐車場)
[33°32′04.7″][133°13′21.4″](南遊歩道入口)
マップコード／ 445 417 572*52 (上の駐車場)
445 417 660*45 (南遊歩道入口)
アクセス／高知西バイパス鎌田 IC から県道 39 号、国道 33、494 号、県道 18 号、林道横倉長者線 (舗装) 経由で 28km、約 53 分。
駐車場／上の駐車場＝約 8 台・24 × 20m・舗装・区画なし。下の駐車場＝ 36 台・46 × 34m・舗装・区画あり (消えかけ)。
駐車場混雑情報／満車になることはない。
トイレ／上の駐車場にある。非水洗。水道 (飲用不可)・TP あり。評価☆☆
携帯電話 (ドコモ)／通話可。
その他／あずまや、貸し出し杖、越知町観光案内板、テーブル・ベンチ。

Google Map
上の駐車場

地理院地図
上の駐車場

取材メモ／横倉山は「日本の植物学の父」ともいわれる植物分類学者の牧野富太郎が、多くの新種を発見した山で、アカガシの原生林が残り、高知県内に自生する植物のうち 4 割に達する約 1300 種が

Google Map
南遊歩道入口

地理院地図
南遊歩道入口

確認されている植物の宝庫。山麓には牧野に関する展示が充実した横倉山自然の森博物館 (月曜休、祝日の場合は翌日・9 ～ 17 時・入館料 500 円・☎ 0889-26-1060) がある。なお取材時は、林道横倉長者線が決壊のため通行止になっており、桐見ダムから迂回路の林道白石横倉線を経由した。横倉山のトサノミツバツツジは、4 月上旬～中旬が見ごろ。
問合先／越知町企画課☎ 0889-26-1164、越知町観光協会☎ 0889-26-1004

横倉山・第2駐車場

MAP110

よこぐらやま・だいにちゅうしゃじょう

高知県越知町　標高 531.4m

登山口概要／横倉山 (花の百名山・四国百名山・四国百山) の北東側、林道横倉長者線沿い。表参道などを経由する横倉山の起点。
緯度経度／ [33°32′14.5″][133°12′48.2″]
マップコード／ 445 445 087*00
アクセス／高知西バイパス鎌田 IC から県道 39 号、国道 33、494 号、県道 18 号、林道横倉長者線 (舗装) 経由で 29.5km、約 58 分。
駐車場／ 15 ～ 17 台・30 × 28m・コンクリート舗装・区画なし。
駐車場混雑情報／満車になることはない。
トイレ／駐車場にある。非水洗。水道なし。TP あり。評価☆☆～☆

第 1 ／第 1 駐車場 (上)

第 1 ／同駐車場のトイレ

第 1 ／同トイレ内部

第 1 ／第 1 駐車場 (下)

第 1 ／南遊歩道入口

携帯電話（ドコモ）／通話可。

その他／横倉山案内図、横倉修験のみち案内板、従臣淡路守清房社解説板、安徳天皇従臣淡路守清房之墓、三嶽古道石碑、参道石段解説板。

取材メモ／第2駐車場からは、2つのコースがのびており、注意したい。駐車場手前の鳥居が立つ石段が表参道の入口。一方、トイレわきにも別の登山道入口がある。ど

Google Map
駐車場

地理院地図
駐車場

ちらの道も杉原神社に至る。横倉山は「日本の植物学の父」ともいわれる植物分類学者の牧野富太郎が、多くの新種を発見した山で、アカガシの原生林が残り、高知県内に自生する植物のうち4割に達する約1300種が確認されている植物の宝庫。山麓には牧野に関する展示が充実した横倉山自然の森博物館（月曜休、祝日の場合は翌日・9〜17時・入館料500円・☎ 0889-26-1060）がある。なお取材時は、林道横倉長者線が決壊のため通行止になっており、桐見ダムから迂回路の林道白石横倉線を経由した。横倉山のトサノミツバツツジは、4月上旬〜中旬が見ごろ。

問合先／越知町企画課☎ 0889-26-1164、越知町観光協会☎ 0889-26-1004

横倉山・第3駐車場　MAP110

よこぐらやま・だいさんちゅうしゃじょう

高知県越知町　標高 611.7m

登山口概要／横倉山（花の百名山・四国百名山・四国百山）の北東側、林道横倉長者線終点。杉原神社を経由する横倉山の起点。
緯度経度／ [33° 32′ 19.5″][133° 12′ 42.7″]
マップコード／ 445 445 231*11
アクセス／高知西バイパス鎌田 IC から県道 39 号、国道 33、494 号、県道 18 号、林道横倉長者線（舗装）経由で 30km、約 1 時間。
駐車場／約 60 台・44 × 40m・舗装・区画なし。
駐車場混雑情報／満車になることはない。

MAP110

第2／第2駐車場

第2／同駐車場のトイレ

第2／同トイレ内部

第2／表参道入口

第2／登山道入口

トイレ／駐車場にある。非水洗。水道 (飲用不可)・TP あり。評価☆☆〜☆

携帯電話 (ドコモ)／通話可。

その他／あずまや、ベンチ、安徳帝 800 年祭記念の碑、マムシ注意看板、横倉山県立自然公園解説板、横倉山案内マップ、横倉山駐車場完成記念碑。

 Google Map 駐車場 地理院地図 駐車場

取材メモ／横倉山は「日本の植物学の父」ともいわれる植物分類学者の牧野富太郎が、多くの新種を発見した山で、アカガシの原生林が残り、高知県内に自生する植物のうち 4 割に達する約 1300 種が確認されている植物の宝庫。山麓には牧野に関する展示が充実した横倉山自然の森博物館 (月曜休、祝日の場合は翌日・9 〜 17 時・入館料 500 円・☎ 0889-26-1060) がある。なお取材時は、林道横倉長者線が決壊のため通行止になっており、桐見ダムから迂回路の林道白石横倉線を経由した。横倉山のトサノミツバツツジは、4 月上旬〜中旬が見ごろ。

問合先／越知町企画課☎ 0889-26-1164、越知町観光協会☎ 0889-26-1004

横瀬山→ P169 茶臼山・塚地休憩所駐車場

第 3 ／第 3 駐車場

第 3 ／同駐車場のトイレ

第 3 ／同トイレ内部

第 3 ／横倉山案内マップ

第 3 ／横倉宮参道入口

鷲ノ山・府中登山口

わしのやま・ふちゅうとざんぐち

香川県坂出市　標高 82.7m（市道路肩）

登山口概要／鷲ノ山の北側、市道沿い。鷲ノ山や峰ヶ原の起点。
緯度経度／ [34°17′21.3″][133°56′24.1″]（市道路肩）
[34°17′18.2″][133°56′22.1″]（登山道入口）
マップコード／ 391 443 273*12（市道路肩）
391 443 181*18（登山道入口）
アクセス／高松道府中湖スマート IC から県道184号、市道、県道17号、市道経由で3.5km、約7分。JAの大きなサイロ施設を見送ってすぐ。
駐車場／登山者の駐車可否は不明だが、登山道入口の100m奥の路肩に寄せれば駐車可。4〜5台・舗装・区画なし。※その前に「立入禁止」と書かれた無人施設があり、この入口前には駐車しないこと。また登山道入口の向かいにも1台分の駐車スペースがあることはあるが、取材時は木の切り株が出ていて、停める場合は注意したい。
携帯電話（ドコモ）／通話可。
問合先／坂出市産業観光課☎ 0877-44-5103、坂出市観光案内所☎ 0877-45-1122、坂出市観光協会事務局☎ 0877-35-8428

Google Map
市道路肩

地理院地図
市道路肩

Google Map
登山道入口

地理院地図
登山道入口

鷲ノ山／ JA 施設案内看板が目印

鷲ノ山／路肩に寄せれば駐車可

鷲ノ山／無人施設。駐車時に配慮を

鷲ノ山／登山口の道標

鷲ノ山／登山道入口

■石鎚山系・奥工石山（立川工石山） 工石山荘
高知県大豊町
奥白髪林道が工事のため通行止

Google Map
駐車スペース

地理院地図
駐車スペース

■石鎚山系・奥工石山（立川工石山） 町道仁尾ヶ内線
高知県大豊町
奥白髪林道が工事のため通行止

Google Map
登山道入口

地理院地図
登山道入口

■石鎚山系・奥工石山（立川工石山） 竜王峠
高知県大豊町・本山町
奥白髪林道が工事のため通行止

Google Map
登山道入口

地理院地図
登山道入口

■石鎚山系・黒滝山登山口
徳島県三好市
林道下名粟山線が舗装工事のため通行止

Google Map
登山道入口

地理院地図
登山道入口

■石鎚山系・笹ヶ峰登山口
高知県大豊町
災害のため県道が通行止

Google Map
登山道入口

地理院地図
登山道入口

■石鎚山系・笹ヶ峰トンネル西口付近
愛媛県四国中央市
災害のため県道が通行止

Google Map
登山道入口

地理院地図
登山道入口

■石鎚山系・下津池コース登山口
愛媛県西条市
林道改良工事のため通行止

Google Map
登山道入口

地理院地図
登山道入口

林道入口の標識と登山届ポスト

■石鎚山系・白猪谷（しらいだに）オートキャンプ場
高知県いの町
登山者の利用不可

公共駐車場のようだが、ここはオートキャンプ場

■石鎚山系・白髪山 縦走コース登山口
高知県本山町・大豊町
奥白髪林道が工事のため通行止

Google Map
駐車スペース

地理院地図
駐車スペース

■石鎚山系・白髪山 冬の瀬（汗見川コース）登山口
高知県本山町
奥白髪林道が工事のため通行止

Google Map
駐車スペース

地理院地図
駐車スペース

■石鎚山系・高瀑渓谷（たかたるけいこく）
愛媛県西条市
石鎚林道が災害のため通行止

Google Map
登山道入口

地理院地図
登山道入口

■石鎚山系・出合橋登山口
高知県大豊町
災害のため県道が通行止

Google Map
登山道入口

地理院地図
登山道入口

■石鎚山系・野鹿池山（のかのいけやま） 野鹿池湿原入口
徳島県三好市
林道下名粟山線が舗装工事のため通行止

Google Map
駐車スペース

地理院地図
駐車スペース

■石鎚山系・安居渓谷 （やすいけいこく）登山口
高知県仁淀川町
路肩決壊のため林道通行止

Google Map
登山道入口

地理院地図
登山道入口

■稲積山・山頂駐車場
香川県観音寺市・三豊市
林道工事のため通行止

Google Map
駐車場

地理院地図
駐車場

■不入山（いらずやま）・ 四万十川源流の碑登山口
高知県津野町
林道工事のため通行止

Google Map
登山道入口

地理院地図
登山道入口

■篠山・焼滝登山口
愛媛県宇和島市
県道が伐採作業のため通行止

Google Map
駐車スペース

地理院地図
駐車スペース

■讃岐山脈（阿讃山脈）・ 大川山　琴南公民館駐車場
香川県まんのう町
登山者の利用不可

■猿越山（さるごえやま）・ 天空の林道登山口 （水の峠ルート登山口）
愛媛県久万高原町・高知県仁淀川町
中津明神山山頂直下の林道分岐まで行ったが、ひどい濃霧のため取材断念

Google Map
駐車スペース

地理院地図
駐車スペース

林道分岐に立つ登山口を示す道標

■七宝山（南七宝山）・北登山口
香川県三豊市・観音寺市
林道工事のため通行止

Google Map
駐車スペース

地理院地図
駐車スペース

■七宝山（南七宝山）・ 林道豊中七宝山線
香川県三豊市
林道工事のため通行止（P149 七宝山・不動の滝カントリーパークの項参照）

■小豆島・其石山　小豆島霊場 第一番洞雲山駐車場
香川県小豆島町
登山者の利用不可

洞雲山駐車場

■雑誌山（ぞうしやま）・ 津江登山口
高知県仁淀川町
登山道入口にロープが張られ、地主による「入山禁止　私有地につき山菜取るな　罰金百万円」の看板が立っている

ロープが張られた登山道入口

■高峰ノ森・伊野公民館駐車場
高知県いの町
登山者の利用不可

■高野山・林道終点
香川県三豊市
林道工事のため通行止

Google Map
駐車スペース

地理院地図
駐車スペース

■剣山地・石堂神社
徳島県つるぎ町
林道大惣線が通行止

Google Map
駐車スペース

地理院地図
駐車スペース

■剣山地・奥神智山　豊永峠
高知県香美市・大豊町
山腹崩壊により手前の市道が通行止

Google Map
登山道入口

地理院地図
登山道入口

未掲載登山口一覧

■剣山地・高板山（こうのいたやま）　林道楮佐古線

高知県香美市
山腹崩壊により手前の市道が通行止

Google Map
駐車スペース　　地理院地図
　　　　　　　駐車スペース

■剣山地・天神丸　日奈田峠コース登山口

徳島県那賀町・美馬市
山腹崩壊のため剣山スーパー林道が通行止

Google Map
登山道入口　　　地理院地図
　　　　　　　登山道入口

■剣山地・天神丸　ファミリーコース登山口

徳島県那賀町
山腹崩壊のため剣山スーパー林道が通行止

Google Map
登山道入口　　　地理院地図
　　　　　　　登山道入口

■剣山地・矢筈峠駐車場

徳島県三好市／高知県香美市
取材の都合から徳島側の林道樫尾阿佐線でアクセスしようとしたところ、全面通行止だったため取材を断念したが、後日、香美市に確認すると高知側は路面が傷んでいるが、峠までは舗装されており、アクセス可だという。峠に駐車場とトイレがあるほか、その300m奥にも駐車スペースがあるようだ

Google Map
駐車場　　　　　地理院地図
　　　　　　　駐車場

■剣山地・槍戸山登山口

徳島県那賀町
山腹崩壊のため剣山スーパー林道が通行止

Google Map
登山道入口　　　地理院地図
　　　　　　　登山道入口

■野根山・旧藩林登山口

高知県北川村
野川林道が通行止

Google Map
登山道入口　　　地理院地図
　　　　　　　登山道入口

■野根山・宿屋杉登山口

高知県北川村
野川林道が通行止

Google Map
登山道入口　　　地理院地図
　　　　　　　登山道入口

■譲が葉森（ゆずりがもり）・広野峠手前

愛媛県宇和島市
県道が伐採作業のため通行止

Google Map
駐車スペース　　地理院地図
　　　　　　　駐車スペース

■由良山・網代地区

愛媛県愛南町
県道が工事のため通行止

Google Map
登山道入口　　　地理院地図
　　　　　　　登山道入口

調査・編集：全国登山口調査会

日本全国に存在する登山口の正確な位置情報、および現地の詳しい状況を 2007 年から調査しています。これまでに実際に訪問した登山口は、約 4500 ヶ所。本書の姉妹本として『新版北海道登山口情報 400』（北海道新聞社）、『中国 5 県登山口情報 322』（南々社）、『新潟県登山口情報 300』（新潟日報事業社）、『九州の登山口

401』（西日本新聞社）、『東海登山口情報 300』（風媒社）、『関西登山口ガイド上・下』（神戸新聞出版センター）、『関東周辺登山口情報 800 上・下』（双峰社）、『信州登山口情報 400』（信濃毎日新聞社）、『東北登山口情報 500』（無明舎出版）があります。

最新情報は、全国登山口調査会の公式サイトで

調査会が入手した情報や読者のみなさんから寄せられた情報は、公式サイトにいち早く掲載してお知らせします。こちらもアクセスしてみてください。

全国登山口
調査会サイト

企画・構成：日野　東

自然や山岳関係を専門とするフォトライター。著書に『信州探検隊』『滝めぐり』『日本湿原紀行』『信州高原トレッキングガイド　増補改訂版』（以上、信濃毎日新聞社）、『東海トレッキングガイド』（風媒社）、『森林浴の森とうほくガイド』、『東北の巨樹・巨木』（以上、無明舎出版）など多数。

個人サイト URL = http://naturelog.main.jp/index.html

メールアドレス= way@mx8.ttcn.ne.jp

四国の登山口 323

2022 年 7 月 15 日　初版発行

編　者　全国登山口調査会

発行者　堅田　正剛

発行所　高知新聞総合印刷
　　　　〒781-8121　高知市葛島 1-10-70
　　　　電話 088-885-0092　FAX 088-885-0093

印　刷　岡田印刷株式会社